재개발 재건축
권리와
세금
뽀개기

재개발 재건축 권리와 세금 뽀개기

2020년 3월 20일   초판 1쇄 발행
2020년 5월 12일   초판 2쇄 발행
2021년 3월 25일   2판 1쇄 발행
2021년 6월 15일   2판 2쇄 발행
2021년 10월 25일   2판 3쇄 발행
2022년 3월 7일   3판 1쇄 발행
2023년 3월 23일   4판 1쇄 발행
2024년 3월 27일   5판 1쇄 발행
2025년 3월 5일   6판 1쇄 발행

지 은 이 | 김예림, 안수남, 최왕규, 장보원
발 행 인 | 이희태
발 행 처 | 삼일피더블유씨솔루션
등록번호 | 1995. 6. 26. 제3-633호
주   소 | 서울특별시 용산구 한강대로 273 용산빌딩 4층
전   화 | 02)3489-3100
팩   스 | 02)3489-3141
가   격 | 25,000원

ISBN 979-11-6784-348-7 93320

2025년 개정세법과 최신 유권해석을 반영한

재개발 재건축 권리와 세금 뽀개기

김예림 · 안수남 · 최왕규 · 장보원 지음

SAMIL | 삼일인포마인

독자 여러분들의 사랑에 힘입어 2025년에도
재개발 재건축 권리와 세금 뽀개기 개정판을
출간하게 되어 영광입니다.

지난 2024년은 다사다난했다는 진부한 표현으로는 감당할 수 없을 정도로 정치, 사회, 문화, 경제적으로 부정적인 사건들이 많았습니다.

이에 덧붙여 부동산 경기가 등락을 반복하며 향후 미래를 예측하기 어려운 것이 현실이지만 재개발·재건축 사업에 있어서는 가격 상승의 기대가 여전한 것 같습니다.

이러한 재개발·재건축 사업에서의 조합원의 권리와 세금 문제는 매우 어렵고 복잡하여 독자 여러분들께 도움을 드리고자 2020년 초판을 발간한 뒤, 지속적인 업데이트 작업을 거쳐 2025년 개정판에 이르게 되었습니다.

올해는 양도소득세 분야의 파워블로거 최왕규 세무사를 새로운 저자로 영입하여 더 다양한 시각으로 본 저서를 업데이트하였습니다.

아래와 같이 요약할 수 있는 2025년 부동산 양도소득세 개정세법과 최근 생산된 부동산 양도소득세 관련 다양한 유권해석을 착실히 반영하였습니다.

- 주택에서 주택 외 용도로 변경 후 양도한 건물의 양도소득세 과세기준 합리화
- 혼인에 대한 1세대 1주택 특례 적용기간 확대
- 장기임대주택 보유자의 거주주택 양도소득세 비과세 횟수 제한 완화
- 장기임대주택을 거주주택으로 전환 시 양도소득세 비과세 합리화
- 상생임대주택 양도소득세 과세특례 적용기한 연장
- 토지·건물 일괄 취득·양도 시 안분계산 예외 신설
- 다주택자 양도소득세 중과 한시적 배제 1년 연장 및 단기민간임대주택 양도소득세 중과 제외

독자 분들께서 큰 틀로 접근해 보신다면 재개발·재건축 사업의 권리 측면에서는 새로운 제도를 살펴보아야 하고, 세금 측면에서는 구체적인 사례에서 절세로 작용할 수 있는 법정 요건을 살펴야 할 것으로 사료됩니다.

세무전문가도 쉽지 않은 재개발·재건축 사업의 권리와 세금 영역을 일반 독자들이 이해하실 수 있도록 최대한 쉽게 소개하고자 저자들은 늘 노력하고 있습니다. 그럼에도 불구하고 이해가 어려운 부분이 있을 수 있는바 구체적 사례에서는 반드시 전문가와 상의하시기 바랍니다.

늘 번창하시고 가족들과 행복하시고 건강하시기 바랍니다. 감사합니다.

2025년 2월 저자 장보원, 김예림, 안수남, 최왕규

대한민국 국민의 재산권을 지키는 중요한 법률과 세무정보를 알려드립니다

2020년 현재 대한민국 국민이 가장 큰 관심을 가지고 있는 것 중 하나가 바로 부동산, 특히 주택이 아닌가 싶습니다. 현 정부 들어서 2020년 2월 21일까지 19차례의 주택가격 안정화 대책이 발표되었습니다.

부동산 대책이 발표될 때마다 약방의 감초처럼 빠지지 않는 것이 세금 문제인데, 그동안 주택경기에 따라 주택과 관련된 양도소득세제가 수없이 바뀌고 특례제도가 신설되면서 조세전문가마저도 판단하기에 어려움이 많아 이른바 양도소득세를 포기한 세무사, 일명 '양포세'라는 신조어까지 등장하였습니다.

주택에 관한 양도소득세가 복잡해져 법률 적용에 어려움이 많은데, 여기에 재개발 재건축과 관련된 양도소득세는 난제 중에 난제라 할 수 있습니다.

작년 여름부터 기획해서 출간하는 「재개발 재건축 권리와 세금 뽀개기」는 이처럼 전문가마저 어려워하는 내용을 일반인이 쉽게 이해할 수 있도록 풀어보자는 마음으로 준비한 것입니다.

재개발 재건축 세무실무를 하면서 많이 듣는 질문은 '조합원입주권을 받을 수 있는지 없는지, 조합원입주권을 팔 수 있는지 없는지, 조합원입주권을 사고팔 때 세금이 있는지 없는지, 조합원입주권을 언제 사고팔아야 절세가 되는지'라고 생각할 정도로 권리에 대한 문제가 중요한 것 같습니다.

　　그래서 재개발 재건축으로 법무법인을 이끌어가는 김예림 변호사님과 대한민국의 양도소득세 분야의 절대 대가이신 안수남 세무사님의 지혜와 지식을 모아, 저는 공저자의 옥고에 싱크를 맞추고 독자들이 보기 쉽고 알기 쉽도록 편집하는데 많은 시간을 할애했습니다.

　　「재개발 재건축 권리와 세금 뽀개기」의 본문을 만들고 출간되기 직전까지 수차례 교정을 보면서 독자들께 쉽게 읽히고, 전하고자 하는 정보가 잘 전달되기를 바라는 마음을 담고자 했습니다.

　　재개발 재건축 권리와 세금. 절대 쉽지 않은 분야라 긴장이 됩니다. 어려운 법률과 세무를 쉽게 알리는 일이 쉽지 않은 작업이지만, 평생을 통해 이루고자 하는 일이니 앞으로도 독자들의 더 많은 채찍질과 조언 부탁드리겠습니다.

2020년 3월　장보원, 안수남, 김예림

차례

차례

차례

PART

01

재개발 재건축

권리 뽀개기

01

재개발과 재건축, 어떻게 다를까?

간혹 상담을 하다 보면 재개발과 재건축을 구분하지 못하는 경우가 있다. 물론 둘 다 오래된 집을 부수고 새 집을 짓는다는 점은 같다. 그러나 재개발과 재건축은 완전히 다른 사업이라서 두 사업을 잘 이해하고 있어야 재개발·재건축 투자 시 헷갈리지 않는다. 재개발·재건축은 모두 도시 및 주거환경정비법에 따라 시행된다. 이 법에 따르면, 재개발과 재건축은 각각 아래와 같이 규정되어 있다.

- 재개발 사업: 정비기반시설이 열악하고 노후·불량 건축물이 밀집한 지역에서 주거환경을 개선하거나 상업지역·공업지역 등에서 도시기능의 회복 및 상권 활성화 등을 위하여 도시환경을 개선하기 위한 사업

- 재건축 사업: 정비기반시설은 양호하나 노후·불량 건축물에 해당하는 공동주택이 밀집한 지역에서 주거환경을 개선하기 위한 사업

재개발과 재건축의 차이점

재개발·재건축은 여러 가지 차이점이 있지만, 일단 크게 세 가지로 나눌 수 있다.

첫째, 재개발과 재건축은 그 사업대상 자체가 다르다. 재건축은 주로 공동주택, 즉 아파트 단지를 대상으로 이루어진다. 반면, 재개발은 단독이나 빌라 등이 밀집한 지역에서 이루어진다. 단순히 아파트는 재건축, 나머지는 재개발로 구분해도 크게 문제는 없다.

둘째, 단독이나 빌라 등이 밀집한 곳에서 이루어지는 것이 재개발이기 때문에 아파트 단지를 대상으로 하는 재건축에 비해 재개발은 도로, 공원 등 정비기반시설이 열악한 곳에서 이루어진다. 아파트 단지의 경우 이미 도로, 공원 등 정비기반시설이 어느 정도 마련되어 있지만, 단독이나 빌라 등 밀집 지역은 그렇지 않다. 즉, 재개발이 재건축에 비해 주거환경을 개선하는 효과가 훨씬 크고 공공성이 강한 사업이다.

마지막으로 재개발·재건축은 조합원 자격 역시 달리 정해진다. 기본적으로 재개발·재건축 구역 내 토지 등을 소유하고 있다면 조합원이 될 수 있다. 다만, 재개발은 토지 또는 건축물을 소유한 사람, 그리고 그 지상권자는 조합원 자격이 인정되지만, 재건축은 토지와 건축물 둘 다 소유하고 있어야 조합원이 될 수 있다. 주로 아파트 단지를 대상으로 하는 재건축의 경우 토지와 건축물을 분리하여 소유하는 경우가 거의 없다는 점에서 어찌 보면 당연한 얘기이다.

조합원 자격은 아무래도 재건축보다는 재개발이 판단하기 까다롭다. 토지나 건축물 중 어느 하나만 가지고 있어도 조합원 자격이 인정되기 때문에 둘 다 소유해야 조합원이 되는 재건축보다 조합원 자격이 인정되는 경우의 수가 많다. 또 하나 유의할 점은 조합원 자격과 분양 자격은 대체로 일치하지만 반드시 일치하지는 않는다는 것이다. 이와 관련해서는 이후 자세히 설명하려고 한다.

02

재개발·재건축은
어떤 절차로 진행될까?

"변호사님, 제가 재개발 구역에 투자를 했는데요. 조합원입주권이 나오는지 궁금해서요. 혹시 상담 좀 받아볼 수 있을까요?"

"사업이 어디까지 진행되었나요?"

"…"

"재개발 구역으로 지정은 되었죠?"

"…"

"사업 구역의 이름이라도 알려주시면 제가 찾아보겠습니다."

역시나 확인해보니 의뢰인이 투자한 곳은 아직 재개발 구역으로 지정조차 되지 않았다.

"주택은 사신 거죠?"

"네. 프리미엄으로 2억 원을 줬어요."

재개발·재건축 강의를 할 때 가끔 위와 같은 사례를 소개하면 수강생들이 웃음을 터뜨린다. 몇 억이나 투자하면서 그럴 수가 있느냐는 것이다. 그러나 위 사례처럼 "곧 재개발을 시작한다."는 말만 믿고 수억 원을 덜컥 투자하는 사례는 생각보다 많다. 재개발·재건축 조합원 입주권을 취득하기 위해 거래하면서도 일반적인 부동산 매매와 같이 생각하기 때문이다.

물론 처음 생각했던 대로 사업이 척척 진행된다면 누구보다 성공한 투자가 될 수도 있다. 간혹 투자의 고수라면 재개발·재건축 사업이 곧 진행될 사업지를 귀신같이 찾아 투자한다. 그러나 이런 일은 쉽지가 않다. 재개발·재건축은 다 지어진 아파트를 분양받는 것과는 차원이 다르다. 여러 가지 절차가 복잡하기 때문에 보통 "사업을 시작한다."는 말이 나오면 그때부터 15년 이상 걸린다. 이마저도 주민들이 반대하여 무산되는 경우도 많다. 초기 재개발·재건축은 내가 아닌 자식을 위해서 하는 것이라는 말이 괜히 나온 것이 아니다.

개인적으로는 최소 조합설립인가라도 이루어진 후 투자하는 것을 권한다. 관리처분인가까지 이루어졌다면 향후 사업이 중단될 위험은 그리 크지 않아 안전하다. 다만, 이 시기에는 프리미엄이 너무 높아져 비싼 값에 매수해야 하고, 일부 지역은 전매 자체가 금지되기도 한다.

특히 최근에는 공공재개발이나 신통기획개발 등 재개발·재건축 형태가 상당히 다양해진 만큼 아직 정비구역조차 진행되지 않은 곳에 투자하는 것은 정말 신중해야 한다. 내 의지와 상관없이 현금청산 될 수 있다.

정비구역지정과 추진위원회 설립

　　　　　　　　　재개발·재건축은 주택이 노후되어 주거환경개선이 필요한 곳에서 이루어진다. 재개발과 재건축은 정비구역지정시 고려하는 요건이 다르다. 기존에는 재건축의 경우 안전진단절차를 거쳐 재건축이 필요하다고 인정되는 D등급 이하 판정을 받아야만 정비구역 지정이 가능했다. 그러나 최근 재건축 속도를 높이기 위해 안전진단절차를 사실상 폐지했다. 이제 사업시행인가 전까지만 재건축진단절차를 거치면 된다. 다만, 재건축진단절차의 경우에도 부동산시장의 과열 정도에 따라 통과 난이도가 달라질 수 있다는 점에 주의해야 한다. 과거 안전진단절차도 부동산 시장이 과열되면 크게 강화해 사실상 재건축을 시작조차 하지 못하도록 운영했었다. 안전진단절차가 사실상 폐지되면서 재건축을 시작하는 것은 쉽게 됐지만, 완전히 사라진 것은 아니어서 사업의 지연 요소로 작용할 여지는 있다.

　재개발은 재건축에 비해 보다 까다로운 요건을 충족해야 한다. 노후도, 사업지면적, 도로접도율, 세대밀도, 과소필지 등 여러 가지 요건을 충족해야 재개발 구역으로 지정하는 것이 가능하다. 그중 노후도와 사업지면적은 필수 요건에 해당한다. 사업구역으로 지정하려는 곳의 노후·건축물 비중이 3분의 2 이상이 되어야 하고, 사업지면적은 1만 제곱미터가 넘어야 한다. 그런데 최근 재개발을 활성화하기 위해 정부는 노후도 요건을 완화하기로 결정했다. 개정안에 따르면 노후·건축물 비중을 60% 이상으로 완화하고 촉진지구로 지정할 경우에는 50%까지 그 비중을 낮추도록 하고 있다. 여기에 노후도 요건을 충족하지 못하는 지역도 기존 10%에서 20%까지 추가로 포함하는 것이 가능하도록 했다. 일부 신축이 존재하는 곳이라고 하더라도 재개발 사업을 진행할 수 있게 된다는 뜻이다. 재개발이 예상되는 지역에는 단독주택을 부수고 여러 세대로 다시 짓는 이른바 "지분쪼개기"가 종종 일어나는데 이렇게 지어진 신축으로 재개발의 노후도 요건이 충족되지 못하는 사례가 많았다. 이런 현실을 감안해 최근 정부가 노후도 요건을 완화하기로 한 것이다.

기존에는 정비구역이 지정되고 난 후 추진위원회를 설립할 수 있었다. 정비구역이 지정돼야만 토지등소유자가 특정돼 추진위원회 설립을 위한 동의를 받을 수 있었기 때문이다. 그러나 대부분 주민이 정비계획을 제안해 정비계획을 수립하고 정비구역으로 지정되는 방식의 정비구역지정이 이루어지다보니, 주민들의 동의를 얻는 데에 시간도 많이 걸리고 주민들을 대표하여 정비사업을 진행할 주체도 불분명해 적극적으로 재개발·재건축 사업을 진행하는 것도 애로사항이 많았다. 이런 점을 고려해 이제부터 정비구역이 지정되기 전이라도 추진위원회를 설립해 재개발·재건축 사업을 적극적으로 진행할 수 있도록 법이 개정됐다.

추진위원회는 재개발·재건축을 본격적으로 시행하기 위한 준비단체 개념으로 이해하면 된다. 정비구역 내 토지 등을 소유하고 있는 사람들이 과반수 이상 동의하면 추진위원회가 설립된다. 추진위원회에서는 조합 설립에 필요한 일들을 수행하고, 일부 체결한 용역계약은 나중에 조합이 설립되면 그대로 승계가 된다. 간혹 한 구역 내에서도 여러 추진위원회 준비단체가 난립하는 경우가 있는데, 이는 사업을 지연시키는 사유로 작용한다.

조합설립인가와 시공사 선정

　　　　　　　재개발·재건축 조합의 설립을 위해서는 구역 내 토지등소유자가 일정 비율 이상 동의해야 한다. 그 동의 요건은 아래와 같다.

- 재개발: 토지등소유자 4분의 3 이상 + 토지면적 2분의 1 이상 토지등소유자

- 재건축: 토지등소유자 70% 이상 + 토지면적 70% 이상 토지등소유자 + 각 동별 토지등소유자 과반수 이상(복리시설로서 대통령령으로 정하는 경우에는 3분의 1 이상)

　재개발·재건축에서 가장 긴 시간 사업이 지연되는 절차가 바로 동의서 징구 과정이다. 그나마 재건축은 사정이 좀 낫지만, 특히 재개발은 주거형태도 다양하고, 재건축에 비해 전체적인 가구의 소득 수준도 낮은 경우가 많다. 그러다 보니, 동의서 징구 과정에서 주민 간 갈등을 조정하는 것에 상당한 시간이 투입되어야 하고, 아예 사업 자체가 장기간 지연되거나 중단되어 버리는 사례가 생긴다. 개인적으로 최소한 조합설립인가는 이루어진 곳에 투자할 것을 권하는 이유이다.

　조합이 설립되면 시공사를 선정한다. 조합은 원칙적으로 조합설립인가 이후 시공사를 선정할 수 있다. 다만, 서울시의 경우에는 사업계획 등이 구체적으로 정해지지 않은 상황에서 시공사를 선정하게 되면 공사계약을 둘러싸고 분쟁이 발생할 우려가 크다는 이유로 그동안 사업시행인가 이후 시공사를 선정하도록 해 왔다. 그러나 최근 사업진행 속도를 높이기 위해 조합원 총회를 거쳐 결정한 경우에는 서울

시에 있는 사업지라고 하더라도 조합설립인가 이후 곧바로 시공사를 선정할 수 있도록 조례를 개정했다. 시공사가 선정되면 재개발·재건축 사업에 크게 속도가 붙는다. 시공사는 이른바 조합의 "돈줄"이다. 시공사는 아파트 공사뿐만 아니라 조합에 운영자금이나 사업자금 등을 대여하는 역할을 하는데, 대형 건설사를 선호하는 이유도 대형 건설사일수록 안정적으로 대규모의 자금을 대여하는 등의 지원이 가능하기 때문이다.

   시공사는 경쟁입찰방식으로 조합원 총회에서 선정한다. 여러 명의 시공사가 경쟁입찰에 참여해 시공조건이나 조합원에게 제공할 혜택 등을 적극적으로 홍보한다. 그 과정에서 경쟁이 과열되어 시공사가 조합임원이나 조합원에게 금품 등을 제공하는 사례도 비일비재하다. 또, 최근에는 한 재개발 사업장에서 시공사가 이주비 지원 등을 약속하는 것이 허용되는지를 두고 논란이 됐고, 결국 서울시가 이를 부당한 이익의 제공으로 보아 시공사를 다시 선정하도록 조치했다.

사업시행인가

            사업시행계획에는 건축물 높이, 용적률 등에 따른 건축계획, 정비기반시설의 설치계획, 임대주택이나 소형주택 건설계획 등 구체적인 건설계획이 포함된다. 사업시행인가가 이루어지면 구체적인 건설계획은 정해졌다고 보면 된다. 전체 세대수나 층수, 평형의 종류, 평형별 세대수 등도 이때 정해진다.

사업시행인가 후에는 분양신청이 진행된다. 이때 조합원은 중대한 갈림길에 서게 된다. 분양신청을 하면 조합원으로서 새 아파트를 분양받게 되지만, 분양신청을 하지 않으면 현금청산자가 된다. 대체로 집값은 물가상승분 이상으로 올라가기 때문에 분양신청을 하는 것이 유리할 수 있지만, 모든 경우 그렇지는 않다. 향후 입주시점에 집값이 떨어질 것으로 예상이 되는 곳이거나 다물권자인 경우, 추가분담금을 납부할 여력이 없는 경우 등에는 분양신청을 하지 않는 편이 나을 수도 있다.

관리처분계획과 인가

조합은 조합원이 분양신청을 한 내역을 토대로 조합원별 분양 내역을 확정한다. 물론 관리처분인가 이후에도 조합의 사정에 따라 조합원별 분양 내역은 다소 달라질 수 있지만, 대략 관리처분인가 시점에 내가 어떤 아파트를 얼마에 분양받게 될 것인지에 관해서는 정해진다고 보면 된다. 만약 관리처분인가에 정해진 분양 내역이나 권리가액에 불만이 있다면, 관리처분인가 이후 90일 이내 소송으로 다퉈야만 승산이 있다.

착공과 준공, 이전고시

        관리처분인가 이후에는 조합원을 비롯하여 구역 내 거주하는 세입자, 현금청산자 등은 모두 다른 곳으로 이주해야 한다. 만약 조합이 정한 이주기간 내에 이주하지 않는 사람이 있다면, 조합은 소송 등을 통해 이들을 강제로 이주하도록 할 수 있다. 물론, 최근 서울의 한 재개발 구역 내 교회처럼 필사적으로 이주를 거부한다면 사업자체가 크게 지연될 여지도 있다. 다만, 법에 따라 이주하도록 강제하는 것이 가능하기 때문에 이런 사례는 아주 드물다고 보면 된다.

  이후 동·호수 추첨이 이루어지고, 그에 따라 분양계약 체결절차가 진행된다. 새 아파트가 완공되어 준공인가를 받으면 일단 수분양자들은 입주하고, 입주 후 약 6개월 후쯤 소유권을 이전받게 된다. 그러나 간혹 이전고시가 지연되어 세대별 등기가 완료되지 못해 수분양자들이 피해를 입는 경우가 있다. 서울 마포 재개발 구역은 8년 동안 소유권이전등기가 이루어지지 못하다가 최근에서야 소유권이전등기가 가능하게 됐다. 일부 조합원에 대해 분양신청절차를 잘못 진행했기 때문이다. 재개발은 이전고시가 이루어져야 각 소유자에게 소유권이전등기가 가능한데 절차상 하자로 이전고시보다 선행 절차인 관리처분계획 등이 취소됐다. 이전고시가 없으니 조합원 추가분담금이 확정될 수 없었고 매매를 비롯해 각종 거래 시에도 소유권이전등기가 없는 상태여서 매끄럽지 못했다. 결국 주변 아파트에 비해 1억 원 이상 시세가 낮게 형성되어왔다. 이처럼 소유권이전등기절차가 지연되는 경우 수분양자들은 조합에 어떤 책임을 물을 수 있을까? 법원은 조합에게 일정 부분 손해를 배상하도록 하고 있다. 기존 판례에 따르면 소유권이전등기가 입주시점으로부터 1년 이상 지연되면 조합이 수분양자에게 손해를 배상하도록 하고 있다. 이때 손해배상액은 분양대금의 10%를 기준으로 연 5% 상당으로 계산한 금액이다. **예를 들어** 10억 원에 분양을 받았다면 1억 원의 5% 상당액인 500만 원을 연간 손해배상 받을 수 있게 되는 것이다.

조합설립추진위원회승인서

<별지 제3호 서식>

조합설립추진위원회승인서

사 업 구 분			■ 주택재개발정비사업		
신청인	추진위원회의 명칭		주택재개발정비사업조합설립추진위원회		
	대표자	성명	이 ·	주민등록번호	42
		주소	서울 성동구	전화	
추진위원회설립내역	설립목적		번지 일대 주택재개발정비사업추진을 위한 조합설립 추진위원회 구성		
	추진 사무소의 소재지		서울 성동구	전화	
	사업시행예정구역	구역명칭	(가칭) 주택재개발 정비사업구역	구역면적	73,392.94 (㎡)
		위치	서울 성동구		
동의사항	토지 등 소유자수	598 인		동의율	54.18 % (324 / 598)
		(토지소유자 : 48 인)			
		(건축물소유자 : 36 인)			
		(지상권자 : － 인)			
		(주택 및 토지소유자 : 514 인)			
		(부대복리시설 및 토지소유자 : 인)			

도시 및 주거환경정비법 제13조제2항 및 동법시행규칙 제6조의 규정에 의하여 위와 같이 조합설립추진위원회의 설립을 승인합니다.

2006년 07월 07일

구 청 장

■ 승인안내(건설교통부 고시 제2003 － 165호)
1. 추진위원회가 승인내용을 변경하고자 하는 경우 구청장의 승인을 받아야 합니다.
2. 추진위원회는 조합설립인가일까지 업무를 수행할 수 있으며, 조합이 설립되면 모든 업무와 자산을 조합에 인계하고 추진위원회는 해산합니다.
3. 추진위원회는 도시및주거환경정비법 제15조 및 동법시행령 제24조에 따라 운영하여야 합니다.

구역주택재개발정비사업 조합설립인가서

구역주택재개발정비사업 조합설립인가서

조합명칭		구역주택재개발정비사업조합			
대표자	성 명	이	주민등록번호	57	
	주 소	서울시 은평구			
설립목적		구역 주택재개발정비사업의 시행			
주된사무소의 소재지		서울시 은평구	) (☎	)	
사업시행 예정구역	구역명칭	주택재개발사업구역	구역면적	43,918㎡	
	위 치	서울시 은평구			
조합원수	447인		사업시행인가 신청예정시기	구역지정고시일(2008년 9월 4일)로부터(4년)이내	
동의사항 (토지등 소유자수)	(토지소유자 :	447인 35인	동의율	76.62 % (341 /445)	
	(건축물소유자 :	24인			
	(주택 및 토지소유자 :	384인			
	(지상권자 :	4인			
	(동의자수 제외 :	2인			
정비사업전문관리업자	명 칭		대표자	전	
	주된 사무소 소재지	서울시 종로구			

「도시 및 주거환경정비법」 제16조의 규정에 의하여 위와 같이 응암제1구역 주택재개발정비사업조합의 설립을 인가합니다.

2009년 2월 일

구 청 장

※ 첨부서류 : 조합정관 1부.

※ 조합설립(변경)인가 안내
1. 인가를 받은 때에는 정관이 정하는 바에 따라 토지등소유자에게 그 내용을 통지하고 이해관계인이 열람할 수 있도록 하여야 합니다.(법 제26조)
2. 조합은 설립인가일부터 30일 이내에 주된 사무소의 소재지에서 등기함으로써 성립함(법 제18조)
3. 시공자는 사업시행인가 후 경쟁입찰의 방법으로 선정하여야 합니다(법 제11조)
4. 조합은 총회에서 임원의 선임, 대의원의 선출 또는 시공자를 선정한 때에는 그 명부, 총회의 의록, 선임·선출 또는 선정된 자의 자격을 증명하는 자료를 구청장에게 제출하여야 합니다.
5. 조합원에게 권리변동에 따른 신고 및 권리·의무의 승계에 관하여 알려야 합니다.

사업시행인가고시문

고 시

서울특별시 은평구 고시

구역 주택재개발정비사업시행(변경)인가 고시

1. 서울특별시고시　　　　　　　　정비구역 지정되고, 은평구고시 제
　　　　　　정비구역변경 지정고시, 은평구 고시
　　　정비구역변경 지정되었으며, 은평구 고시　　　　　　　　　　　사
업시행인가된 　　 구역 주택재개발사업에 대하여 도시 및 주거환경정비법 제28
조제1항에 따라 사업시행(변경)인가하고, 같은 법 제28조제4항 및 같은 법 시행규칙
제9조제3항에 따라 아래와 같이 고시합니다.

2. 또한, 같은 법 제32조제1항 각호 사항 중 의제 처리되는 사항은 본 고시로 관계 법
률에 의한 고시가 있는 것으로 봅니다.

2015년 10월 1일

서울특별시　구청장

가. 정비사업의 종류 및 명칭 : 　　 I구역 주택재개발정비사업
나. 정비구역의 위치 및 면적 : 서울특별시 은평구　　　　번지 일대/ 43,938㎡
다. 사업시행자의 성명 및 주소
　　-　　　구역 주택재개발정비사업조합(조합장 : 박성수)
　　- 서울특별시 은평구
라. 정비사업의 시행기간 :
　　- 사업시행(변경)인가일로부터 60개월
마. 사업시행(변경)인가일 : 2015년 10월 1일
바. 수용 또는 사용할 토지·건축물의 명세 및 소유권 외의 권리명세 : 별첨
사. 건축계획에 관한 사항

구 분		대지면적 (㎡)	건폐율 (%)	용적률 (%)	높이 (층수)	건축연면적 (㎡)	건축물의 주된 용도
기정	택지1	35,246	19.20	227.49	68.7m (지하5층/ 지상23층)	133,165.90	공동주택 (임대포함)
변경	택지1	35,246	22.04	231.93	65.65m (지하4층/ 지상22층)	129,481.88	공동주택 (임대포함)

사업시행인가고시문

아. 주택의 규모 등 주택건설계획

- 기정

공급구분	주택의형태	동수	세대수	주택규모별 세대수(전용면적기준)														
				114.98 TA	114.98 TB	114.98 TC	84.99 P	84.99 TA	84.99 TB	84.99 TC	84.99 TD	84.99 TK	84.99 TF	59.99 TA	59.99 TB	51.51	41.94	38.19
분양	공동주택	11	618	39	37	35	153	112	110	44	42	15	7	16	8			
임대	공동주택	1	127													16	48	63
계		12	745	39	37	35	153	112	110	44	42	15	7	16	8	16	48	63

- 변경

공급구분	주택의형태	동수	세대수	주택규모별 세대수(전용면적기준)																
				84 P	84 TA	84 TB	84 TC	84 TD	84 TE	76 T	74 T	59 T	59 TA	59 TB	51 PA	51 PB	41 PA	41 PB	41 TA	41 TB	38 T
분양	공동주택	10	729	172	42	42	38	74	42	7	42	113	77	38	34	8					
임대	공동주택	1	150														8	15	7	45	75
계		11	879	172	42	42	38	74	42	7	42	113	77	38	34	8	8	15	7	45	75

자. 법 제65조의 규정에 의한 정비기반시설 및 토지 등의 귀속에 관한 사항

- 새로이 설치되는 정비기반시설(변경없음)

구분	규모						위치		비고
	등급	류별	폭원 (m)	연장 (m)	면적 (㎡)	설치비용 (원)	기정	증감	
도로	대로	1류	35~38	11,250	121.00	779,636,000			
	대로	2류	30~33	4,500	243.00	1,578,707,000			
	중로	1류	15~18	350	3,257.00	10,490,608,500			
	소 계				3,621.00	12,848,951,500			
공원	공원 1				820.00	2,038,186,000			
	공원 2				2,472.00	12,293,323,000			
	소 계				3,292.00	14,331,509,000			
계					6,913.00	27,180,460,500			

사업시행인가고시문

- 용도 폐지되는 정비기반시설 및 무상양도 정비기반시설(변경없음)

연번	소재지	지목	관리청별	면 적(㎡)			무상양도면적 (㎡)
				공부상	구역편입	용도폐지	
	합 계			15,334.00	5,641.00	4,111.00	647.00
1	03-049	구	서울시	724.00	371.00	337.00	250.00
2	02-114	대	은평구	37.00	37.00	37.00	
3	02-035	대	재정경제부	13.00	13.00	13.00	13.00
4	03-014	대	재정경제부	17.00	17.00	17.00	
5	03-031	대	재정경제부	126.00	126.00	126.00	
6	03-033	대	재정경제부	10.00	10.00	4.00	
7	03-074	대	재정경제부	32.00	32.00	29.00	
8	08-043	대	재정경제부	116.00	116.00	94.00	
9	08-060	대	재정경제부	162.00	42.00	28.00	
10	08-079	대	재정경제부	203.00	203.00	155.00	
11	08-080	대	재정경제부	22.00	22.00	22.00	
12	08-099	대	재정경제부	156.00	156.00	38.00	
13	08-110	대	재정경제부	8.00	8.00	8.00	
14	08-111	대	재정경제부	4.00	4.00	4.00	
15	13-026	대	재정경제부	2.00	2.00	2.00	2.00
16	01-002	도	국토해양부	2,175.00	89.00	89.00	89.00
17	02-081	도	국토해양부	59.00	59.00	59.00	
18	03-032	도	국토해양부	53.00	53.00	53.00	
19	08-027	도	국토해양부	397.00	397.00	376.00	
20	01-035	도	서울시	7.00	7.00	7.00	
21	01-039	도	서울시	5,559.00	138.00	129.00	
22	15-011	도	서울시	17.00	6.00	6.00	6.00
23	16-002	도	서울시	3.00	2.00	2.00	2.00
24	01-025	도	은평구	20.00	20.00	20.00	20.00
25	02-083	도	은평구	81.00	81.00	72.00	
26	02-084	도	은평구	38.00	38.00	28.00	
27	02-086	도	은평구	87.00	87.00	71.00	
28	02-087	도	은평구	13.00	13.00	13.00	
29	08-103	도	은평구	15.00	15.00	15.00	
30	01-040	도	재정경제부	155.00	54.00	54.00	54.00
31	08-058	도	재정경제부	185.00	185.00	138.00	
32	13-020	도	재정경제부	40.00	19.00	19.00	19.00
33	02-117	잡	재정경제부	257.00	257.00	198.00	

사업시행인가고시문

연번	소재지	지목	관리청별	면 적(㎡)			무상양도면적 (㎡)
				공부상	구역편입	용도폐지	
34	02-118	임	재정경제부	981.00	981.00	724.00	
35	03-082	임	재정경제부	30.00	30.00	9.00	
36	08-107	임	재정경제부	1,170.00	891.00	534.00	192.00
37	08-102	전	은평구	96.00	96.00	96.00	
40	03-028	대	재정경제부	228.00	228.00	228.00	
41	03-035	대	재정경제부	13.00	13.00	13.00	
38	08-041	대	재정경제부	261.00	261.00	23.00	
42	08-070	대	재정경제부	20.00	20.00	10.00	
43	08-097	대	재정경제부	14.00	14.00	4.00	
44	03-081	임	재정경제부	67.00	67.00	67.00	
45	08-108	임	재정경제부	150.00	150.00	3.00	
39	산01-087	임	재정경제부	1,498.00	198.00	124.00	
46	산01-138	임	재정경제부	13.00	13.00	13.00	

자. 변경사유
- 대형평형(114㎡)을 중·소형 평형(84㎡, 59㎡) 으로 변경하고 단위세대평면을 재
  계획함(분양성제고), 단위세대 및 평형변경에 의한 전면변경, 차량동선 및 보행
  자동선 재 계획, 단지 내 동선 변경, 레벨변경, 주민운동시설/어린이놀이터 위
  치 등의 변경에 의한 전면변경 등
- 임대주택 및 주거이전비 추가신청 등에 따른 세입자 대책 변경
  (기존 : 267가구 → 271가구) : 명단 게재 생략(· ┌구청 주거재생과에 비치)
차. 기타 관계도서 : 생략(구청 주거재생과(☎)에 비치)

관리처분인가고시문

고 시

서울특별시 은평구 고시

주택재개발정비사업 관리처분계획인가 고시

　서울특별시고시　　　　　　　　　　　정비구역 지정되고, 은평구고시
　　　　　　　　　　　　　　　　　　　　　　　정비구역(변경)지정,
은평구고시　　　　　　　　　　　사업시행인가,　　은평구고시
　　　　　　로 사업시행(변경)인가된 용암제1구역 주택재개발정비사업에 대하여 『도시
및 주거환경정비법』 제49조 제2항 규정에 따라 관리처분계획을 인가하고, 같은법 제49
조 제3항 및 같은법 시행규칙 제13조 규정에 따라 아래와 같이 고시합니다.

　　　　　　　　　　　　　　　　　　　　　　2016년 10월 13일
　　　　　　　　　　　　　　　　　　　　서울특별시　　구청장

1. 정비사업의 종류 및 명칭
　　가. 종 류 : 주택재개발정비사업
　　나. 명 칭 :　　　구역 주택재개발정비사업

2. 정비구역의 위치 및 면적
　　가. 위 치 : 서울특별시 은평구　　　　　번지 일대
　　나. 면 적 : 43,938.00㎡

3. 사업시행자의 성명 및 주소
　　가. 성 명 :　　　1구역 주택재개발정비사업조합 (조합장 : 박성수)
　　나. 주 소 : 서울특별시 은평구

4. 관리처분계획인가일 : 2016년 10월 13일

5. 관리처분계획인가의 요지

관리처분인가고시문

가. 대지 및 건축물의 규모 등 건축계획

1) 건축계획

용도		대지면적(㎡)	동수	층수	세대수	건축 연면적(㎡)	비고
주택	소계	35,246.00	12	–	879	129,481.88	
	분양	29,241.52	10	지하4/지상22	729	107,889.67	
	임대	3,777.66	1	지하4/지상15	150	13,411.62	
상가		2,226.82	1	지하4/지하1	49호	8,180.59	

2) 토지이용계획

택 지			정비기반시설			
소계	공동주택 및 근생	종교부지	소 계	도 로	공 원	학교부지
36,125.00	35,246.00	879.00	7,813.00	3,621.00	3,291.00	900.00

나. 권리자별 관리처분

권리자별	분 양				청 산
	소계	공동주택	주택 및 상가	상가	
계	405	391	8	6	77

다. 신설 또는 폐지하는 정비기반시설

구 분	용도폐지	신 설			비 고
종 류	도 로	도 로	공 원	학교부지	
규모(㎡)	4,111.00	3,621.00	3,292.00	900.00	

관리처분인가고시문

라. 분양 또는 보류지의 규모 등 분양계획

구 분		규모별 (㎡)	건립 세대수 (호)	관리처분대상자별 내역				비고
				조합원	보류시설	일반분양	임대	
임 대	소 계		150				150	
	38T형	38.29	75				75	
	41TA형	41.39	7				7	
	41TB형	41.37	45				45	
	51PB형	51.68	8				8	
	51T형	51.68	15				15	
분양	공동주택	소 계		729	403	6	320	
		41TA형	41.39	8	–		8	
		51PA형	51.68	34	7		27	2주택 분양자 포함
		59P형	59.97	113	113		0	
		59TA형	59.98	77	77		0	
		59TB형	59.98	38	38		0	
		74T형	74.93	42	30		12	
		76T형	76.98	7	–		7	
		84P형	84.99	172	71	5	96	
		84TA형	84.98	42	9	1	32	
		84TB형	84.99	42	–		42	
		84TC형	84.99	38	13		25	
		84TD형	84.98	74	30		44	
		84TE형	84.99	42	15		27	
	상 가	총 연면적 8,180.59	49	14		35		

※상가는 조합원 호수 배정 후 배분

마. 기존 건축물의 철거예정 시기 : 도시 및 주거환경정비법 제48조의2에 따름

6. 기타 관계서류 : 생략(서울특별시   구청 주거재생과(☎   )에 비치)

이전고시문

지구 주택재건축정비사업조합 고시 :

지구 주택재건축정비사업 이전고시

대구광역시   ) 준공연가 됨   )지구 주택재건축
정비사업에 대하게 오시 및 주거환경정비법 제86조 규정에 의거 대지 및 건축물의 소유권
이전내용을 아래와 같이 고시합니다.

2018년 12월 10일

지구 주택재건축정비사업조합   조합장

가. 정비사업의 종류 : 주택재건축정비사업

나. 정비사업의 명칭 :   지구 주택재건축정비사업

다. 정비구역의 위치 및 면적
  1) 위 치 : 대구광역시 중구   번지 일원
  2) 면 적 : 19,107.4㎡

라. 시행자의 주소 및 성명
  1) 주 소 : 대구광역시 서구
  2) 성 명 :   지구 주택재건축정비사업조합 조합장 외

마. 준공인가일 : 2018년 8월 24일(고시일 2018년 8월 30일)

바. 이전고시 내역
  1) 토지   (단위 :㎡)

위 치	지 번	지 목	면 적(㎡)	소 유 자	비 고
	2110	대	17,019.3	재건축정비사업조합 외 167인	아파트 및 상가
	2111	공원	559.6	중구청	기부채납
	2112	도로	1,339.8	중구청	기부채납
	2113	도로	4.1	중구청	기부채납
	2114	도로	184.6	중구청	기부채납
계	5필지		19,107.4		

이전고시문

2) 건축시설

구 분	아파트	근린생활시설	비고
연면적(㎡)	65,010.16㎡	3,051.81㎡	
동 수	7동	2동	
층 수	지하2층 ~ 지상29층	지하1층 ~ 지상3층	
세 대 수	467세대	52호	

3) 대지 또는 건축시설별 분양 권리자
   ① 아파트 : 분양 467세대(조합원 156세대 및 일반분양 311세대)
   ② 근린생활시설 : 분양 52호수(조합원 11호 및 일반분양 41호)

4. 관계서류 :   지구 주택재건축정비사업조합 사무실(☎   )에 비치.

03

신탁방식 재건축·재개발,
최근 인기 있는 이유는?

신탁방식 재개발·재건축,
도대체 무엇이길래?

신탁방식 재개발·재건축은 금융회사인 신탁사에서 직접 또는 대신해 재개발·재건축 사업을 시행한다고 보면 된다. 쉽게 말해 실소유자가 아닌 전문경영인에게 기업 경영을 맡기는 것과 같다. 그동안은 토지등소유자를 구성원으로 해 결성된 조합이 사업주체가 되어 재개발·재건축 사업을 시행하는 사례가 대부분이었다. 그러나 조합방식의 경우 여러 가지 고질적인 문제가 발생했다. 우선 조합은 적게는 수백 명 많게는 수천 명의 조합원이 모여 있다 보니, 사업에 필요한 의사결정 자체가 쉽지 않다. 여기에 전문성이 부족한 조합임원의 능력과 의지에 따라 사업의 성패가 결정되는 구조여서 재개발·재건축 사업이 지연되거나 중단되는 사례가 많았다. 또 조합임원이 조합원의 이익을 대변하기보다는 사익을 추구하거나 이해관계가 있는 업체의 이익에 따라 조합원 의사결정을 유도하는 왜곡도 발생했다. 조합임원의 횡령이나 배임으로 조합원 내부에 갈등이 불거져 사업이 답보상태에 놓이는 경우도 비일비재했다. 결국 이런 고질적인 폐해를 없애기 위해 정부는 최근 신탁방식 재개발·재건축이 그 대안이 될 수 있다고 보고 신탁방식 재개발·재건축을 활성화하는 방향으로 대책을 내놓았다.

먼저 신탁방식으로 재개발·재건축을 진행하려는 경우 통합심의를 통해 사업기간을 단축해주기로 했다. 그동안 신탁방식 재개발·재건축을 가로막던 3분의 1 토지등소유자의 토지신탁요건도 없애기로 했다. 이제 토지등소유자의 4분의 3 이상이 동의하면 신탁방식 재개발·재건축이 가능하게 됐다. 이처럼 정부에서 신탁방식 재개발·재건축을 활성화하는 방향으로 부동산 대책을 내놓자 재개발·재건축 사업지에서도 신탁방식 재개발·재건축을 대하는 분위기가 사뭇 달라졌다. 여의도나 목동처럼 서울에서도 상급지에 해당하는 우량 재건축 사업지들에서 신탁방식을 활용해 재건축을 시작했다. 현재 여의도와 목동 재건축 단지에서는 절반 이상의 단지들이 신탁방식 재건축을 시행하기 위해 신탁회사를 사업시행자로 선정하거나 신탁회사와 MOU 체결을 마쳤다. 신탁방식 재개발·재건축을 어렵게 했던 장애요인이 사라지자 재개발·재건축의 경우도 전문가가 진행하는 것이 타당하다는 인식이 점차 늘어나게 된 것이다. 주요 단지에서 신탁방식 재개발·재건축 성공 사례가 등장하면 결국 재개발·재건축 사업도 전문가에 의해 진행되기 원하는 수요가 많아질 것이다.

신탁방식 재개발·재건축의 허와 실

신탁방식 재개발·재건축의 장점 중 하나는 사업의 초기 단계부터 저리로 사업자금 조달이 가능하다는 것이다. 보통 재개발·재건축을 원하는 주민들은 많지만 경제적으로 비용까지 부담하는 경우는 드물다. 그런데 재개발·재건축을 진행하려면 필수적으로 비용이 지출될 수밖에 없다. 이런 이유로 재개발·재건축 사업 초기 단계에는 일부 검증되지 않은 업체로부터 사업자금을 차용하는 경우가 있는데, 이때 이후 조합이 설립되면 해당 업체에게 대가를 부풀려 지급하기로 하는 비리가 발생하기도 한다. 결국 비정상적으로 부풀려진 금액은 조합원이 부담해야 하는 비용에 합산된다. 신탁방식 재개발·재건축의 경우에는 사업 초기 단계부터 저리로 사업자금 조달이 가능하면 굳이 무리해서 사업자금을 차용할 필요가 없다. 신속하고 투명하게 사업을 진행하는 것이 가능해진다.

신탁방식 재개발·재건축의 경우 신탁회사의 정비사업에 대한 전문성을 활용할 수 있는 장점도 있다. 재개발·재건축 사업은 사업비만 수조 원에 이르는 큰 규모의 개발사업이다. 그럼에도 보통 전문성이 부족한 조합임원에 의해 사업이 진행되는 사례가 대부분이다. 실제 비합리적인 결정으로 재개발·재건축 사업이 지연되거나 중단되어 허비한 비용만 수백억 원에 달하는 경우도 많다. 서울의 한 재건축 단지는 단지명을 정하는 데만도 1년 이상의 시간을 허비하기도 했다. 그동안 불어난 사업비는 최소 수십억 원에 달한다. 업체를 선정하거나 관리할 때에도 조합임원의 전문성 부족으로 업체의 의견이나 이익에 따라 의사결정이 이루어지기도 한다. 이런 단점을 보완하기 위해 신탁방식 재개발·재건축을 원하는 사업지가 점차 늘어나고 있는 추세이다.

실제 서울 관악구의 한 재개발 구역은 신탁회사를 사업시행자로 지정해 건설세대수를 늘리는 등 사업수익성을 크게 개선했다. 서울 영등포구의 한 재개발 구역도 10년이 넘는 기간 동안 조합도 설립하지 못했지만 신탁방식 재개발을 시작한 후 수개월만에 우량 시공사를 선정해 사업에 탄력이 붙었다. 조합방식에 비해 공사비를 절감한 사업지도 쉽게 찾아볼 수 있다. 조합방식은 시공사의 대여금으로 사업자금을 조달하다 보니 시공사를 조기에 선정하는 것이 유리하고 분양수입이 확보되어야만 시공사에 대해 공사비를 지급할 수 있다. 결국 시공사가 재개발·재건축 사업이 지연되거나 중단될 위험을 떠안아야 하기 때문에 자연히 공사비에 위험 비용이 전가되어 공사비가 높아지는 구조이다. 그러나 신탁방식은 신탁회사에서 저리로 사업자금을 조달할 수 있어 시공사가 기성고에 따라 공사대금을 받아가는 것이 가능하다. 부동산 경기가 침체되어 일반분양이 쉽지 않은 상황에서도 시공사는 신탁회사가 제공한 대여금에서 공사비를 지급받을 수 있다. 시공사가 사업이 지연되거나 중단될 수 있는 위험을 부담하지 않기 때문에 공사비를 비롯한 공사계약의 조건이 조합방식보다 유리하게 정해진다.

다만, 신탁계약의 내용에 따라 신탁회사와 토지등소유자 사이에 권리·의무 관계가 정해지는 만큼 신탁계약의 내용 등을 사전에 철저히 검토한 후 신탁계약을 체결해야 한다. 신탁계약에 어떤 내용을 포함하는지에 따라 신탁방식 재개발·재건축의 장점을 충분히 활용할 수 있는지 여부가 달라진다. 결국 신탁방식 재개발·재건축의 성패를 가르는 요인은 신탁계약의 내용에 달려있다.

04

조합원입주권과 분양권, 어떻게 다를까?

나홀로 투자씨는 재개발 투자에 도전하려고 하는데 시작부터 헷갈린다. 어떤 사람은 재개발 구역에 있는 주택을 매수하면 조합원입주권을 받을 수 있다고 하고, 어떤 사람은 재개발 조합원의 조합원입주권을 사야 조합원입주권을 받을 수 있다고 한다. 또 어떤 사람은 조합원입주권보다는 분양권을 노려 보라고 한다. 나홀로 투자씨는 도대체 무엇을 사야 하는 걸까?

조합원입주권과 분양권의 개념

조합원입주권과 분양권은 모두 새 아파트를 분양받을 권리를 말한다. 보통 두 용어를 혼용하지만, 조합원입주권과 분양권은 그 의미가 서로 다르다. 조합원입주권은 재개발·재건축 조합원이 새 아파트를 분양받을 수 있는 권리를 말하고, 분양권은 청약에 당첨되어 새 아파트를 일반 분양받는 경우를 말한다.

예를 들어, 한 재개발·재건축 구역에는 조합원입주권과 분양권이 모두 존재한다. 만약 조합원이 500명이고 새 아파트 분양분이 1,000세대라면, 1,000세대 중 500세대는 조합원 분양분이고, 나머지 500세대는 일반 분양분이다(물론 임대주택 등이 없다는 가정하에 그렇다). 즉, 조합원입주권과 분양권이 각각 500개씩이다.

조합원입주권과 분양권의 취득

조합원입주권은 재개발·재건축 조합원이 취득하는 권리이다. 대체로 조합원 자격이 있는 경우 분양 자격도 가진다. 분양 자격에 관해서는 도시 및 주거환경정비법에 대략 정해져 있고, 자세한 사항은 시·도 조례나 조합 정관에 규정되어 있다. 조합원입주권은 소유하고 있는 토지 등이 우연히 재개발·재건축 구역에 포함되어 취득하는 경우도 있지만, 대개 재개발·재건축 구역 내 토지 등을 매수하여 취득한다.

반면, 분양권은 청약에 당첨되어 일반 분양을 받게 되는 경우를 말한다. 청약통장만 있으면 누구나 청약을 신청할 수 있다. 이때 당첨자는 자녀의 수나 무주택 기간 등을 기준으로 가점을 산정해 가점순으로 결정하거나 무작위 추첨에 의해 정한다.

조합원입주권과 분양권, 무엇을 취득해야 유리할까?

　　　　　　　조합원입주권과 분양권을 취득하면 주변 시세보다 싼값에 아파트를 분양받을 수 있다. 조합원입주권과 분양권은 각각 장단점이 있기 때문에 자신의 상황에 맞게 선택하면 된다.

　예를 들어, 조합원입주권은 좋은 동·호수를 배정받는 데에 유리하다. 대부분의 조합은 좋은 동·호수를 조합원에게 먼저 배정하고 남은 동·호수를 일반 분양한다. 이때 조합원 동·호수는 기존 소유한 토지 등의 권리가액이나 아파트 동·호수 등을 기준으로 배정하는데, 기존에 1층 아파트를 소유했다고 해서 새로 짓는 아파트도 1층을 배정받는 것은 아니기 때문에 조합원입주권을 노리고 재건축 아파트를 매수하는 경우라면 동·호수에 크게 구애받을 필요는 없다. 한 아파트 내에서도 동·호수에 따라 수억 원까지 매매가격이 차이가 난다는 점에서 좋은 동·호수를 배정받는 것이 생각보다 중요할 수도 있다. 또, 조합원입주권을 취득하면 조합원에게만 제공되는 발코니 확장이나 가구, 가전의 무료 설치 등 혜택을 누릴 수도 있다.

　조합원입주권의 장점 중 하나는 취득이 쉽다는 것이다. 주변 시세보다 분양가격이 저렴하고 입지가 훌륭한 사업지는 일반분양을 노릴 경우 경쟁률이 매우 높다. 부동산 경기가 활성화된 때에는 청약 경쟁률이 수백 대 일에 달해 "로또 청약"이라는 단어까지 만들어졌다. 그러나 조합원입주권은 재개발·재건축 사업구역 내의 토지 등을 매수하면 원칙적으로 취득이 가능하다. 기존 매도인의 조합원 자격을 그대로 승계받는 구조로 보면 된다.

다만, 분양권을 취득하면 향후 2~3년 내 새 아파트에 입주하는 것이 확실하지만 조합원입주권은 그렇지 않다. 특히 사업 초기단계에 조합원입주권 취득을 위한 토지 등을 매수하였다면 사업이 지연되거나 아예 중단될 수도 있는 위험을 떠안아야 하고, 언제 새 아파트에 입주할 수 있을지 가늠조차 하기 어려울 수 있다. 또, 추가분담금도 문제이다. 실제 조합원입주권 거래 시 추가분담금은 고려하지 않는 경우가 꽤 있는데, 이 경우 투자수익을 잘못 예측하여 손해를 보는 경우가 생길 수 있다.

예를 들어, 나홀로 투자씨가 아래와 같이 재개발 구역의 주택을 매수했다고 해보자.

- 매매대금 4억 원(권리가액 3억 원 + 프리미엄 1억 원)
- 조합원 분양가 6억 원
- 주변 아파트 시세 6억 5천만 원

언뜻 보기에 나홀로 투자씨는 6억 원에 아파트를 취득했으니, 주변 시세 6억 5천만 원보다 싸게 새 아파트를 매수한 것으로 보인다. 그러나 나홀로 투자씨가 4억 원에 주택을 매수했지만 그중 조합에서 인정해주는 금액은 권리가액으로 인정된 3억 원뿐이다. 프리미엄 1억 원은 매도인에게 주는 "웃돈"이다. 그러면 나홀로 투자씨는 새 아파트를 조합원 분양가로 분양받을 경우 6억 원에서 3억 원을 뺀 차액

3억 원을 추가분담금으로 부담해야 한다. 결국 매매대금과 추가분담금을 합한 금액 7억 원이 새 아파트 분양가격이 되는 것이다. 그렇다면, 나홀로 투자씨는 오히려 주변 시세보다 비싸게 새 아파트를 분양받는 격이어서, 투자에 성공했다고 보기 어렵다.

05

조합원입주권은 일정 기간
못 팔 수도 있다

　투기과열지구에서는 재개발·재건축 조합원의 권리도 일정 부분 제한된다. 대표적으로, 투기과열지구에서는 재개발·재건축 조합원 지위 양도를 자유롭게 할 수 없다. 다시 말해, 조합원입주권 전매가 일정 기간 제한이 된다는 것이다. 만약 전매가 금지된 기간에 조합원입주권을 전매하면 어떻게 될까? 현금청산 된다.

　구체적으로, 재건축은 조합설립인가 이후부터 소유권이전등기 시까지 전매가 허용되지 않고, 재개발은 관리처분인가 이후부터 소유권이전등기 시까지 전매가 금지된다. 이때 "전매"에는 매매를 비롯하여 증여 등 소유권에 변동을 가져오는 일체 행위가 모두 포함된다. 간혹 절세를 위해 전매가 금지된 기간에 자식에게 증여를 하는 사례를 보게 된다. 이 경우 양수인은 조합원입주권을 취득하지 못한다. 결국 다시 양도인에게 소유권을 회복시켜 분양 자격을 다투는 방법밖에 없지만, 이 방법도 모든 경우 가능한 것은 아니다.

한편, 전매가 금지된 기간에도 예외적으로 전매가 가능한 경우가 있다. 재건축은 2003. 12. 30. 이전에 조합설립인가를 받은 곳이라면 조합설립인가 이후라도 전매가 가능하다. 그러나 2025년 현재 재건축의 경우 조합원입주권 전매가 자유로운 사업지는 사실상 없다고 봐도 무방하다. 재개발은 2018. 1. 24. 이전에 최초로 사업시행인가를 신청한 곳이라면 관리처분인가 이후에도 조합원입주권 전매가 가능하다. 조합원입주권 전매가 자유롭다는 장점 때문에 조합원입주권 전매가 금지되는 사업지보다 거래가격이 높게 형성된다. 또, 예외적으로 전매금지기간에 전매가 가능한 경우도 있다. 이때 아래 표에 기재된 경우가 전매금지기간에 전매를 할 수 있는 주요 사항에 해당한다. 특히 제4항과 같이 양도인이 일정한 거주기간 및 보유기간을 충족한 경우와 제5항과 같이 사업이 일정 기간 지연된 경우에 해당하는 사례가 많다.

1. 세대원(세대주가 포함된 세대의 구성원을 말한다. 이하 이 조에서 같다)의 근무상 또는 생업상의 사정이나 질병치료(「의료법」 제3조에 따른 의료기관의 장이 1년 이상의 치료나 요양이 필요하다고 인정하는 경우로 한정한다) · 취학 · 결혼으로 세대원이 모두 해당 사업구역에 위치하지 아니한 특별시 · 광역시 · 특별자치시 · 특별자치도 · 시 또는 군으로 이전하는 경우
2. 상속으로 취득한 주택으로 세대원 모두 이전하는 경우
3. 세대원 모두 해외로 이주하거나 세대원 모두 2년 이상 해외에 체류하려는 경우
4. 1세대 1주택자로서 양도하는 주택에 대한 소유기간 및 거주기간이 대통령령으로 정하는 기간 이상인 경우
5. 그 밖에 불가피한 사정으로 양도하는 경우로서 대통령령으로 정하는 경우
   ① 조합설립인가일부터 3년 이상 사업시행인가신청이 없는 재건축 사업의 건축물을 3년 이상 계속하여 소유하고 있는 자가 사업시행인가신청 전에 양도하는 경우
   ② 사업시행계획인가일부터 3년 이내에 착공하지 못한 재건축 사업의 토지 또는 건축물을 3년 이상 계속하여 소유하고 있는 자가 착공 전에 양도하는 경우
   ③ 착공일부터 3년 이상 준공되지 않는 재개발·재건축의 토지를 3년 이상 계속하여 소유하고 있는 경우
   ④ 법률 제7056호 도시 및 주거환경정비법 일부개정법 부칙 제2항에 따른 토지 등 소유자로부터 상속·이혼으로 인하여 토지 또는 건축물을 소유한 자
   ⑤ 국가·지방자치단체 및 금융기관에 대한 채무를 이행하지 못하여 재개발·재건축의 토지 또는 건축물이 경매 또는 공매되는 경우
   ⑥ 주택법 제63조 제1항에 따른 투기과열지구로 지정되기 전에 건축물 또는 토지를 양도하기 위한 계약을 체결하고, 투기과열지구로 지정된 날부터 60일 이내에 부동산 거래 신고 등에 관한 법률 제3조에 따라 부동산 거래의 신고를 한 경우

06

조합원입주권을 받으려면
반드시 해야 할 것, 조합원 분양신청!

　조합원에게는 수많은 권리가 있지만 그중 가장 중요한 것이 새 아파트를 분양받을 권리이다. 조합이 정한 분양신청기간에 분양신청을 하지 않으면 조합원입주권을 받지 못한다. 간혹 실수로 분양신청을 하지 못한 사례를 접하게 되는데, 현금청산 외에 뾰족한 수가 없다.

　문제는 현금청산이 될 경우 조합원입주권을 받는 경우보다 금전적으로 손해를 볼 가능성이 높다는 것이다. 특히 집값이 가파르게 상승하는 경우에는 더욱 그렇다. 분양신청을 하지 못하면 현금청산이 되는데, 이때 현금청산금은 감정평가로 정하게 된다. 그런데 이 금액은 막상 주변 시세의 6~70% 수준으로 느껴진다. 감정평가 시점이 과거로 고정되어 있기 때문이다. 재건축의 경우에는 보통 분양신청기간 만료일의 다음 날을 기준으로 감정평가를 하고, 재개발의 경우에는 사업시행인가고시일을 기준으로 감정평가한다. 쉽게 말해, 약 3~5년 전의 가격으로 현금청산금이 정해진다는 뜻이다. 따라서 조합원은 최소한 분양신청에 관한 절차는 꼼꼼히 확인해야 하고, 여러 가지 사정을 고려해 분양신청을 할 것인지 신중하게 결정하는 것이 좋다.

조합이 정한 분양신청기간에 분양신청을 해야 한다

조합은 사업시행인가 이후에 분양신청절차를 진행한다. 이때 분양신청을 하지 않으면 조합원입주권을 받지 못한다. 조합은 분양신청절차를 진행하기 전 조합원이 조합에 신고한 주소로 조합원별 소유하고 있는 토지 등의 평가금액, 조합원별 예상되는 분담금, 분양신청기간이나 절차 등을 구체적으로 통지한다.

분양신청서

[별지 제2호서식]

(제1쪽)

분 양 신 청 서

신청인	성 명			생년월일			접수번호	※ 시행자가 기재	
	주 소			|전화|		조합원번호		
	수인이 1인의 분양대상자로 신청하는 경우 함께 신청하는 자의 성명						(총 인)		

권리내역	토지	소유토지	소 재 지	지 목	면 적(㎡)			공유여부	이용상황	취득일자	시행구역외 주택소유 여부
					공부상	편입	소유				
			(계 필지)								
		점유국공유지	소 재 지	지 목	면 적(㎡)		관 리 청	점유상황	비 고 (불하희망여부)		
					공부상	점유연적					
			(계 필지)								
	건축물		소 재 지	연연적 (㎡)	용 도	취 득 일	공유여부	허가유무	무 허 가 건물번호		
			(계 동)								

분양희망의견	주 택 규 모		상가용도 등 및 규모	

「도시 및 주거환경정비법」제72조제3항, 같은 법 시행령 제59조제2항제2호 및 「□□□ 도시 및 주거환경정비 조례」제24조제2항에 따라 위와 같이 분양을 신청합니다.

년 월 일

신청인   (서명 또는 인)

_____지구 주택재개발정비사업조합 귀하

| 제출서류 | 1. 토지 및 건축물에 관한 등기부등본 또는 환지예정지증명원 각 1부.
2. 토지대장 및 건축물대장 각 1부.
3. 무허가 건축물의 경우에는 무허가건물확인원 및 소유를 입증하는 서류 1부.
4. 주민등록표등본(신청민과 동일한 세대별주민등록표상에 등재되어 있지 아니하는 신청민 배우자의 주민등록표 등본 포함) 1부.
5. 수인이 1인의 분양대상자로 신청하는 경우에는 함께 신청하는 자의 분양신청서 각 1부.
6. 사업자등록증 기타 자격요건를 증빙하는 서류 1부. | |

간혹 실수로 분양신청을 하지 못해 후회하는 사례들을 종종 본다. 가장 많은 경우는 중간에 주소지가 바뀌었음에도 이를 조합에 신고하지 않아 분양신청기간을 놓친 사례이다. 일부 법원에서는 조합이 조합원의 주소를 더욱 적극적으로 확인하였어야 할 의무가 있다는 점을 이유로 조합원 손을 들어주지만, 꼭 그런 것은 아니다. 만약 중간에 주소지가 바뀌었다면 바로 조합에 주소지 변경을 신고해야 착오가 없다. 또, 중간에 소유자가 바뀐 경우도 마찬가지이다.

07

공유 부동산이라면 대표를 정해 분양신청을 해야 한다

재개발·재건축 구역에 토지 등을 여러 명이 공유한 경우에는 어떨까? 각 공유자별로 조합원입주권을 받을 수가 있을까? 결론부터 말하면 조합원입주권은 하나밖에 나오지 않는다. 예를 들어, A, B, C가 각 3분의 1 지분씩 하나의 주택을 공유하고 있다면, A, B, C는 조합원입주권 또는 새로 분양받는 아파트도 각 3분의 1 지분씩 나눠서 소유하게 된다.

그런데 이처럼 하나의 토지 등을 여러 명이 공유한 경우 조합에 대한 법률행위를 하는 것에는 제약이 있다. 반드시 동의자 전원이 동의하여 한 명을 대표자로 선임해야 하고, 그 대표자만이 조합에 대하여 분양신청 등의 법률행위를 할 수 있다. 공유자 간 갈등이 있거나 서로 모르는 사이인 경우 대표자를 누구로 선임할 것인지를 두고 다툼이 많이 발생한다.

간혹 대표자만이 조합에 대한 법률행위를 할 수 있기 때문에 조합원입주권도 대표자가 단독으로 소유하게 되는 것으로 오해를 하기도 하는데, 대표자는 공유자를 "대표"하여 조합에 대하여 법률행위를 할 뿐이고, 당연히 조합원입주권은 공유자가 기존 토지 등에 관한 지분비율대로 받는다.

대법원 2009. 2. 12. 선고 2006다53245 판결

구 주택건설촉진법(2002. 12. 30. 법률 제6852호로 개정되기 전의 것) 제44조의3 제6항은 "재건축조합원 중 1세대가 2주택 이상을 소유하거나 1주택을 2인 이상이 공유지분으로 소유하는 경우에는 이를 1조합원으로 보며 1주택만 공급한다."고 규정하고 있다. 그런데 구 주택건설촉진법에 의하여 설립된 재건축조합의 규약이 1주택을 2인 이상이 공유지분으로 소유하는 경우에 관하여 규정하면서 위 법조항의 문언과는 다소 다르게 공유자 중 1인을 조합원으로 보고 그 1인을 조합원으로 등록하도록 하고 있더라도, 이를 공유자 중 대표조합원 1인 외의 나머지 공유자를 재건축조합과의 사단적 법률관계에서 완전히 탈퇴시켜 비조합원으로 취급하겠다는 취지로 해석할 수는 없고, 공유자 전원을 1인의 조합원으로 보되 <u>공유자 전원을 대리할 대표조합원 1인을 선출하여 그 1인을 조합에 등록하도록 함으로써 조합 운영의 절차적 편의를 도모함과 아울러, 조합규약이나 조합원 총회 결의 등에서 달리 정함이 없는 한 공유자 전원을 1인의 조합원으로 취급하여 그에 따른 권리분배 등의 범위를 정하겠다는 의미로 보아야 한다.</u>

대표조합원을 선임하지 못하면
분양신청을 할 수 없을까?

놀부와 흥부는 이복형제이다. 어릴 때부터 사이가 좋지 않았고, 어른이 된 후에는 연락조차 하지 않고 지내왔다. 그런데 아버지가 돌아가시면서 문제가 생겼다. 아버지가 서울의 한 재개발 구역에 집 한 채를 남기고 돌아가셨는데, 프리미엄도 5억 원 가까이 붙은 상태이다. 놀부는 그동안 아버지를 모셔 온 자신이 집을 상속받아야 한다고 주장했고, 흥부는 아버지로부터 경제적 도움을 받은 적이 없는 자신이 집을 상속받아야 한다고 맞섰다. 결국 둘은 주먹다짐까지 하고 헤어지게 되었는데, 분양신청기간이 되어 놀부와 흥부가 각자 분양신청서를 제출하려고 하자, 재개발 조합에서는 대표조합원을 선임해서 분양신청을 하지 않으면 둘 다 조합원입주권을 받을 수가 없다고 한다.

앞서 살펴본 것처럼 여러 명이 하나의 토지 등을 공유하고 있다면, 공유자 전원의 동의로 대표자를 선임해 분양신청 등의 법률행위를 해야 한다. 그런데 위 사례와 같이 공유자 간 갈등이 깊어 대표자 선임에 대한 합의가 이루어지지 않는 경우라면 어떻게 해야 할까? 둘 다 분양신청을 원치 않으면 상관이 없겠지만, 둘 다 분양신청을 원하는데 서로 사이가 좋지 않아 분양신청을 못하고 있는 경우라면, 대표자 선임 없이 각자 분양신청을 해도 적법한 분양신청으로 인정이 될까?

보통 조합에서는 대표자 선임 없이 분양신청을 한 경우에는 적법한 분양신청으로 보지 않는다. 과거 조합설립동의에 관해서는 대표자 선임 없이 공유자 각자 동의서를 제출한 경우라도 적법한 동의가 있는 것으로 인정한 판례가 있다. 그러나 각자 분양신청을 한 경우에 분양신청의 효력에 관하여는 아직 명확한 판단이 없다. 다만, 동의 또는 부동의만을 결정하는 조합설립동의와는 달리 분양신청은 분양을 원하는 세대수, 평형, 용도 등 다양한 사항에 관한 의사표시라는 점에서 공유자 각자 제출한 분양신청서상 내역이 모두 일치하지 않는 한 이를 적법한 분양신청으로 보기에는 무리가 있다. 따라서 흥부와 놀부는 현금청산을 원하지 않는 경우라면 잠시 감정을 내려놓을 필요가 있다. 순간의 감정으로 수억 원의 프리미엄을 날려 버릴 수가 있다.

또, 이런 경우가 있을 수 있다. 흥부와 놀부가 극적으로 합의를 했는데 갑자기 상속인 중에 "광부"가 존재하는 경우이다. 그동안 흥부와 놀부는 광부의 존재조차 몰랐기 때문에 당연히 광부가 어디에 사는지조차 알지 못한다. 공유자 중 일부의 소재를 알 수 없는 경우에는 대표자 선임을 어떻게 해야 하는지에 관해 명확히 규정되어 있지는 않다. 다만, 조합설립동의 시 공유자 중 일부의 소재를 모를 때 어떻게 처리해야 하는지는 정해져 있기 때문에 이를 준용하여 처리할 수도 있을 것이다.

만약 그렇다면, 흥부와 놀부는 광부의 주민등록번호를 알지 못한다는 점과 등기부상 기재된 광부의 주소에 광부가 거주하지 않는다는 점을 객관적으로 밝히면, 흥부와 놀부의 합의만으로도 대표자를 선임해 분양신청을 할 수 있다. 나머지 공유자들에게 소재불명인 공유자의 소재까지 파악하도록 하는 것은 너무나 가혹하기 때문에 위와 같이 처리하는 것이 타당하다고 본다.

08

무허가건축물에도
조합원입주권이 나올까?

'뚜껑'이란 무엇일까?

재개발은 토지 또는 건축물 중 어느 하나를 소유한 경우에도 조합원입주권을 받을 수 있다. 그중 대표적인 것이 무허가건축물이다. 보통 무허가건축물은 남의 땅에 무단으로 지은 건물인 경우가 많다. 보통 "뚜껑"이라고 부른다. 땅 위에 뚜껑처럼 살짝 덮어놨다는 뜻이다.

보통 무허가건축물은 인기가 좋다. 조합원입주권의 거래가격은 권리가액에 프리미엄을 더해 정해지는데, 무허가건축물은 조합원입주권이 나오지 않을 경우 객관적으로는 가치가 거의 없어 권리가액이 0에 가깝다. 즉, 프리미엄만으로 거래되기 때문에 초기 투자금이 적게 드는 장점이 있다. 이런 이유로 조합원입주권을 받을 수 있는 무허가건축물이 시장에 나오면 그날 내로 거래가 완료된다.

무허가건축물은 원래는 철거되었어야 하는 불법건축물이다. 그렇기 때문에 무허가건축물 소유자는 조합원입주권을 받지 못하는 것이 원칙이다. 그럼에도 오랜 기간 존재하여 온 무허가건축물의 경우에는 그 소유자를 보호할 필요성이 있기 때문에 예외적으로 조합원입주권을 부여하고 있다. 다만, 특별한 요건을 충족해야 한다.

놀부는 서울 변두리에 있는 한 지역에 1983년 건축된 무허가건물 한 채를 가지고 있다. 철거하자니 비용이 많이 들고, 팔자니 사겠다는 사람이 없어서 애물단지 취급만 해 왔다. 그런데 얼마 전 놀부는 반가운 소식을 듣게 된다. 무허가건물이 재개발 구역에 포함되었다는 것이다. 놀부는 조합원입주권을 받을 생각에 가슴이 설레었는데, 문제가 생겼다. 놀부가 재개발 조합에 문의해보니, 조합에서는 놀부가 무허가건물 소유자라서 조합원입주권을 받을 수가 없다는 것이다. 놀부는 이대로 포기해야 할까?

놀부의 경우 조합원입주권을 받을 수 있을까? 결론부터 말하면, 놀부의 무허가건축물이 어느 재개발 구역에 포함되었는지에 따라 조합원입주권 취득 여부가 달라진다. 무허가건축물의 분양 자격은 각 시·도 조례와 조합의 정관을 종합적으로 살펴봐야 한다. 이때 무허가건축물은 "기존무허가건축물"과 "특정무허가건축물" 중 어느 하나에 해당해야만 그 소유자가 조합원입주권을 취득할 수 있다.

기존무허가건축물과 특정무허가건축물은 각 요건이 다른데, 기존무허가건축물이 먼저 생긴 개념이라서 특정무허가건축물의 요건보다 그

요건이 까다롭다. 2010. 7. 15. 이후 최초로 기본계획을 수립하고, 2011. 5. 26. 이후 최초로 정비계획공람공고를 한 재개발 구역은 "특정무허가건축물"의 요건을 만족하면 무허가건축물이라고 하더라도 분양 자격을 부여하고 있고, 2010. 7. 15. 이전에 최초로 기본계획을 수립하였거나 2011. 5. 26. 이전에 정비계획공람공고를 한 재개발 구역은 "기존무허가건축물"의 요건을 만족해야 분양 자격을 부여하고 있다.

그렇다면, 특정무허가건축물은 어떤 요건을 갖춰야 할까? 특정무허가건축물에 해당하려면, 1989. 1. 24. 이전에 건축된 무허가건축물로서 주거용이어야 하고, 조합 정관에 무허가건축물 소유자도 분양 자격을 부여하기로 정해져 있어야 한다. 이때 무허가건축물이 1989. 1. 24. 이전에 건축되었다는 점은 시청에 보관되어 있는 항공사진 등으로 증명한다. 또, 주거용은 현재까지 주거용으로 사용될 필요는 없고, 과거 주거용으로 사용된 흔적이 명확히 남아 있으면 된다. 대부분의 조합에서 무허가건축물의 소유자에게도 일정 요건을 갖추면 분양 자격을 부여하는 것으로 정하고 있지만, 국·공유지를 불하받은 경우에만 분양 자격을 부여한다거나 조합원 자격은 부여하지 않고 분양 자격만을 부여하는 등 일정 조건을 달아 분양 자격을 부여하고 있는 경우도 있으므로, 조합 정관상 무허가건축물 소유자에 대한 분양 자격이 어떻게 규정되어 있는지 꼼꼼히 살펴봐야 한다.

기존무허가건축물의 요건은 특정무허가건축물과 비슷하지만, 그 건축시점이 1981. 12. 31. 이전으로 앞당겨져 있다. 다음 중 어느 하나에 해당하면 기존무허가건축물로 인정한다.

① 1981. 12. 31. 현재 무허가건축물대장에 등재된 무허가건축물
② 1981년 제2차 촬영한 항공사진에 나타나 있는 무허가건축물
③ 재산세 납부 대장 등 공부상 1981. 12. 31. 이전에 건축하였다는 확증이 있는 무허가건축물
④ 1982. 4. 8. 이전에 사실상 건축된 연면적 85제곱미터 이하의 주거용 건축물로 서 1982년 제1차 촬영한 항공사진에 나타나 있거나 재산세 납부대장 등 공부 상 1982. 4. 8. 이전에 건축하였다는 확증이 있는 무허가건축물
⑤ 공익사업을 위한 토지 등의 취득 및 보상에 관한 법률 시행규칙(건설교통부령 제344호) 부칙 제5조에 따른 무허가건축물 중 조합 정관에서 정한 건축물

결국 놀부의 사례로 돌아가 보면, 1983년도에 지어진 놀부의 무허 가건축물은 어떤 재개발 구역에 포함되어 있는지에 따라 분양 자격이 인정될 수도 있고, 아닐 수도 있다. 예를 들어, 놀부의 무허가건축물 이 포함된 재개발 구역의 기본계획이 최근에 수립되었다면, 놀부도 조합원입주권을 취득하는 것이 가능하다.

09

무허가건축물에 투자하고 싶다면
이것만은 확인하자!

첫째, 시·도 조례와 조합 정관을
반드시 확인하자

앞서 설명한 것처럼 무허가건축물의 분양 자격은 시·도 조례와 조합 정관에 구체적으로 정해져 있다. 조합원입주권을 받기 위해 무허가건축물을 매수하는 경우라면, 시·도 조례와 조합 정관에 따라 분양 자격이 인정되는 무허가건축물인지 여부를 반드시 확인해야 한다. 만약 분양신청이 완료된 경우라면 매도인에게 분양신청통지내역과 분양신청서를 요구하고, 매도인을 통해 조합에 해당 무허가건축물이 분양 자격이 인정되는 것인지 여부를 확인하여 달라고 요청해야 한다.

무허가건축물확인원을 요구하자

무허가건축물은 불법 건축물이기 때문에 원칙적으로 등기가 없다. 객관적으로 그 소유권을 입증할 수 있는 서류가 없기 때문에 거래 시 특히 유의해야 하는 것이다. 다만, 무허가건축물의 경우에도 무허가건축물확인원을 발급받을 수 있는 경우가 있다. 무허가건축물확인원에는 무허가건축물의 지번, 소유자, 건축시점 등이 기재되어 있다.

그러나 일부 무허가건축물은 무허가건축물확인원조차 없는 경우가 있다. 이때에는 무허가건축물의 건축시점, 소유자 등을 항공사진이나 재산세 납부 영수증, 주민등록상 전입신고 여부 등으로 확인할 수밖에 없기 때문에 무허가건축물확인원이 있는 경우보다 조합원입주권을 받지 못할 위험성이 높다. 실제 시장에서도 무허가건축물확인원이 있는 경우의 무허가건축물이 더 비싼 값에 거래된다. 또, 무허가건축물

확인원이 없는 경우에는 조합에서 쉽게 분양 자격을 인정해주지 않는 경향이 있다. 만약 무허가건축물확인원이 없는 무허가건축물을 거래하려고 한다면, 소유자나 건축시점 등을 밝힐 객관적인 자료가 충분히 갖춰져 있는지를 꼼꼼히 확인한 후 거래해야 한다.

무허가건물확인원

<table>
<tr><td colspan="3" align="center">무허가건물 확인원</td><td colspan="2">처리기간</td></tr>
<tr><td colspan="3">발급번호 : 2020-145</td><td colspan="2">즉 시</td></tr>
<tr><td rowspan="9">무허가건물</td><td rowspan="3">소유자</td><td>도로명주소</td><td colspan="3">서울시</td></tr>
<tr><td>주 소</td><td colspan="3">서울특별시</td></tr>
<tr><td>주민등록번호</td><td>성 명</td><td></td></tr>
<tr><td rowspan="6">건축물 및 토지</td><td>소재지</td><td colspan="3">서울특별시</td></tr>
<tr><td>도로명주소</td><td colspan="3">서울특별시</td></tr>
<tr><td>건물면적</td><td>52.28㎡(15.79평)</td><td>건물구조</td><td>세멘조</td></tr>
<tr><td>건물등재번호</td><td>11290-등재-</td><td>토지현황</td><td>토지에 관한 사항은 별도확인</td></tr>
</table>

사용용도	학인용

위에 기재한 건축물이 기존무허가건축물 대장에 등재되어 있음을 확인하여 주시기 바랍니다.

2020년 04월 01일

신청인 :　　　　　　　(인)

서울특별시 성북구청장귀하

본 확인서는 아파트 입주권과 무관합니다.

<table>
<tr><td rowspan="2">구비서류</td><td rowspan="2">수수료</td><td colspan="3" align="center">확인발급자</td></tr>
<tr><td>소속 부서명</td><td>성명</td><td>전화번호</td></tr>
<tr><td></td><td>수입인지 첨부</td><td>구청</td><td>(인)</td><td></td></tr>
</table>

위와 같이 확인합니다.
2020.04.01

A.유발행일 :
2020.04월01

2020년 04월 01일

서울특별시　　　　　(직인)

두 눈으로 직접 확인하자

무허가건축물은 직접 두 눈으로 확인하는 절차가 반드시 필요하다. 간혹 무허가건축물이 무허가건축물확인원상 기재되어 있는 주소지에 존재하지 않거나 무허가건축물 자체가 이미 철거되어 존재하지 않는 경우가 있다. 무허가건축물은 관리처분인가시까지 존재해야 조합원입주권을 받을 수 있기 때문에, 만약 그 전에 무너지거나 철거되어 사라진다면 조합원입주권을 받지 못하게 된다. 그래서 재개발 구역에 가보면 쓰러져가는 무허가건축물을 임시로 지지해 두는 경우도 심심치 않게 볼 수 있다.

또, 무허가건축물은 주거용으로 사용한 경우에만 분양 자격이 인정된다. 반드시 현재까지 주거용으로 사용할 필요는 없지만, 부엌, 화장실 등 주거용으로 사용한 흔적이 있는지 직접 눈으로 살피는 것이 좋다. 직접 가보면 주거가 아닌 상가로 사용하는 경우도 꽤 있다.

간혹 무허가건축물 중에서도 등기가 없는 점을 이용해 임의로 쪼갠 사례가 있다. 이 경우 보통 항공사진상 하나의 지붕 아래 여러 채의 무허가건축물이 존재하기 때문에 일정 시점 이전부터 무허가건축물이 세대별로 존재하였다는 점을 입증하기 어렵다.

점유사용료 납부영수증을 확인하자

　　　　　무허가건축물은 국·공유지를 무단으로 점유한 경우가 많다. 따라서 국·공유지를 점유한 경우라면 매도인이 점유사용료를 납부했는지도 확인해야 한다. 만약 매도인이 점유사용료를 납부하지 않았다면, 이후 많게는 수천만 원까지 점유사용료를 납부해야 할 수 있다. 납부 후 매도인에게 반환받는 것이 상당히 까다롭기 때문에 미리 점유사용료 납부 여부를 확인해 거래 시 매매대금에서 조정하는 것이 편리하다.

국·공유지 불하계약을 맺었는지 확인하자

　　　　　무허가건축물 소유자가 반드시 점유하고 있는 국·공유지를 불하받아야 하는 것은 아니다. 보통 국·공유지는 관리처분인가시점에 조합에서 일괄 불하받아 무허가건축물 소유자로 하여금 그 대금을 부담하도록 하는데, 조합에 따라서는 국·공유지 불하를 받은 경우에만 무허가건축물 소유자에게 분양 자격을 부여하기도 해 주의를 요한다. 또, 매도인이 이미 국·공유지 불하계약을 체결한 상태라면 매수 후에 그 대금을 일시에 납부해야 하는 경우도 있다. 이 경우 자금계획에 차질이 생길 수도 있다.

　　간혹 국·공유지가 아닌 사유지에 무허가건축물이 존재하는 경우가 있다. 문제는 토지 소유자가 무허가건축물을 철거하라는 소송을 제기할 수도 있다는 점이다. 만약 소송에 의해 무허가건축물이 철거되면 조합원입주권을 받지 못하게 된다. 따라서 무허가건축물 거래 시 토지 등기부도 필수적으로 확인하고, 무허가건축물이 존재하는 토지가 사유지라면 토지 소유자와 일정 부분 협의가 필요하다.

10

'지분 쪼개기'란 무엇일까?

> 엄청난 투자씨는 재개발 구역에 있는 한 다세대주택을 매수했다. 이후 다세대주택을 매입한 즉시 구청에 세대분리신청을 했는데, 엄청난 투자씨의 세대분리신청으로 원래 2세대이던 다세대주택은 6세대로 세대수가 늘어났다. 엄청난 투자씨는 6세대 중 한 세대만 자신의 명의로 두고, 나머지 5세대는 모두 자신의 딸, 아들 등 친인척의 명의로 돌려 두었다. 결국 엄청난 투자씨는 총 6개의 조합원입주권을 받게 되었고, 이를 매도하여 얻은 시세차익이 무려 20억 원에 달했다.
>
> — 어제 뉴스

위 사례처럼 한 채를 여러 채로 쪼개 더 많은 조합원입주권을 취득하는 경우는 과거 재개발 구역에서 비일비재한 일이었다. 어떤 구역의 경우에는 조합임원이 여러 채를 사들여 총 80세대로 만들어 보유하고 있는 사례도 있었다. 이처럼 "지분 쪼개기"가 성행하면, 조합원의 수가 크게 늘어 사업수익성이 나빠지는 동시에 조합원 간 갈등이 깊어져 사업의 원활한 진행에도 방해가 된다. 결국 이런 폐단을 막기 위해 시·도 조례에 지분 쪼개기를 금지하는 규정들이 신설되었다.

단독주택을 다세대주택으로?

　　　　　　　지분 쪼개기는 크게 두 가지 형태로 나눠볼 수 있다. 단독주택(다가구주택도 마찬가지)을 용도변경해 다세대주택으로 만드는 경우와 단독주택을 아예 철거하거나 나대지에 다세대주택을 짓는 경우이다.

　먼저, 전자의 경우를 전환다세대주택이라고 부르는데, 이처럼 세대수를 늘려 용도변경한 경우에는 다세대주택이라 하더라도 세대별로 조합원입주권을 부여하지 않는 사례가 있다. 그 구체적인 기준은 시·도 조례에 정해져 있는데, 서울시를 기준으로 살펴보면 서울시는 "권리산정기준일"이라는 것을 별도로 고시해 그날 이후 전환되어 세대수가 증가한 다세대주택의 경우에는 전환되기 전의 현황에 따라 조합원입주권을 부여한다. 예를 들어, 한 채의 단독주택을 A, B가 공유하고 있다가, 서울시에서 공고한 권리산정기준일 이후에 두 채의 다세대주택으로 만들어 각 세대별로 A, B가 단독 소유하게 되었다면, 이 경우에도 A, B를 합쳐 하나의 조합원입주권만 받을 수 있다는 뜻이다.

　권리산정기준일은 보통 시·도지사가 정비예정구역을 지정한 후 별도로 고시한다. 만약 권리산정기준일을 별도로 정하지 않았다면, 정비구역지정고시일의 다음 날이 권리산정기준일이 된다. 권리산정기준일을 확인하려면, 인터넷상으로 권리산정기준일고시문 또는 정비구역지정고시문을 찾아보거나 시청이나 조합에 문의하면 된다.

권리산정기준일고시문

고시 제2019-129호

주택 등 건축물을 분양받을 권리의 산정 기준일 고시

고시된　　　　　　　　　　　　의
재개발 정비예정구역에 대하여 「도시 및 주거환경정비법」 제77조에 따라 주택 등 건축물을 분양받을 권리의 산정 기준일을 고시합니다.

2019. 5. 31.

1. 주택 등 건축물을 분양받을 권리의 산정 기준일 고시
가. 재개발 정비예정구역

정비예정구역명	위　치	면적(㎡)	사업유형	비고
	번지 일원	242,481	재개발사업	
	번지 일원	198,975	재개발사업	
	번지 일원	122,778	재개발사업	
	번지 일원	427,629	재개발사업	
	번지 일원	152,263	재개발사업	

나. 권리의 산정 기준일 : 2019. 5. 31.
다. 지정사유
　ㅇ 정비예정구역 내 무분별한 토지 분할, 단독 또는 다가구주택의 다세대주택 전환, 공동주택 건축 등 투기를 억제하여 지역주민의 피해를 최소화하고 정비사업의 원활한 추진을 위함
라. 건축물을 분양받을 권리의 산정 기준
　ㅇ 정비사업을 통하여 분양받을 건축물이 「도시 및 주거환경정비법」 제77조제1항에 따른 다음 각 호의 어느 하나에 해당하는 경우에는 권리의 산정 기준일의 다음 날을 기준으로 건축물을 분양받을 권리를 산정한다.
　　1) 1필지의 토지가 여러 개의 필지로 분할되는 경우
　　2) 단독주택 또는 다가구주택이 다세대주택으로 전환되는 경우
　　3) 하나의 대지 범위에 속하는 동일인 소유의 토지와 주택 등 건축물을 토지와 주택 등 건축물로 각각 분리하여 소유하는 경우
　　4) 나대지에 건축물을 새로 건축하거나 기존 건축물을 철거하고 다세대주택, 그 밖의 공동주택을 건축하여 토지등소유자의 수가 증가하는 경우

2. 기타 자세한 사항은　　　　　도시재생과　　　　　　　도시정비과로 문의하여 주시기 바랍니다.

다만, 이 경우에 2010. 7. 15. 이전에 기본계획을 수립한 재개발 구역이라면 권리산정기준일 개념이 적용되지 않는다. 이때는 2003. 12. 30. 이전에 다세대주택으로 전환되어 구분등기까지 완료된 경우에만 세대별로 조합원입주권을 받을 수 있다. 또, 원칙적으로 60제곱미터 이하의 주택만을 분양받을 수 있는데, 기존 보유한 주택의 면적이 60제곱미터 이상이면 60제곱미터 이상의 주택도 분양받는 것이 가능하다.

단독주택 철거 후 또는 나대지에 새로 짓는 다세대주택

위와 같이 단독주택을 다세대주택으로 전환하여 세대수를 늘리는 지분 쪼개기를 금지하자, 새로운 형태의 지분 쪼개기가 등장했다. 단독주택을 매입해서 이를 철거하고 다세대주택을 새로 짓거나 아예 나대지를 매입해서 다세대주택을 새로 짓는 사례이다.

결국 이와 같은 신종 지분 쪼개기를 막기 위해 권리산정기준일 이후 단독주택을 철거한 후 다세대주택을 짓거나 나대지에 다세대주택을 지은 경우 기존 단독주택의 현황에 따라 조합원입주권을 부여하는 것으로 시·도 조례가 대부분 개정되었다. 다만, 이 경우에도 서울시 기준으로 2010. 7. 15. 이전에 기본계획을 수립한 재개발 구역이라면 2008. 7. 30.까지 건축허가를 완료한 다세대주택의 경우에만 세대별로 조합원입주권을 부여하고 있다.

11

'다세대주택'에 투자하고 싶다면
이것만은 확인하자!

다세대주택은 세대별로 조합원입주권이 부여되는 것이 원칙이다. 그런데 지분 쪼개기를 막기 위해 앞서 살펴본 것처럼 다세대주택이라 하더라도 세대별로 조합원입주권을 받지 못하는 경우들이 있다. 따라서 다세대주택을 매수할 때 여러 가지 유의할 점이 있다.

단독 또는 다가구주택, 다세대주택
구분하기

보통 단독주택과 다세대주택은 잘 구분하는데, 다가구주택과 다세대주택은 잘 구분하지 못하는 경우가 많다. 겉으로 보기에 다가구주택과 다세대주택이 비슷하기 때문이다.

　간단히 말해, 단독주택은 한 세대가 거주하기 적합한 시설과 규모를 갖춘 주택을 말한다. 다가구주택은 단독주택의 일종이다. 다가구주택과 다세대주택은 모두 세대별로 분리하여 생활하고 있는, 사실상 공동주택이다. 그러나 다가구주택은 단독주택이나 다가구주택으로 등기되어 있고 하나의 주택을 여러 가구가 공유하고 있는 형태로 되어 있다. 반면, 다세대주택은 다세대주택으로 등기되어 있고, 세대별로 등기가 달리 되어 있다. 따라서 등기부를 확인하면 다가구주택과 다세대주택을 명확하게 구분할 수 있다.

그림으로 보는

등기부등본

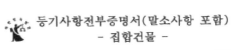
등기사항전부증명서(말소사항 포함)
- 집합건물 -

고유번호 2742-2010-002247

[집합건물] 서울특별시 은평구

【 표 제 부 】 (1동의 건물의 표시)				
표시번호	접 수	소재지번,건물명칭 및 번호	건 물 내 역	등기원인 및 기타사항
1	2010년3월12일	서울특별시 은평구	철근콘크리트구조 (철근)콘크리트지붕 6층 다세대주택, 제2종 근린생활 시설 1층 8.16㎡ 2층 117.60㎡ 3층 114.84㎡ 4층 114.84㎡ 5층 114.84㎡ 6층 114.84㎡ 옥탑2층 12.24㎡ 옥탑1층 11.25㎡	건산도면번호 10-2742-0000047
2		서울특별시 은평구 [도로명주소] 서울특별시 은평구	철근콘크리트구조 (철근)콘크리트지붕 6층 다세대주택, 제2종 근린생활 시설 1층 8.16㎡ 2층 117.60㎡ 3층 114.84㎡ 4층 114.84㎡ 5층 114.84㎡ 6층 114.84㎡ 옥탑2층 12.24㎡ 옥탑1층 11.25㎡	도로명주소 2017년1월18일 등기

(대지권의 목적인 토지의 표시)				
표시번호	소 재 지 번	지 목	면 적	등기원인 및 기타사항
1	1. 서울특별시 은평구	대	196.4㎡	2010년3월12일

다세대주택도 여러 종류라고?

　　　　　　조합원입주권을 취득하기 위해 다세대주택을 매수하는 경우라면, 등기부뿐만 아니라 건축물대장까지 확인해야 한다. 다세대주택이라 하더라도 권리산정기준일 이후에 전환된 다세대주택은 세대별로 조합원입주권을 받지 못할 수가 있다. 거래하려는 다세대주택이 원래부터 다세대주택으로 신축된 것인지, 아니면 중간에 다세대주택으로 전환된 것인지 확인하려면 건축물대장의 "변동사항" 부분을 살펴보면 된다. 만약 변동사항에 "신축으로 신규 작성"이라고 되어 있다면 원래부터 다세대주택으로 허가받아 신축한 것이다. 그러나 "다세대주택으로 전환"이라고 되어 있다면 단독주택을 중간에 다세대주택으로 전환한 것이다.

신축 다세대주택은 신축일자를,
전환 다세대주택은 변동일자를 확인하자

　　　　　　만약 처음부터 다세대주택으로 허가받아 지어진 것이라면 그 신축일자, 중간에 다세대주택으로 전환된 것이라면 그 변동일자가 권리산정기준일 이전인지를 살펴야 한다. 이때 해당 재개발 구역이 2010. 7. 15. 이전에 기본계획을 수립한 경우라면, 신축한 다세대주택은 그 건축허가일이 2008. 7. 30. 이전인지, 전환 다세대주택은 그 변동일자가 2003. 12. 30. 이전인지를 살펴야 한다.

건축물대장

(2쪽 중 제1쪽)

문서확인번호	1590-9025-8704-0226			
고유번호	1138010500-3-00090025	정부24접수번호	20200205-60191926	명칭	호명칭

| 대지위치 | 서울특별시 은평구 | 지번 | | 도로명주소 | 서울특별시 은평구 |

구분	층별	구조	용도	면적(㎡)

공용부분

공동주택(아파트) 가격 (단위: 원)

기준일	공동주택(아파트) 가격

* 「부동산 거래신고 등에 관한 법률」에 따른 공동주택가격만 표시되며, 「부동산 가격공시에 관한 법률」에 따른 공동주택가격 여부를 확인할 수 있습니다.

변동사항

변동일	변동내용 및 원인	변동일	변동내용 및 원인
2010.03.10	2010.03.09 서울송인되어 신규작성(건축)		
	- 이하여백 -		

그 밖의 기재사항

12

여러 채를 가진 사람이
한 채를 팔았을 때, 물딱지 주의보

　재건축·재개발 구역에 투자를 고려한 적이 있다면, 한번쯤은 "물딱지"라는 말을 들어 봤을 것이다. 물딱지란 흔히 조합원입주권이 나오지 않는 것을 말한다. 보통 재건축·재개발 구역에 있는 토지 등을 매수하면 당연히 조합원입주권을 받는 것으로 생각하지만, 도시 및 주거환경정비법 등에 정해진 분양 자격을 충족하지 못하면 조합원입주권을 받을 수가 없다. 특히 재개발은 분양 자격 요건이 재건축에 비해 훨씬 더 까다롭다.

원칙은 한 사람당 하나의 조합원입주권

원칙적으로 한 구역 내 여러 채의 주택 등을 소유하고 있더라도 조합원입주권은 하나만 받을 수 있다. 또, 여러 명이 하나의 주택 등을 소유한 경우에도 마찬가지이다. 이런 이유로 한 구역 내 큰 건물을 가지고 있거나 여러 채의 주택 등을 소유한 경우에는 재건축·재개발을 그리 달가워하지 않는다.

여기서 문제가 되는 것이 한 구역 내 여러 채의 주택 등을 소유한 사람으로부터 그중 일부 주택 등을 양수하는 경우이다. 그 시점이 조합설립인가 이전이라면 매도인과 매수인이 모두 단독 조합원입주권을 받을 수 있지만, 그 시점이 조합설립인가 이후라면 매도인과 매수인이 하나의 조합원입주권을 공유하게 되는 난감한 상황이 발생한다. 물론, 최근 이 경우에도 매수인이 단독 조합원입주권을 취득할 수 있다는 판결이 나오기도 했지만, 이는 아직 확립된 법리가 아니다.

보통 단독 분양 자격을 갖지 못한다는 사실을 알게 되는 시점은 조합으로부터 분양신청통지 등을 받았을 때이다. 매매계약 체결 시에는 물딱지가 존재한다는 사실조차 모르는 경우가 대부분이다. 매매계약을 체결하고 한참 후에 단독 조합원입주권을 받을 수 없다는 사실을 인지해 매도인에게 연락하면, 매도인은 "내가 언제 조합원입주권이 나온다고 했느냐."며 잡아뗀다. 그나마 매매계약서상 조합원입주권 특약이라도 작성하면 낫다. 이마저도 작성하지 않은 사례가 절반 이상이다.

여러 채의 주택 등을 가진 매도인이 그중
한 채를 팔았을 때

　　　　　　　여러 채의 주택 등을 가진 매도인이 그중 일부
만을 조합설립인가 이후 팔았다면, 원칙적으로 매도인과 매수인이 하
나의 조합원입주권을 공유하게 된다. 간혹 매도인이 1+1 분양 대상
이기 때문에 매도인과 매수인이 각각 한 채씩 나눠 갖는 것이 가능하
냐고 묻는다. 그러나 1+1 분양 대상이라고 하더라도 2채에 대한 조
합원입주권을 매도인과 매수인이 공유하는 것이지, 각각 한 채씩 분
리해서 조합원입주권을 받는 것은 불가능하다.

> 갑수는 한 재개발 구역에 총 세 채의 주택을 가지고 있다. 그런데 재개발 조합에
> 물어보니 세 채의 주택을 가지고 있더라도 조합원입주권은 하나 밖에 인정이 되지
> 않는다고 한다. 갑수는 어차피 그럴 바에는 세 채 중 한 채를 프리미엄을 얹어 파는
> 것이 낫겠다고 생각하여 을수에게 한 채를 팔아 버렸다.

위 사례에서 갑수가 조합설립인가 이전에 을수에게 주택을 매도했
다면, 갑수와 을수는 각각 단독 조합원입주권을 받을 수 있다. 그러
나 만약 조합설립인가 이후 이루어진 거래라면, 갑수와 을수는 하나
의 조합원입주권을 공유해야 한다.

만약 갑수가 세 채 중 한 채는 을수에게, 나머지 한 채는 병수에게
판 경우라면 갑수, 을수 그리고 병수가 하나의 조합원입주권을 공유
하게 된다. 사태는 더 악화된다.

실제 상담했던 사례 중에도 유사한 경우가 있었다. 단독 조합원입주권이 나오는 줄 알고 있던 의뢰인이 매매계약 후 약 2년이 지나서야 모르는 사람과 조합원입주권을 공유한다는 사실을 알게 된 것이었다. 영문을 몰라 공유자로 되어 있는 사람을 수소문해 만나기까지 했지만, 그 공유자 역시 단독 조합원입주권을 받는 것으로만 생각하고 있어 황당해하긴 마찬가지였다. 결국 둘은 대표자 선임에 합의하지 못해 분양신청 자체를 하지 못했다. 둘 다 현금청산된 것이다.

다만, 이와 관련하여 광주고등법원에서 다물권자로부터 일부 토지 등을 양수한 양수인의 경우에도 단독 분양자격을 가진다는 판결이 나오면서 실무상 혼란이 가중됐다. 조합설립인가 이후 1인의 조합원으로부터 일부 토지 등을 양수한 경우에는 양도인과 양수인을 1인의 조합원으로 보도록 법에 규정되어 있지만, 분양자격에 관해서는 명확히 법에 규정되어 있지 않아 조합원 자격에 관한 규정을 분양자격을 판단하는 데에 유추 적용해 해석할 수는 없다는 이유이다. 그러나 최근 대법원에서 조합설립인가 이후 다물권자로부터 일부 토지 등을 양수한 양수인의 경우에 양수인에게 단독 분양자격이 인정되지 않는다는 판결이 나오면서 다물권자로부터 일부 토지 등을 양수한 자에 대한 분양자격에 관한 논란은 일단락이 되었다.

매도인의 세대원이
다른 주택을 가지고 있을 때

　　　　　　다만, 다물권자로부터 양수한 경우와 다물권
세대로부터 양수한 경우에는 양수인의 분양 자격이 달라질 수 있다.
그렇다면 다물권자 1인이 아닌 다물권 1세대로부터 일부 주택 등을
양수한 경우는 어떨까?

> 놀부는 대출을 받아 이제 막 조합설립인가를 받은 재개발 구역에 있는 이몽룡의
> 주택을 매수했다. 나날이 높아지는 프리미엄에 뿌듯해하며 열심히 대출이자를 갚
> 던 놀부는, 어느 날 재개발 조합으로부터 청천벽력 같은 소식을 듣게 된다. 놀부가
> 단독으로 조합원입주권을 받을 수가 없고, 춘향이라는 사람과 하나의 조합원입주
> 권을 공유하게 된다는 것이었다. 춘향이가 도대체 누구인지, 놀부는 처음 듣는 이
> 름인데, 재개발 조합에 물어보니, 춘향이는 이몽룡의 아내라고 한다. 춘향이가 재개
> 발 구역 내에 다른 주택을 한 채 가지고 있어 놀부와 춘향이가 하나의 조합원입주
> 권을 공유하게 된 것이라고 한다.

　이와 관련하여 그동안 법제처 해석과 하급심 판례에서는 다물권자
1인과 다물권 1세대를 달리 판단해 왔다. 원칙적으로 여러 채의 주택
등을 가지고 있는 한 세대는 세대별로 하나의 조합원입주권만 취득할
수 있다. 이때 부부는 세대가 분리되어 있어도 한 세대로 보기 때문
에 이몽룡과 춘향이는 주택을 각각 한 채씩 소유하고 있어도 하나의
조합원입주권만 받을 수 있다.

　그런데 이때 이몽룡 또는 춘향이 둘 중 한 사람으로부터 주택 한
채를 매수한 놀부는 어떨까? 최근 대법원에서 유의미한 판결이 나왔
다. 결론부터 말하면 놀부도 별도의 단독 조합원입주권을 받지 못한

다. 그동안 법제처 해석과 하급심 판례에 따르면 다물권자 1인과 달리 다물권 1세대의 경우 원래 세대분리가 되어 있었다면 세대원별 단독 조합원입주권을 취득할 수 있었기 때문에 투기 목적이 없어 다물권 1세대로부터 일부 주택을 매수한 제3자의 경우에는 단독 조합원입주권을 받을 수 있다고 보았다.

그러나 최근 대법원은 도시정비법에 명확히 1세대가 여러 채의 주택 등을 소유하고 있더라도 조합원 1인으로 본다는 부분이 규정되어 있다는 점을 이유로 다물권 1세대로부터 일부 주택을 양수한 제3자도 양도인과 하나의 조합원입주권을 공유해 취득할 수 있다고 보았다. 이제 조합원입주권 투자를 하려는 경우 반드시 양도인뿐만 아니라 양도인의 세대원(세대가 분리된 경우라고 하더라도 부부와 19세 미만 자녀는 한 세대로 본다)도 같은 사업구역 내에 별도의 주택 등을 소유하고 있지 않은지 확인해야 한다.

다물권자는 재건축·재개발에 어떻게 대응해야 할까?

앞서 본 것처럼 다물권자는 여러 채를 소유하고 있더라도, 하나의 조합원입주권만 받는 것이 원칙이다. 물론 권리가액 등에 따라 1+1 분양을 받을 수 있는 경우도 있지만, 이때에도 한 채는 60제곱미터 이하의 주택만을 분양받을 수 있고 이마저도 3년간 전매하지 못한다. 또, 현금청산자와 달리 청산시점까지 청산금을 수령하지 못해 사실상 오랜 기간 돈이 묶여 손었를 보는 경우도 있을 수 있다.

결국 다물권자 입장에서는 재건축·재개발이 달갑지만은 않다. 특히 노후에 월세를 받을 목적으로 다세대주택 등을 매수하였는데, 갑자기 재건축·재개발이 된다고 하면 난감하다. 이 경우 다물권자는 어떻게 대응하는 것이 최선일까?

다물권자는 조합설립인가 이전에 주택의 소유권을 분산해 두어야 한다. 일부 주택을 매도하거나 증여해 1+1 분양이 가능한 수준으로 맞춰 두는 것이 가장 좋다. 만약 상가주택의 경우라면 주택 부분은 아파트 분양이 가능하고 상가 부분은 상가 분양이 가능할 수 있기 때문에 이런 점을 고려해 전략적으로 매도할 필요가 있다. 다물권 세대의 경우도 마찬가지이다. 조합에 따라서는 분양신청 완료일 이전까지 세대분리를 하면 각 세대별로 분양신청을 받아주는 곳도 있지만, 엄격히 따지면 조합설립인가 이전에 세대분리를 마쳐야 안전하다. 이와 관련하여 법제처는 조합설립인가 이전에 세대분리가 되어 있어야만 세대별로 조합원입주권이 나오는 것으로 해석하고 있다. 간혹 부모와 자녀가 합가하는 경우가 있다. 이때 부모와 자녀가 각각 같은 사업구역 내에 주택 등을 소유하고 있다면 부모와 자녀가 합쳐 하나의 조합원입주권만 받게 될 수 있으니 주의해야 한다. 세대분리란 주민등록상으로 세대를 분리하는 것을 비롯해서 실제 거주지까지 분리가 되어 있어야 한다. 만약 하나의 단독주택에 층을 달리해 부모와 자녀가 각각 세대를 분리해 거주하는 경우라면 실질적으로 세대가 분리되어 있다는 점을 명확히 하기 위한 자료를 미리 준비해두는 것이 좋다.

13

다가구주택도 가구별로
조합원입주권을 받을 수 있을까?

　다가구주택과 다세대주택은 겉보기엔 구분되지 않을 수도 있다. 가구별로 독립해서 세대를 이루고 있지만, 다세대주택과 달리 다가구주택은 단독주택의 한 종류로 세대별로 소유권 등기가 되어 있지 않다. 이런 이유로 원칙적으로 다가구주택의 경우에는 건물 전체에 하나의 조합원입주권만 나온다.

　그런데 다가구주택 소유자는 정말 억울할 수 있다. 실제 세대별로 독립하여 거주하고 있기 때문에 다세대주택과 실상 다를 바가 없다. 그럼에도 세대별로 등기가 아직 경료되지 않았다는 이유만으로 다세대주택과 달리 세대별 조합원입주권을 인정하고 있지 않은 것이다. 이런 이유로 일정한 요건을 갖춘 다가구주택의 경우에는 건축허가를 받은 가구수대로 조합원입주권을 부여하고 있다.

다가구주택, 세대별 조합원입주권을
받을 수 있는 경우는?

다가구주택 소유자의 분양 자격에 관해서는 시·도 조례에 구체적으로 정해져 있다. 서울시를 기준으로 살펴보면, 다가구주택의 경우에는 1997. 1. 15. 이전에 건축허가를 받고 가구별로 지분등기 또는 구분등기가 완료되었다면 건축허가를 받은 가구수만큼 조합원입주권을 받을 수 있다. 이때 건축허가를 받은 가구수는 건축물대장에서 확인할 수 있다. 간혹 전환 다세대주택과 헷갈리는 경우가 있지만, 전환 다세대주택은 단독주택이나 다가구주택을 다세대주택으로 등기까지 마친 것을 뜻하므로, 다가구주택으로 등기되어 있는 상태에서 그 분양 자격을 판단하는 것과는 차이가 있다.

또, 단독주택으로 등기된 경우라도 다가구주택이라는 개념이 등장하기 이전에 단독주택으로 건축허가를 받은 경우에도 건축허가를 받은 가구수에 따라 조합원입주권을 취득할 수 있다. 즉, 1990. 4. 21. 이전에 단독주택으로 건축허가를 받고 1997. 1. 15. 이전까지만 가구별로 지분등기 또는 구분등기를 완료한 경우라면 건축허가를 받은 가구수만큼 조합원입주권을 받게 된다.

그런데 이 규정 자체가 민법상 "구분소유"의 개념에는 다소 어긋나는 점이 있다.

대법원 2013. 1. 17. 선고 2010다71578 전원합의체 판결

1동의 건물에 대하여 구분소유가 성립하기 위해서는 객관적·물리적인 측면에서 1동의 건물이 존재하고, 구분된 건물부분이 구조상·이용상 독립성을 갖추어야 할 뿐 아니라, 1동의 건물 중 물리적으로 구획된 건물부분을 각각 구분소유권의 객체로 하려는 구분행위가 있어야 한다. 여기서 구분행위는 건물의 물리적 형질에 변경을 가함이 없이 법률관념상 건물의 특정 부분을 구분하여 별개의 소유권의 객체로 하려는 일종의 법률행위로서, 그 시기나 방식에 특별한 제한이 있는 것은 아니고 처분권자의 구분의사가 객관적으로 외부에 표시되면 인정된다. 따라서 구분건물이 물리적으로 완성되기 전에도 건축허가신청이나 분양계약 등을 통하여 장래 신축되는 건물을 구분건물로 하겠다는 구분의사가 객관적으로 표시되면 구분행위의 존재를 인정할 수 있고, 이후 1동의 건물 및 그 구분행위에 상응하는 구분건물이 객관적·물리적으로 완성되면 아직 그 건물이 집합건축물대장에 등록되거나 구분건물로서 등기부에 등기되지 않았더라도 그 시점에서 구분소유가 성립한다.

위 판결은 서울의 한 강남 재건축 단지에서 있었던 사건에 관한 것이다. 재건축 조합에서 "칸막이 상가"를 소유하고 있던 30명의 상가 조합원을 상가 건물 전체를 공유하고 있다는 이유로 1명의 조합원으로 산정하자, 이를 30명의 조합원으로 산정했어야 한다면서 상가 조합원들이 재건축 조합을 상대로 소송을 제기했다. 결국 대법원은 상가 조합원의 손을 들어주었다. 실제 상가 건물을 공유하고 있는 것으로 등기가 되어 있지만, 수십 년간 분리된 공간에서 상가 조합원 각자 영업을 해 왔고, 이를 자유롭게 사고팔기도 했기 때문에 하나의 칸막이 상가를 한 조합원이 각각 "구분소유"하고 있는 것으로 보았던 것이다. 즉, 한 명이 하나의 건물을 공유한 때가 아니라 한 명이 각자 하나의 건물을 소유한 때로 보아 상가 조합원 각각 독립된 조합원 자격을 갖는 것으로 판단했다.

이와 같은 판결에 비추어 보면, 단독주택이나 다가구주택도 구분소유가 인정되는 경우라면 원칙적으로 가구별 조합원입주권을 부여하는 것이 타당하다고 본다. 다만, 투기 수요 등의 차단을 위해 다세대주택과 같이 권리산정기준일 등의 일정한 기준을 정해 그 기준일 이전에 구분소유가 성립한 경우에만 조합원입주권을 부여하는 방향으로 입법이 이루어지는 것이 바람직하다. 그러나 지금은 다가구주택의 분양 자격에 관해서는 원칙적으로 전체 가구에 하나의 조합원입주권을 부여하되, 일정한 시점 이전에 건축허가 등을 받은 경우에만 예외적으로 건축허가를 받은 가구수대로 조합원입주권을 부여하도록 하고 있다. 민법상 구분소유 개념에도 맞지 않을 뿐만 아니라 다가구주택 소유자의 재산권도 부당하게 침해하는 규정이므로, 개정이 필요하다고 본다.

14

'다가구주택'에 투자하고 싶다면
이것만은 확인하자!

현행 시·도 조례상 원칙적으로 다가구주택의 경우 세대별 조합원입주권을 받지 못하기 때문에 조합원입주권 취득을 위해 다가구주택 중 한 가구만을 매수한다면 몇 가지 유의할 점이 있다.

첫째, 어떤 건물로 등기되어 있는지 확인하자

앞서 말했지만, 다세대주택과 다가구주택은 외관상 유사하기 때문에 등기부를 떼어 보기 전까지는 구분하기 어렵다. 먼저 등기부를 떼어 다세대주택인지, 다가구주택인지 여부부터 확인하자.

둘째, 건축허가시점 등을
확인하자

등기부를 떼어 봤는데 다가구주택으로 되어 있다면, 두 가지를 추가로 확인해야 한다. 먼저, 건축허가시점이다. 다가구주택이라면 1997. 1. 15. 이전에 건축허가를 받았어야 하고, 단독주택이라면 1990. 4. 21. 이전에 건축허가를 받았어야 한다. 그 다음으로는 지분등기 또는 구분등기 시점이다. 다가구주택과 단독주택 모두 지분등기 또는 구분등기 시점이 1997. 1. 15. 이전이어야 한다. 이때 건축허가시점은 건축물대장에 기재되어 있고, 지분등기 또는 구분등기 시점은 등기부를 확인하면 된다.

셋째, 건축허가 받은 가구수를
확인하자

위와 같은 건축허가시점 등의 요건을 충족했더라도, 건축허가를 받은 가구수만큼만 조합원입주권이 나오기 때문에 건축물대장상 건축허가를 받은 가구수와 실제 가구수가 일치하는지 직접 확인하는 것이 좋다. 예를 들어, 실제 다가구주택에 6가구가 살고 있는데, 건축물대장에는 5가구만 건축허가를 받은 것으로 되어 있다면, 6가구가 5개의 조합원입주권을 공유하게 되어 권리관계가 복잡해질 수 있다.

건축허가를 받은 가구수는 건축물대장의 "건물내역"란을 살펴보면 되는데, 다가구주택과 달리 단독주택은 간혹 등기부에 건축허가를 받은 가구수가 기재되지 않는 경우가 있다. 이때에는 구청에 직접 문의하여 건축허가를 받은 가구수를 확인할 수밖에 없다.

등기부등본

 등기사항전부증명서(말소사항 포함)
- 건물 -

고유번호 1349-1996-578014

[건물] 경기도 광명시

【 표 제 부 】 (건물의 표시)

표시번호	접 수	소재지번 및 건물번호	건 물 내 역	등기원인 및 기타사항
1 (전 1)	1991년11월8일	경기도 광명시	철근콘크라트조 및 벽돌조 슬래브 위기와 2층 단독주택(9가구용) 1층 131.61㎡ 2층 131.61㎡ 3층 131.61㎡ 내역:지층 철근콘크리트조 1,2층 벽돌조	도면편철장 2책281호
				부동산등기법 제177조의 6 제1항의 규정에 의하여 2000년 05월 04일 전산이기
2	2006년11월20일	경기도 광명시	철근콘크리트조 및 벽돌조 슬라브위옥가옥지붕 2층 단독주택 1층 131.61㎡ 2층 131.61㎡ 지층 131.61㎡ 내역:지층 철근콘크리트조 1,2층 벽돌조	신청착오
3				
				3번 등기하였으므로 본 등기기록 폐쇄 2011년6월20일

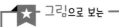 그림으로 보는

등기부등본

[건물] 경기도 광명시

【 갑 구 】 (소유권에 관한 사항)				
순위번호	등기목적	접수	등기원인	권리자 및 기타사항
1 (전 4)	지분9 분의8중1이전	1992년4월2일 제9129호	1992년3월20일 매매	공유자 지분 9분의 1 정 3
2 (전 5)	지분9 분의7중1이전	1992년4월2일 제9130호	1992년3월20일 매매	공유자 지분 9분의 1 김 5
2-1	2번등기명의인표시 변경		2005년6월7일 전거	
3 (전 6)	지분9 분의6중1이전	1992년4월2일 제9131호	1992년3월20일 매매	공유자 지분 9분의 1 행 5
4 (전 7)	지분9 분의5중1이전	1992년4월2일 제9132호	1992년3월20일 매매	공유자 지분 9분의 1 백 6
4-1	4번등기명의인표시 변경		1997년7월9일 전거	
5 (전 8)	지분9 분의4중1이전	1992년4월2일 제9133호	1992년3월20일 매매	공유자 지분 9분의 1 오 5
6 (전 9)	지분9 분의3중1이전	1992년4월2일 제9134호	1992년3월20일 매매	공유자 지분 9분의 1 서 6
6-1	6번등기명의인표시 변경		1996년7월20일 전거	
7 (전 10)	지분9 분의2중1이전	1992년4월2일 제9135호	1992년3월20일 매매	공유자 지분 9분의 1 주 6

건축물대장

일반건축물대장(갑)

문서확인번호 1627-2794-4119-4026

※ 건축물현황의 기재 및 관리 등에 관한 규칙 [별지 제3호서식] <개정 2016. 12. 4.>

고유번호		정부24접수번호		명칭		호수/가구수/세대수	
						0호/1가구/0세대	
대지위치		지번		도로명주소			

※대지면적	185.76㎡	※지역		※지구		※구역	
건축면적 ㎡	용적률 산정용 연면적 ㎡	주구조 연와조		주용도 단독주택		층수 지하 1층/지상 2층	
※건폐율 %	※용적률 %	높이 ㎡		지붕 부숙건축물			
※조경면적 ㎡	※공개 공지·공간 면적 ㎡	※건축선 후퇴면적 ㎡		※건축선 후퇴거리 ㎡		스리브	

건축물 현황

구분	층별	구조	용도	면적(㎡)
주1	지층	연와조	단독주택	61.92
주1	1층	연와조	단독주택	61.92
주1	2층	연와조	단독주택	61.92
		- 이하여백 -		

소유자 현황

성명(명칭) 주민(법인)등록번호 (부동산등기용등록번호)	주소	소유권 지분	변동일 변동원인

이 등(초)본은 건축물대장의 원본내용과 틀림없음을 증명합니다.

발급일자: 2021년 07월 26일

서울특별시 서대문구청장

담당자: 민원여권과
전 화: 02 - 330 - 1149

※ 표시 항목은 총괄표제부가 있는 경우에는 적지 않을 수 있습니다.

◆ 본 증명서는 인터넷으로 발급되었으며, 정부24(gov.kr)의 인터넷발급문서진위확인 메뉴를 통해 위·변조 여부를 확인할 수 있습니다.(발급일로부터 90일까지) 또한 문서 하단의 바코드로도 진위확인(정부24 앱 또는 스캐너용 문서확인 프로그램)을 하실 수 있습니다.

297㎜ × 210㎜[백상지(80g/㎡)]

건축물대장

(2쪽 중 제2쪽)

문서확인번호	1627-2794-4119-4026					
고유번호		정부24접수번호		명칭	호수/가구수/세대수	0호/1가구/0세대
대지위치						

구분	성명 또는 명칭	면허(등록)번호		※주차장		승강기		허가일	1990.06.27
건축주			구분	옥내	옥외	인근	면제	승용 대	비상용 대	착공일	
설계자			자주식	대 / ㎡	대 / ㎡	대		※하수처리시설	사용승인일 1991.02.13
공사감리자			기계식	대 / ㎡	대 / ㎡	대		형식	관련 주소
공사시공자 (현장관리인)								용량 인용	지번

※제로에너지건축물 인증	※건축물 에너지효율등급 인증	※에너지성능지표 (EPI) 점수	※녹색건축 인증	※지능형건축물 인증		
등급	등급	점	등급	등급		
에너지자립률 % (1차에너지 소요량 (또는 에너지절감률)	1차에너지 소요량 (또는 에너지절감량) kWh/㎡(%)	※에너지소비총량 kWh/㎡	인증점수 점	인증점수 점		
유효기간:	유효기간:		유효기간:	유효기간:	도로명	

내진설계 적용 여부	내진능력	특수구조 건축물	특수구조 건축물 유형			
지하수위 G.L m	기초형식	설계지내력(지내력기초인 경우) ㅣ/㎡	구조설계 해석법			

변동사항				
변동일	변동내용 및 원인		변동일	변동내용 및 원인
				그 밖의 기재사항
				- 이하여백 -
				- 이하여백 -

※ 표시 항목은 충괄표제부가 있는 경우에는 적지 않을 수 있습니다.

◆ 본 증명서는 인터넷으로 발급되었으며, 정부24(gov.kr)의 인터넷발급문서진위확인 메뉴를 통해 위·변조 여부를 확인할 수 있습니다.(발급일로부터 90일까지) 또한 문서 하단의 바코드로도 진위확인(정부24 앱 또는 스캐너용 문서확인 프로그램)을 하실 수 있습니다.

15

도로만 가지고 있어도
조합원입주권이 나올까?

재건축의 경우에는 토지와 건축물을 모두 가지고 있어야만 분양 자격을 인정받을 수 있다. 그러나 재개발은 다르다. 토지 또는 건축물 중 어느 하나만 가지고 있어도 조합원입주권을 받을 수가 있다. 예를 들어, 재개발 구역 내 건축물이 없는 나대지를 가지고 있는 경우에도 조합원입주권을 받을 수 있다.

다만, 이 경우 그 면적이 일정 범위 이상이 되어야 하는데, 그 구체적인 기준은 시·도 조례에 정해져 있다. 서울시를 기준으로 살펴보면, 90제곱미터 넘는 땅을 소유해야 조합원입주권을 받을 수 있다.

"제가 노량진에 있는 한 재개발 구역에 투자를 했습니다. 땅만 가지고 있어도 조합원입주권이 나온다고 하더라고요. 90㎡ 이상 가지면 된다고 하길래 45㎡짜리 도로 한 필지와 55㎡짜리 나대지 한 필지를 어렵게 구해서 얼마 전에 계약금까지 치뤘습니다. 오늘이 잔금일이라 재개발 조합에 다시 한번 확인해보니, 조합에서는 땅의 한 필지 당 면적이 90㎡ 이상이어야 조합원입주권이 나오는 것이고, 저처럼 합쳐서 90㎡가 넘는 경우에는 조합원입주권을 받을 수가 없다고 하네요. 서울시 조례가 그렇게 되어 있다면서요. 혹시 잔금을 치루고 나서 조합원입주권을 주지 않는다고 하면 소송하려고 하는데요. 승소할 수 있을까요?"

위 사례와 같은 경우 조합원입주권을 받을 수가 있을까? 결론부터 말하면 가능하다. 한 필지가 90제곱미터가 넘는 경우뿐만 아니라, 한 구역 내에서 소유하고 있는 여러 필지의 면적을 합쳐 90제곱미터가 넘는 경우에도 조합원입주권을 취득할 수 있다. 이런 이유로 재개발 구역 내에서는 1제곱미터의 토지라도 프리미엄을 얹어 거래될 수 있다. 89제곱미터를 가지고 있는 사람에게는 1제곱미터가 대단한 의미를 가질 수가 있기 때문이다.

토지도 지분 쪼개기가 금지된다

그러나 이런 경우가 있을 수 있다. 이몽룡이 180제곱미터 토지를 한 필지 가지고 있다가, 재개발 구역으로 지정되자 이를 90제곱미터 토지 두 필지로 나눠 그중 한 필지를 놀부에게 팔았다고 가정해보자. 이 경우 이몽룡과 놀부는 각각 조합원입주권을 취득할 수 있게 된다. 즉, 원래 하나의 조합원입주권만 받을 수 있던 땅이 간단한 분필절차를 거쳐 두 개의 조합원입주권을 받을 수 있는 땅으로 변신한 것이다. 이를 토지의 "지분 쪼개기"라고 부른다.

이런 지분 쪼개기를 막기 위해 시·도 조례에서 토지만 소유한 경우에도 일정 시점 이후에 쪼개진 토지의 경우에는 분양 자격을 부여하고 있지 않다. 서울시를 기준으로 살펴보면 2010. 7. 15. 이후에 최초로 기본계획을 수립한 재개발 구역이라면 권리산정기준일 이후에 쪼개진 토지를, 2010. 7. 15. 이전에 최초로 기본계획을 수립한 재개발 구역이라면 2003. 12. 30. 이후에 쪼개진 토지를 분양 자격 판단 시 포함하지 않는다. 예를 들어, 이몽룡이 180제곱미터의 토지를 위기준일 이후에 90제곱미터짜리 두 필지의 토지로 분할했다면, 이몽룡과 놀부는 하나의 조합원입주권만 공유하게 된다는 것이다.

이때 "쪼개기"에는 토지를 별도의 필지로 분할한 경우뿐만 아니라 공유지분비율을 변경한 경우도 포함된다. 예를 들어, 이몽룡과 놀부가 180제곱미터 토지를 이몽룡 100제곱미터, 놀부 80제곱미터를 공유하고 있는 경우를 생각해볼 수 있다. 이때 위 기준일 후 이몽룡 90제곱미터, 놀부 90제곱미터로 그 공유지분비율을 변경한 경우에도 원칙적으로 이몽룡과 놀부는 하나의 조합원입주권만을 공유하게 된다는 뜻이다.

특히 여러 필지를 합쳐 90제곱미터 이상을 만드는 경우 위 기준일 전에 쪼개진 토지인지 여부를 반드시 확인해야 한다. 만약 여러 필지를 합쳐 90제곱미터를 만들었는데, 그중 1제곱미터가 권리산정기준일 이후에 쪼개진 토지라면, 그 1제곱미터 때문에 조합원입주권을 받지 못하는 일이 생길 수도 있다.

따라서 토지만으로 조합원입주권을 노리는 경우라면 등기부분만 아니라 토지대장까지 살펴 매수하려는 토지의 소유권 변동내역을 꼼꼼히 확인해야 한다.

90제곱미터가 안되더라도 조합원입주권을 받을 수가 있다고?

90제곱미터가 안되는 땅을 소유한 경우에는 무조건 조합원입주권을 받지 못할까? 그렇지 않다. 먼저, 90제곱미터에서 모자란 면적만큼 토지를 추가로 매수하면 조합원입주권을 받을 수 있다. 또, 소유한 토지가 90제곱미터가 되지 않더라도 아래 조건을 모두 만족하면 조합원입주권을 받을 수 있다.

① 2010. 7. 15. 이전에 최초로 기본계획을 수립한 구역일 것
② 2003. 12. 30. 이전에 분할된 한 필지의 토지일 것
③ 지목이나 현황이 도로가 아닐 것
④ 면적이 30㎡ 이상일 것
⑤ 사업시행인가고시일부터 공사완료고시일까지 무주택자일 것

예를 들어, 춘향이가 서울의 한 재개발 구역에 50제곱미터 도로를 한 필지 가지고 있다고 가정해보자. 춘향이는 조합원입주권을 받을 수 있을까? 아쉽지만 받을 수가 없다. 소유한 토지가 90제곱미터 이상인 경우에는 도로여도 상관이 없지만, 90제곱미터가 되지 않을 때에는 도로가 아닌 경우에만 조합원입주권을 받을 수 있다. 이때 그 지목과 현황이 모두 도로로 되어 있는 경우에만 조합원입주권을 받을 수 없다. 다시 말해, 지목이나 현황 중 어느 하나라도 도로가 아닌 대지 등으로 되어 있으면 분양 자격이 인정된다는 것이다.

16

아파트를 두 채 받을 수도 있다고?
'1+1 분양' 이야기

    한 구역 내 여러 채를 소유하고 있어도 조합원 한 명당 하나의 주택만을 분양받을 수 있는 것이 원칙이다. 이런 이유로 큰 건물을 소유하고 있는 경우라면 마냥 재개발을 반길 수만은 없는 노릇이다. 예를 들어, 흥부와 놀부의 사례를 살펴보자.

  ① 놀부는 100평짜리 땅에 2층 단독주택을 지어 1층에는 놀부 부부가, 2층에는 놀부의 딸 부부가 함께 생활하고 있다. 놀부 부부는 맞벌이를 하는 딸 부부를 도와 손자를 양육하고 있다. 어느 날 놀부는 자신의 단독주택이 재개발 구역에 포함된 소식을 듣게 되었다. 재개발 조합에 찾아가보니 재개발 조합에서는 "새 아파트 한 채를 분양받던지, 아니면 돈으로 보상해 줄테니 이사 가라."고 한다. 놀부는 새 아파트를 분양받자니 딸 부부와 한 집에 살 수도 없고, 보상금을 받아 이사를 가자니 조합에서 제시하는 금액이 턱없이 낮아 인근 지역에서 단독주택 전세도 얻기 힘든 상황이어서 매우 난감하다.

② 흥부는 70대 노인이다. 평생을 일해 다세대주택 한 채를 마련하여 여기서 나오
는 월세로 노후에 생활비를 충당하고 있다. 그런데 어느 날 재개발 조합에서 흥
부의 다세대주택이 재개발 구역에 포함되었으니 돈을 더 내고 새 아파트를 분양
받던지, 아니면 보상금을 받고 이사하던지 선택을 하라고 한다. 흥부는 두 가지
상황이 모두 여의치 않기도 하지만, 무엇보다도 앞으로 월세를 받지 못해 어떻게
생활해야 할지 막막하기만 하다.

보통 흥부와 놀부처럼 큰 건물을 소유한 사람의 비중이 높은 곳이
라면 재개발 사업이 원활히 진행되지 못한다. 큰 건물을 소유한 사람
들 입장에서는 현재 소유하고 있는 큰 건물을 아파트 한 채와 맞바꾸
는 결과가 되는데, 이때 아파트 한 채 분양가를 제외한 청산금도 조
합의 청산시점이 되어서야 수령할 수 있어 재개발로 인해 재산가치가
크게 하락한다고 느낄 수밖에 없다. 이런 이유로 큰 건물을 소유한
경우에는 보통 재개발을 원치 않는다.

'1+1 분양'이란 무엇일까?

바로 흥부와 놀부처럼 큰 건물을 소유한 사람
들의 손해를 일정 부분 보전해주고 그들로부터 재개발에 대한 동의를
이끌어내기 위해 마련된 것이 바로 "1+1 분양"이다. 즉, 일정한 경우
2채를 분양받을 수 있도록 하는 것이다. 다만, 이 경우에 1+1 분양을
받기 위해서는 일정한 요건을 충족해야 한다. 도시 및 주거환경정비
법에는 아래와 같이 1+1 분양 자격에 관해 정하고 있다.

> "종전주택 가격의 범위 또는 종전주택의 주거전용면적의 범위에서 2주택을 공급할 수 있다."

이때 또 하나 주의할 점은 조합에서 1+1 분양을 하기로 결정해야만 1+1 분양이 가능하다는 것이다. 현재 도시 및 주거환경정비법에서는 1+1 분양을 할 것인지 여부를 조합에서 정하도록 하고 있다.

'1+1 분양'은 어떤 경우에 받을 수 있을까?

첫째, 소유한 주택의 종전자산평가액 또는 종전 주택의 주거전용면적이 분양받으려는 주택의 분양가 또는 주거전용면적의 합을 넘어야 한다.

예를 들어, 재개발로 지어지는 새 아파트 84제곱미터 한 채와 59제곱미터 한 채를 분양받으려는 경우로 가정해보자. 또, 새 아파트의 조합원 분양가는 84제곱미터의 경우 5억 원이고, 59제곱미터의 경우 3억 원이라고 해보자. 이 경우 내가 가지고 있는 종전주택의 평가액이 8억 원 이상이거나 주거전용면적이 143제곱미터 이상이어야만 84제곱미터와 59제곱미터 아파트 두 채를 분양받을 수 있다. 이때 주택의 종전자산평가액 또는 주거전용면적의 범위 내에서만 1+1 분양이 가능하기 때문에, 토지만 소유한 경우에는 1+1 분양 대상이 되지 못한다.

간혹 종전자산평가가 잘못되었다는 이유로 관리처분계획을 다투고자 하는 사례가 있다. 모든 조합원의 종전자산평가가 주변 시세에 비해 낮게 결정된 경우라면 관리처분계획을 다툴 실익이 없지만, 내 종전자산평가만 잘못된 경우라면 다툴 필요가 있을 수 있다. 특히 종전자산평가가 제대로 평가되면 1+1 분양이 가능해지는 사례들이 있는데, 이 경우에는 종전자산평가의 위법성이 비교적 분명하다면 관리처분계획을 다퉈보는 것도 고려해볼 만하다.

둘째, 조합에서 1+1 분양을 하기로 결정해야 한다. 1+1 분양 자격에 관해서는 조합 정관과 관리처분계획에 포함되어 있다.

도시정비법에서 1+1 분양에 관한 사항은 조합의 재량으로 되어 있다. 그동안은 대부분의 조합에서 1+1 분양을 허용해 왔지만 최근에는 재건축·재개발 사업수익성이 크게 저하되면서 1+1 분양을 허용하지 않는 조합들이 속속 등장하고 있다. 서울의 한 재개발 구역의 경우에도 공사비 등 사업비용이 급증하자 그에 따라 조합원이 부담해야 하는 비용이 크게 늘어났고, 그에 따른 조합원들의 불만을 잠재우고자 돌연 1+1 분양을 취소하기로 하는 결정을 한 사례도 있다.

1+1 분양을 허용하더라도 추가 분양 주택에 대해서는 조합원 분양가가 아닌 일반 분양가로 분양을 하려는 경우도 종종 있다. 그러나 이와 관련해서는 법적 다툼의 소지가 있다. 1+1 분양을 할 것인지 여부에 관해서는 조합이 재량껏 결정할 수 있지만 이때 추가 주택의 분양은 도시정비법상 조합원 분양에 해당한다. 일반 분양가는 주택법에 따라 정하도록 되어 있고, 조합원 분양가는 도시정비법에 따라 정

하도록 되어 있다. 정리하면 1+1 분양을 할 것인지에 관해서는 조합이 결정하는 것이지만, 1+1 분양을 결정한 이상 추가 주택에 대한 분양가는 조합원 분양가로 정해야 한다는 뜻이다. 만일 이와 달리 추가 주택에 대한 분양가를 정할 경우 이를 토대로 수립한 관리처분계획은 위법해 취소가 될 수 있다. 조합에서 1+1 분양에 관해 결정하는 경우 까다로운 법적 검토가 필요한 이유이다.

사업수익성이 좋은 사업지는 이미 재개발·재건축이 완료된 곳이 많아 현재 남아있는 사업지 중 사업수익성이 훌륭한 사업지를 찾는 것이 어려운 상황이다. 여기에 공사비를 비롯해 각종 사업비가 급격히 증가하면서 재개발·재건축 사업수익성은 단기간에 큰 폭으로 떨어졌다. 그나마 재개발은 사정이 조금 낫지만 재건축은 초과이익환수제까지 본격적으로 시행이 되면서 조합원 1인당 수억 원의 추가 비용을 부담하는 것이 현실이 되었다. 이런 이유로 이제는 1+1 분양을 허용하는 조합도 점차 줄어들 수밖에 없다. 1+1 분양이 허용되지 않아 손해를 보는 경우는 단독주택이나 건물과 같이 비교적 큰 규모의 부동산을 소유한 조합원이다. 이 경우 1+1 분양을 받을 수 있는 조합원이 대부분 소수이기 때문에 나머지 다수의 조합원이 1+1 분양을 허용하지 않는 것으로 총회에서 의결하는 것이 가능하다. 결국 1+1 분양에 관한 부분을 사업 초기 단계부터 명확히 법적으로 정리해야 할 필요성이 생긴 것이다.

'1+1 분양'의 단점

　　　　　　그러나 1+1 분양을 받은 경우에는 몇 가지 제한이 뒤따른다. 우선, 1+1 분양을 받을 경우 그중 한 채는 반드시 60제곱미터 이하의 소형주택으로만 분양을 받을 수 있다. 또, 60제곱미터 이하의 주택은 등기 후 3년간 매매, 증여 등 전매를 할 수 없다. 만약 이를 위반하여 주택을 전매할 경우 3년 이하의 징역 또는 3천만 원 이하의 벌금에 처해질 수 있다.

　최근에는 다주택자에 대한 세금과 대출 규제가 강화되면서 1+1 분양이 꼭 경제적으로 이득이 되는 것만도 아니다. 이런 이유로 일부 조합에서는 1+1 분양 철회를 원하는 조합원들 때문에 분양신청절차를 다시 거치기도 한다.

　한편, 간혹 이런 질문을 받는다. 1+1 분양 대상인데 그중 한 채를 자식에게 증여해도 되느냐는 것이다. 그러나 한 채만 따로 떼어 증여하는 것은 조합원입주권 상태에서라면 불가능하다. 두 채를 공유하다가 등기 후 3년이 지나 전매가 가능해지면 부모와 자식이 한 채씩 단독 소유하는 형태로 지분 교환 등을 하는 방식으로 등기를 정리해야 한다. 또, 자칫 잘못 증여하면 전매제한기간에 소유권 이전이 이루어져 양수자가 현금청산될 수도 있다. 실제 이전고시가 나기 며칠 전에 주택을 잘못 증여해서 양도인과 양수인이 모두 현금청산된 사례도 있었다. 항상 소유권을 이전할 때는 여러 가지 사항을 신중하게 살펴야 한다.

17

'1+1 분양' 대상인 주택에 투자하고 싶다면 이것만은 확인하자!

　　보통 1+1 분양 대상인 주택은 당연히 조합원입주권을 2개 받을 수 있기 때문에 조합원입주권을 하나만 받을 수 있는 경우보다 프리미엄이 높게 형성되어 있다. 그런데 종종 두 채를 분양받을 수 있는 것으로 생각해 매수했는데 한 채만을 분양받게 되는 사례를 보게 된다. 매도인이 두 채를 분양신청한 사실이 없으면서 두 채를 분양신청 했다고 속이거나 원래부터 두 채를 분양받을 수 없는 주택인데 두 채를 분양받는 것으로 오인하여 거래하는 경우이다. 이 경우 한 채를 분양받을 수 있는 경우보다 프리미엄을 더 높게 정했기 때문에 매수자 입장에서는 큰 손해일 수 있다. 만약 1+1 분양이 가능한 주택을 거래하려고 한다면, 몇 가지 유의사항이 있다.

정관이나 관리처분계획을 확인하자

1+1 분양을 할 것인지에 관해서는 조합이 자율적으로 정한다. 조합은 정관이나 관리처분계획에 1+1 분양에 관한 사항을 정해두기 때문에 1+1 분양을 허용하고 있는지, 허용한다면 어떤 조건으로 허용하고 있는지 등을 정관 등을 통해 확인해야 한다.

 그림으로 보는

관리처분계획서

⑤ 법 제48조 제1항 제4호에 따른 가격의 범위 또는 종전주택의 주거전용면적의 범위에서 2주택을 공급할 수 있고, 이 중 1주택은 주거전용면적을 60제곱미터 이하로 한다. 다만, 60제곱미터 이하로 공급받은 1주택은 법 제54조 제2항에 따른 이전고시일 다음 날부터 3년이 지나기 전에는 주택을 전매(매매·증여나 그 밖에 권리의 변동을 수반하는 모든 행위를 포함하되 상속의 경우는 제외한다)하거나 이의 전매를 알선할 수 없다. 이 경우 1주택 분양대상자를 우선 배정하고 잔여분에 대하여 2주택 공급을 희망하는 조합원의 신청에 따라 60제곱미터 이하로 공급하며, 2주택의 가격산정 시 해당 주택규모의 평균분양가격을 기준으로 한다.

또, 정관이나 관리처분계획에서 정한 1+1 분양 조건에 부합하는 주택인지도 거래 전 살펴보아야 한다. 종전주택의 주거전용면적은 등기부상 면적을 기준으로 하기 때문에 쉽게 확인할 수 있지만, 종전자산평가금액과 조합원 분양가는 분양내역통지서 등을 살펴보아야 정확히 알 수 있다.

매도인의 분양신청내역을 살펴보자

거래하려는 주택이 1+1 분양을 받을 수 있는 경우라고 하더라도 매도인이 두 채를 분양신청 하지 않았다면 1+1 분양을 받을 수가 없다. 매도인이 아파트 두 채를 분양신청 했다고 해서 매수했는데, 나중에 알고 보니 한 채만을 분양신청 한 사례를 가끔 보게 된다. 이런 난감한 상황을 피하려면, 거래 시 매도인에게 분양신청에 관한 내역을 요청하는 것이 좋다. 아직 관리처분계획을 수립하기 전이라면 분양신청내역이 있을 것이고, 만약 관리처분계획까지 수립했다면 관리처분계획 수립 시 매도인에게 통지한 분양예정내역이 있다. 동시에 조합에 매도인의 분양내역에 관해 문의하여 회신을 받는 것도 좋다. 보통 공인중개사 사무실을 통해 거래하는 경우 이런 절차를 대행해주는 경우가 많다.

매매계약서에 반드시 특약을 넣자

혹시라도 나중에 1+1 분양 대상이 안 될 경우를 대비해 매매계약서에 1+1 분양이 가능한 것을 전제로 체결된 매매계약이라는 점을 특약으로 작성해야 한다. 이때 특약에는 매매계약의 목적이 단순히 주택 등의 소유권 이전이 아니라 아파트 두 채의 조합원입주권을 취득하기 위한 것이라는 점을 명시하고, 만약 2개의 조합원입주권을 받지 못할 경우 손해배상 등을 구체적으로 기재해 두는 것이 좋다. 또, 조합원입주권이 아예 나오지 않을 경우뿐만 아니라 조합원입주권이 하나만 나오는 경우에 어떻게 처리할 것인지에 관해서도 정해 두는 것이 바람직하다.

특약사항 예시

"본 계약은 매수인이 59형과 84형의 조합원입주권을 모두 취득하는 것을 주된 조건으로 한다. 만약 매도인이 분양 자격을 인정받지 못해 매수인이 59형 또는 84형 중 어느 하나라도 조합원입주권을 취득하지 못할 경우 매수인은 본 계약을 해제할 수 있고, 이 경우 매도인은 매수인에게 매매대금을 수령한 날로부터 5%의 이자를 붙여 반환하여야 한다. 본 계약의 해제와 상관없이 매수인은 매도인에게 조합원입주권을 취득하지 못한 것을 이유로 손해배상을 청구할 수 있다."

18

협동주택, 혹시 들어봤나?

　단독주택이나 다세대주택은 들어봤겠지만, 협동주택이라는 용어는 쉽게 들어보지 못했을 것이다. 협동주택은 1970년대 중반부터 약 10년 동안 서울의 일부 지역에서 일시적으로 지어진 공동주택이다. 그 숫자가 많지 않고 짓지 않은지도 오래되어 주변에서 흔히 볼 수 있는 주택의 형태는 아니다.

　현재 서울에 남아 있는 협동주택은 약 1,400채 정도라고 알려져 있는데, 이마저도 정확한 통계에 기반한 것이 아니라 추정치에 불과하다. 대체로 동대문구, 은평구, 성동구, 중랑구, 중구, 구로구 등에 존재한다.

단독주택으로 분류되는 협동주택

협동주택은 1974년 제정된 서울시 주택개량재개발사업 시행조례에 따라 지어졌는데, 위 조례에 따르면 협동주택은 구획 및 건축계획에 적합한 4가구 이상 입체화된 공동주택을 말하는 것으로, "단독주택에 준하여 관계법규를 적용"하도록 되어 있었다.

아직 다세대주택 제도가 도입되기 전에 협동주택이 지어졌기 때문에 협동주택은 당연히 단독주택으로 분류가 되었다. 그리고 현재까지 남아 있는 협동주택도 사실상 공동주택의 형태를 이루고는 있으나 단독주택의 한 종류로 보고 있다.

협동주택도 가구별로
조합원입주권이 나올까?

협동주택은 단독주택의 한 종류이기 때문에 건물 전체를 통틀어 조합원입주권이 하나만 나온다. 그러나 다가구주택과 마찬가지로 실제 세대별로 독립된 주거를 이루고 있음에도 단순히 형식상 단독주택으로 분류된다는 이유만으로 협동주택의 분양 자격을 단독주택의 분양 자격과 동일하게 보는 것은 부당하다. 심지어 협동주택이 지어지던 당시에는 다세대주택이라는 제도 자체가 존재하지도 않았다. 세대별로 등기하고 싶어도 할 수가 없었던 것이다.

결국 협동주택 분양 자격에 관한 예외사유가 2009년도 서울시 조례에 정해졌다. 처음에는 협동주택 중 1988. 5. 7. 이전에 지분등기 또는 구분등기까지 한 경우에 사실상 구분등기가 되어 있는 가구수에 한해 조합원입주권을 부여하는 것으로 정했다. 그러나 협동주택이 일시적으로 지어진 주거 형태로서 그 분양 자격을 지분등기 또는 구분등기 시점에 따라 구분하는 것이 오히려 불합리한 차별을 야기할 수 있다는 의견이 나왔다. 그에 따라 협동주택의 분양 자격은 다시 한 번 개정되어 이제 지분등기 또는 구분등기가 되어 있는 협동주택이라면 그 등기시점에 관계없이 가구별로 분양 자격을 인정받을 수 있게 되었다.

협동주택 조합원입주권 거래, 왜 매력적일까?

협동주택은 서울시에 약 1,400채 정도만 존재하기 때문에 협동주택이 있는 재개발 구역보다 없는 재개발 구역이 더 많다. 실제 협동주택 거래는 매우 드물게 일어나는 편이다. 그러나 이런 거래 특성상 협동주택은 지분의 평당 거래 가격이 다세대주택 등에 비해 저렴한 편이다. 투자자 입장에서는 상당히 매력적인 투자처일 수도 있다.

다만, 협동주택이라는 형태 자체가 생소한만큼 투자 시 몇 가지 따져볼 것이 있다. 먼저, 협동주택은 등기부상 협동주택으로 등기되어 있어야 한다. 협동주택의 분양 자격은 단독주택이나 다가구주택의 분양 자격에 비해 그 요건이 완화되어 있다. 따라서 만약 단독주택이나 다가구주택으로 등기되어 있다면 협동주택의 분양 자격 기준이 아닌 단독주택이나 다가구주택의 분양 자격 기준에 따라 분양 자격을 판단해야 하므로, 등기부상 어떤 형태로 등재되어 있는지 반드시 확인해야 한다.

또, 협동주택의 경우에도 가구별로 지분등기 또는 구분등기가 되어 있는 경우에만 구분된 가구별로 조합원입주권을 받을 수 있다. 이때 실제 독립된 주거를 이루며 생활하는 가구수와 지분등기 또는 구분등기가 되어 있는 가구수가 일치하는지 실사를 통해 확인해야 한다. 만약 실제 가구수가 등기되어 있는 가구수보다 많다면 조합원입주권을 둘러싸고 분쟁이 발생할 소지가 크다.

19

아파트가 아닌 단독주택 밀집 지역에서도 재건축이 된다?

앞서 재개발과 재건축의 차이점을 설명하면서 단순히 재건축은 아파트 단지를 대상으로 하고, 재개발은 단독주택 등이 밀집한 지역에서 이루어지는 것으로 구분해도 무방하다고 했다. 그러나 단독주택 등이 밀집한 지역에서도 재건축이 이루어지는 경우가 있다. 대표적으로 서울 방배동 일대는 단독주택 재건축이 활발히 진행되고 있다.

단독주택 재건축은 재건축 아파트에 투기 수요가 집중되자 이를 잠재울 목적으로 도입되었다. 얼핏 보기에 단독주택 재건축은 재개발과 유사하지만 재건축에 적용되는 규정들이 적용된다. 재개발은 재건축에 비해 공공성이 강하기 때문에 현금청산자나 세입자에 대한 보상, 임대주택 공급의무 등 여러 가지 측면에서 차이가 있다. 그럼에도 재개발이 적합한 단독주택 등이 밀집한 지역에 의식적으로 재건축을 진행하다 보니 그로 인한 여러 가지 폐단이 발생했다.

결국 이런 이유로 서울시는 2012년에 이미 단독주택 재건축 제도를 폐지했다. 지금 남아 있는 단독주택 재건축은 2012년 이전에 시작된 것이거나 서울이 아닌 지역에서 이루어지는 경우이다.

단독주택 재건축, 분양 자격은
재개발? 재건축?

단독주택 재건축은 재개발과 비슷해 보이지만 엄연히 재건축이다. 즉, 재건축 분양 자격과 마찬가지로 토지와 건축물을 모두 소유한 경우에만 조합원입주권을 받을 수 있다. 재개발처럼 토지만 가지고 있거나 무허가건축물을 소유하고 있는 경우에는 조합원입주권을 받을 수 없기 때문에 유의해야 한다.

다만, 아파트 재건축과 달리 단독주택 재건축의 경우에는 재개발과 마찬가지로 다가구주택이나 다세대주택이 존재하여 이 경우 분양 자격에 관해서는 재개발과 유사한 처리 기준을 가지고 있다.

이 역시 시·도 조례에 구체적으로 정해져 있는데, 서울시를 기준으로 살펴보면 다가구주택의 경우 재개발과 마찬가지로 1997. 1. 15. 이전에 건축허가를 받고 가구별로 지분등기 또는 구분등기를 경료한 사례에 한해 건축허가를 받은 가구수만큼 조합원입주권을 받을 수 있다. 단독주택이라면 1990. 4. 21. 이전에 건축허가를 받고 1997. 1. 15. 이전까지만 지분등기 또는 구분등기를 마치면 된다.

다만, 단독주택 재건축은 2009. 4. 22. 이후에 최초로 사업시행인가를 신청한 재건축 구역의 경우에만 위 예외 규정을 적용한다. 다시 말해, 2009. 4. 22. 이전에 사업시행인가를 신청한 재건축 구역이라면 단독주택이나 다가구주택의 소유자는 건물 전체에 대해 하나의 조합원입주권만을 받는 것이 원칙이다.

또, 단독주택이나 다가구주택을 다세대주택으로 전환한 경우에도 그 전환 시점이 2009. 4. 22. 이전인 경우에만 전환된 다세대주택의 세대수에 따라 조합원입주권을 부여한다.

단독주택 재건축이 이루어지는 신규 사업지가 많지 않다 보니, 재개발에 비해 다가구주택 등의 분양 자격을 세분화하지 않은 점이 특징이다.

단독주택 재건축에서는
세입자 보상이 없다

단독주택 재건축에서는 세입자 보상을 둘러싸고 지속적인 논란이 있어 왔다. 단독주택 재건축은 아파트 재건축에 비해 그 세입자의 소득수준이 낮을 수 있는데, 그동안은 명문의 규정이 없다는 이유로 세입자에 대한 보상이 전혀 이루어지지 않고 있었다.

그러다가 최근 조합이 이주를 강행하여 이를 비관한 한 세입자가 스스로 생을 마감하는 안타까운 사고가 있었는데, 이에 서울시가 단독주택 재건축에서도 세입자 보상이 가능하도록 지침을 마련했다. 다만, 단독주택 재건축에서의 세입자 보상은 재개발과 달리 조합이 그 보상책을 마련하면 그에 따라 서울시가 조합에 인센티브를 부여하는 방식으로 이루어진다. 사실상 조합이 세입자 보상책을 마련하여 얻을 수 있는 혜택이 크지 않은 만큼 세입자에 대한 충분한 보상이 이루어지기는 어려운 구조이다.

20

상가를 가지고 있어도 아파트를
분양받을 수 있을까?

최근 다주택자에 대한 규제가 크게 늘어나면서 상가 투자로 눈을 돌리는 사례도 많아졌다. 보통 상가는 정기적인 수익을 노려 매수하지만 재개발·재건축 구역의 상가를 매수하는 경우에는 그 목적이 조금 다를 수 있다.

재개발·재건축 구역의 상가를 소유하고 있다면 상가를 분양받는 것이 원칙이다. 이때 소유하고 있는 기존 상가의 권리가액이나 면적 등에 따라 분양받을 상가의 위치가 정해지는데, 상가의 경우 위치에 따라 수익률이 크게 달라지는 만큼 어떤 위치의 상가를 배정받는지가 매우 중요할 수 있다.

1평짜리 상가, 투자해도 될까?

우선, 상가의 배정 기준은 재개발과 재건축이 다르다. 재개발은 구체적인 상가 배정 기준이 시·도 조례에 정해져 있다.

① 1순위: 가지고 있던 상가의 용도가 분양받을 상가의 용도와 동일하거나 비슷한 시설이고, 사업자등록을 하고 영업을 하는 상가의 소유자여야 하며, 기존 상가의 권리가액이 분양받을 상가의 최소 분양단위규모 추산액 이상일 것

② 2순위: 가지고 있던 상가의 용도가 분양받을 상가의 용도와 동일하거나 비슷한 시설이고, 기존 상가의 권리가액이 분양받을 상가의 최소 분양단위규모 추산액 이상일 것

③ 3순위: 가지고 있던 상가의 용도가 분양받을 상가의 용도와 동일하거나 비슷한 시설이고, 사업자등록을 하고 영업을 하는 상가의 소유자여야 하며, 기존 상가의 권리가액이 분양받을 상가의 최소 분양단위규모 추산액에 미달하나 아파트를 분양받지 않았을 것

④ 4순위: 가지고 있던 상가의 용도가 분양받을 상가의 용도와 동일하거나 비슷한 시설이고, 기존 상가의 권리가액이 분양받을 상가의 최소 분양단위규모 추산액에 미달하나 아파트를 분양받지 않았을 것

⑤ 5순위: 아파트를 분양받지 않고, 기존 상가의 권리가액이 분양받을 상가의 최소 분양단위규모 추산액 이상일 것

⑥ 6순위: 아파트를 분양받았으나 기존 상가의 권리가액이 분양받을 상가의 최소 분양단위규모 추산액 이상일 것

순위	용도	소유자	사업자등록	권리가액	아파트
1	동일 또는 유사	o	o	최소 분양단위 추산액 이상	x
2	동일 또는 유사	x	x	최소 분양단위 추산액 이상	x
3	동일 또는 유사	o	o	최소 분양단위 추산액 미달	x
4	동일 또는 유사	x	x	최소 분양단위 추산액 미달	x
5	x	x	x	최소 분양단위 추산액 이상	x
6	x	x	x	최소 분양단위 추산액 이상	o

예를 들어, 소유한 상가에서 10년 동안 사업자등록을 하고 음식점을 운영해 온 춘향이의 사례를 생각해보자. 이때 새로 지어지는 상가 중 최소 분양가격이 1억 원이라고 하면, 춘향이가 가지고 있는 상가의 권리가액이 1억 원이 넘을 경우 춘향이는 1순위 분양 자격을 가지게 된다. 만약 춘향이와 같이 1순위 분양 자격을 가지는 조합원이 여러 명이라면 권리가액이 높은 순서대로 배정하고, 권리가액까지 같은 경우에는 공개 추첨 방식에 따라 분양한다.

또, 재건축의 경우에는 재개발과 달리 시·도 조례 등에 구체적으로 정해진 것은 없고, 조합에서 정관 등에 자율적으로 정한다. 보통 분양신청한 내역을 기초로 기존 상가의 권리가액이나 면적, 위치 등을 고려해 상가 분양이 이루어진다.

간혹 1평짜리 상가나 지하에 있는 칸막이 상가를 매수해도 되느냐는 질문을 받는다. 같은 재건축 단지의 아파트를 매수하는 것에 비해 투자금이 크게 저렴하기 때문이다. 평당 대지지분으로 환산하면 매매가격이 비슷할 수 있겠지만, 상가는 아파트에 비해 규모가 작아 전체 매매가격은 아파트보다 적을 수밖에 없다.

결론적으로 난이도가 높은 투자이다. 작은 상가를 저렴하게 매수해 나중에 아파트를 받게 된다거나 좋은 위치의 상가를 받을 수 있는 경우에는 최고의 투자가 될 수 있다. 그러나 잘못하면 가장 나쁜 위치의 상가를 비싼 값에 분양받거나 아예 상가조차 분양받지 못하고 현금청산이 될 수도 있다.

◆ **재건축 상가 투자, 체크리스트**

Check 1	재건축 사업 수익성이 좋은가?
Check 2	권리가액이 너무 적지는 않은가?
Check 3	상가 조합원 간 단합이 잘 되는가?
Check 4	독립정산제 약정 또는 분리 재건축이 추진 중인가?

상가주택을 가지고 있다면?

상가주택 또는 상가와 주택을 각각 가지고 있다면 상가와 아파트를 둘 다 분양받을 수 있을까? 보통 아파트를 분양받고 싶은 경우에는 아파트를 분양받고 남은 권리가액을 기준으로 상가를 배정받고, 상가만을 분양받고 싶은 경우에는 상가와 주택의 권리가액 전체를 기준으로 상가를 우선 배정받는다. 결국 권리가액이 충분히 높다면 상가와 아파트를 둘 다 분양받는 것도 가능하다는 뜻이다. 다만, 구체적인 분양 자격은 조합의 정관이나 관리처분계획을 살펴야 정확히 알 수 있다.

21

투기과열지구에서 제한되는
조합원의 권리, 세 가지

투기과열지구는 주택가격이 물가상승률에 비해 현저히 높거나 높아질 우려가 있는 곳에 지정된다. 투기수요의 유입을 막기 위한 여러 가지 대책이 필요한 만큼 투기과열지구에서는 재개발·재건축 조합원의 권리도 일정 부분 제한이 될 수밖에 없다.

투기과열지구	서울특별시 용산구·서초구·강남구·송파구(2025. 2. 기준)

투기과열지구에서는 조합원입주권 전매가 제한된다

투기과열지구에서는 일정 기간 조합원입주권의 전매가 제한된다. 재건축의 경우에는 조합설립인가 이후부터 소유권이전등기 시까지, 재개발의 경우에는 관리처분계획인가 이후부터 소유권이전등기 시까지 조합원 지위를 양도·양수할 수가 없다. 만약 이 기간에 조합원 지위를 양도·양수하면 양수자는 현금청산이 된다.

이때 양도·양수의 범위에는 매매나 증여처럼 권리관계를 변동시키는 모든 행위가 포함된다. 그러나 상속이나 이혼처럼 당사자의 의사와 무관하게 소유권이 이전되는 경우는 제외된다. 예를 들어, 재개발 구역 내의 주택을 상속받은 경우라면 그 소유권을 이전받은 시점과 상관없이 상속인이 조합원입주권을 취득하는 것이 가능하다는 뜻이다.

한편, 2003. 12. 30. 이전에 조합설립인가를 받은 재건축 구역이나 2018. 1. 24. 이전에 최초로 사업시행인가를 신청한 재개발 구역에서는 언제든지 조합원 지위의 양도·양수가 가능하다. 현재는 조합원입주권 전매가 자유로운 재건축 구역이 거의 남아 있지 않고, 재개발 구역 중 일부가 조합원입주권 전매 제한에서 자유로운데, 유사한 곳에 위치한 재개발 구역이라 하더라도 조합원입주권 전매가 가능한지 여부에 따라 매매가격은 크게 달라진다.

또, 도시 및 주거환경정비법에는 조합원입주권 전매가 제한되는 기간이라 하더라도 예외적으로 조합원의 지위 양도·양수가 가능한 사유를 몇 가지 정하고 있다.
아래 매물을 살펴보자.

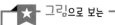 그림으로 보는

매물공고

등록일 19.12.17. | 재건축

🔔 허위매물신고 | 🖨 인쇄 | ☆

8동·2층

매매 16억 (4,931만원/3.3㎡)

남향 | 역까지 6분 | 공급/전용 면적:107.27㎡/101.09㎡

| 매물정보 | 시세/실거래가 | 동호수 | 학군정보 | ↻ 평 |

매물특징	재건축자격승계아파트		
공급/전용면적	107.27㎡/101.09㎡ (전용률94%)		
해당층/총층	2/14층	방수/욕실수	3/1개
융자금	-	기보증금/월세	-/-
현관구조	복도식	난방(방식/연료)	중앙난방/도시가스
입주가능일	1개월이내 협의가능	총주차대수	520대(세대당 0.97대)
해당면적 세대수	54세대	매물번호	1930900218
매물설명	재건축자격승계아파트		

투기과열지구에서 조합원입주권 전매가 일정 기간 제한된다는 사실을 알고 있는 투자자라면 위와 같은 매물에 의심이 들 수 있다. 그러나 아래의 요건 중 어느 하나를 충족하는 경우라면 예외적으로 전매제한 기간에도 조합원입주권 전매가 가능하다.

1. 세대원(세대주가 포함된 세대의 구성원을 말한다. 이하 이 조에서 같다)의 근무상 또는 생업상의 사정이나 질병치료(「의료법」 제3조에 따른 의료기관의 장이 1년 이상의 치료나 요양이 필요하다고 인정하는 경우로 한정한다) · 취학 · 결혼으로 세대원이 모두 해당 사업구역에 위치하지 아니한 특별시 · 광역시 · 특별자치시 · 특별자치도 · 시 또는 군으로 이전하는 경우
2. 상속으로 취득한 주택으로 세대원 모두 이전하는 경우
3. 세대원 모두 해외로 이주하거나 세대원 모두 2년 이상 해외에 체류하려는 경우
4. 1세대 1주택자로서 양도하는 주택에 대한 소유기간 및 거주기간이 대통령령으로 정하는 기간 이상인 경우
5. 그 밖에 불가피한 사정으로 양도하는 경우로서 대통령령으로 정하는 경우
   ① 조합설립인가일부터 3년 이상 사업시행인가신청이 없는 재건축 사업의 건축물을 3년 이상 계속하여 소유하고 있는 자가 사업시행인가신청 전에 양도하는 경우
   ② 사업시행계획인가일부터 3년 이내에 착공하지 못한 재건축 사업의 토지 또는 건축물을 3년 이상 계속하여 소유하고 있는 자가 착공 전에 양도하는 경우
   ③ 착공일부터 3년 이상 준공되지 않는 재개발·재건축의 토지를 3년 이상 계속하여 소유하고 있는 경우
   ④ 법률 제7056호 도시 및 주거환경정비법 일부개정법 부칙 제2항에 따른 토지 등 소유자로부터 상속·이혼으로 인하여 토지 또는 건축물을 소유한 자
   ⑤ 국가·지방자치단체 및 금융기관에 대한 채무를 이행하지 못하여 재개발·재건축의 토지 또는 건축물이 경매 또는 공매되는 경우
   ⑥ 주택법 제63조 제1항에 따른 투기과열지구로 지정되기 전에 건축물 또는 토지를 양도하기 위한 계약을 체결하고, 투기과열지구로 지정된 날부터 60일 이내에 부동산 거래 신고 등에 관한 법률 제3조에 따라 부동산 거래의 신고를 한 경우

특히 1세대 1주택자가 일정한 기간 소유 및 거주를 한 경우의 매물이 가장 많고, 조합설립인가일로부터 3년 이상 사업시행인가 신청이 없는 등 사업이 상당 기간 지연되는 경우 일시적으로 매물이 쏟아져 나오기도 한다. 다만, 이런 매물을 거래할 때에는 법에 정해진 예외사유를 충족한 경우에 한해 조합원입주권을 취득할 수 있는 만큼 관련 서류를 꼼꼼히 검토해야 한다. 예를 들어, 1세대 1주택자가 일정한 기간 소유 및 거주를 하여 조합원입주권 전매가 가능한 경우라면 등기부뿐만 아니라 매도인의 주민등록등본과 초본을 모두 수령하여 확인하는 것이 좋다.

투기과열지구에서는 재당첨이 제한된다

투기과열지구 내에서는 분양신청 횟수도 제한된다. 재개발·재건축 구역에서 일반 분양을 받거나 조합원 분양을 받은 경우 그로부터 5년 내에는 다시 분양신청을 할 수 없다. 이때 일반 분양을 받은 시점은 청약 당첨일을 말하고, 조합원 분양을 받은 시점은 최초의 관리처분인가일을 말한다. 예를 들어, 투기과열지구 내에 있는 A, B 재개발 구역에 각각 주택을 가지고 있다가, A 구역의 관리처분인가가 2022. 2. 3. 이루어진다면, B 구역의 분양신청기간이 2027. 2. 3. 전에 만료되는 경우 B 구역의 주택은 현금청산이 된다는 뜻이다.

다만, 투기과열지구에서 위와 같은 재당첨 제한 규정은 2017. 10. 24.부터 시행되었다. 따라서 그 이전부터 소유하고 있던 주택이나 그 이전에 이미 관리처분인가를 받은 재개발·재건축 구역에 있는 주택에는 원칙적으로 재당첨 제한 규정이 적용되지 않는다. 그러나 이 경우에도 2017. 10. 24. 이후 재개발·재건축 구역에서 이루어지는 일반분양에 당첨되거나 재개발·재건축 구역의 주택 등을 새롭게 취득하여 조합원 분양을 받았다면, 2017. 10. 24. 이전부터 소유하고 있던 주택이라 하더라도 재당첨 제한이 적용된다는 점은 유의해야 한다.

예를 들어, 놀부가 2017. 1. 1. A 재개발 구역의 주택 한 채와 B 재개발 구역의 주택 한 채를 매수했다고 가정해보자(A, B 구역은 투기과열지구에 있다). 이 경우 놀부는 A, B 구역에서 모두 조합원 분양을 받을 수 있다. 그러나 놀부가 2017. 1. 1. A 재개발 구역의 주택 한 채를 매수하고, 2018. 1. 1. B 재개발 구역의 주택 한 채를 매수했는데, B 구역의 관리처분인가가 2019. 1. 1. 이루어졌다고 가정해보자. 이 경우 A 구역의 분양신청이 2024. 1. 1. 이전에 만료되면 A 구역의 주택은 2017. 10. 24. 이전에 취득한 것임에도 현금청산된다.

투기 과열지구에서는 하나의 주택만 분양받는다

한 명의 조합원은 하나의 조합원입주권만 받는 것이 원칙이다. 다만, 과밀억제권역이 아닌 곳에서 이루어지는 재건축 사업에서는 조합원이 소유하고 있는 주택의 수만큼 조합원입주권을 받는 것도 가능하다. 간혹 수도권이 아닌 지역에 소재하는 재건축 구역에서 수십 개의 조합원입주권을 한 사람이 취득하는 사례도 있다. 또, 과밀억제권역에 있는 재건축 구역이라 하더라도, 조합원이 소유한 주택의 수 범위 내에서 조합원입주권을 최대 세 개까지 받는 것이 가능하다.

그러나 투기과열지구나 조정대상지역에 있는 재건축 구역이라면 한 명의 조합원에게 하나 이상의 아파트를 공급하는 것이 금지된다. 다만, 이때에도 1+1 분양에 따라 두 채를 분양받는 것은 가능하다.

조정대상지역	서울특별시 용산구·서초구·강남구·송파구(2025. 2. 기준)
과밀억제권역	서울특별시, 인천광역시(일부 지역 제외), 경기도 의정부시, 구리시, 남양주시(일부 지역 제외), 하남시, 고양시, 수원시, 성남시, 안양시, 부천시, 광명시, 과천시, 의왕시, 군포시, 시흥시 (반월특수지역은 제외) ※ 2025. 2. 현재 과밀억제권역 지정 현황

22

나홀로 투자씨의 분양예정통지서를
분석해 보자!

조합원의 분양내역은 관리처분계획에서 정해진다고 보면 된다. 조합에서는 관리처분계획을 수립하기 위한 총회를 개최하면서 약 한 달 전에 아래 사항들이 포함된 분양예정통지서를 보낸다.

① 분양대상자별 분양예정인 대지 또는 건축물의 추산액
② 분양대상자별 종전의 토지 또는 건축물 명세 및 사업시행계획인가 고시가 있은 날을 기준으로 한 가격
③ 정비사업비의 추산액 및 그에 따른 조합원 분담규모 및 분담시기

분양예정통지서에는 조합원이 종전에 소유하고 있던 주택 등의 감정평가금액, 분양예정내역 등이 구체적으로 기재되어 있어 관리처분인가 이후 조합원입주권을 매수하는 경우라면 매도인에게 분양예정통지서를 요청해 확인하는 것이 좋다. 이제, 나홀로 투자씨가 받은 분양예정통지서를 살펴보자.

종전자산평가액

 그림으로 보는

분양예정통지서

분양대상자별 기존의 토지 또는 건축물의 명세 및 가격과 분양예정인 대지 또는 건축물의 명세 및 추산가액

■ 종전의 토지 또는 건축물 명세 및 사업시행계획인가 고시가 있는 날의 기준으로 한 가격

(단위 : ㎡, 원)

조합원 번호	조합원 성명	소유 지번	종전 토지 및 건축물의 면적 및 가격					비고
			토지		건축물		총 평가액 ①	
			면적	평가액	면적	평가액		
			185.30	747,500,200	262.260	63,356,530	810,856,730	
총 계			185.30	747,500,200	262.260	63,356,530	810,856,730	

         조합은 사업시행인가 이후 조합원이 소유하고 있는 주택 등을 감정평가한다. 이때 감정평가로 정해진 주택 등의 가격을 종전자산평가금액이라고 부른다. 나홀로 투자씨의 경우에는 종전자산평가금액이 810,856,730원이다.

  보통 종전자산평가금액은 주변 시세보다 훨씬 낮게 정해진다. 만약 전체적으로 낮게 평가된 경우라면 크게 문제는 없다. 종전자산평가금액이 낮은 만큼 비례율이 높아지기 때문이다. 그러나 내 집만 부당하게 낮게 평가되었다면 종전자산평가금액을 다툴 필요가 있다.

비례율

분양예정통지서

■ 분양예정인 대지 또는 건축물의 추산액

분양 건축시설	분양규모 (TYPE)	동호수	분양예정 가격 ②	비례율 ③	분양권리가액 ④ (①X③)	분담금(환급금) '-' 환급금, '+' 분담금 (④-②)
아파트	84		519,850,649			
상가			-	100.63%	815,965,127	+ 296,114,478
총 계			519,850,649			

비례율은 사업성을 나타내는 지표 중 하나이다. 사업의 총수입에서 총비용을 뺀 값을 종전자산평가액의 총합으로 나눈 후 100을 곱해 산출한다. 통상 비례율이 100%를 넘으면 총비용보다 총수입이 많다는 뜻이므로 사업성이 좋다고 본다. 나홀로 투자씨의 경우에는 비례율이 100.63%이다. 사업수익성은 나쁘지 않다. 다만, 비례율은 보통 관리처분계획을 수립하는 당시에는 100%에 가깝게 맞추는 경우가 많고 이후 사업이 완료되어야 정확한 값이 도출된다.

권리가액

분양예정통지서

■ 분양예정인 대지 또는 건축물의 추산액

분양 건축시설	분양규모 (TYPE)	동호수	분양예정 가격 ②	비례율 ①	분양권리가액 ④ (③ X ①)	분담금(환급금) ˙-˙ 환급금, ˙-˙ 분담금 (④-②)
아파트	84		519,850,649			
상가			-	100.63%	815,965,127	+ 296,114,478
총계			519,850,649			

　　　　　　권리가액은 종전자산평가금액에 비례율을 곱
한 값이다. 조합원이 기존에 가지고 있는 주택 등의 객관적 가치라고
보면 된다. 조합원은 조합원 분양가에서 권리가액을 공제한 금액만큼
만 부담하고 새 아파트를 분양받게 된다. 나홀로 투자씨의 경우에는
권리가액이 815,965,127원이다. 비례율이 100%가 넘기 때문에 종
전자산평가금액보다 권리가액이 높아진다.

분양 예정 아파트의 규모 등과 가격

분양예정통지서

■ 분양예정인 대지 또는 건축물의 추산액

분양 건축시설	분양규모 (TYPE)	동호수	분양예정 가격 ②	비례율 ①	분양권리가액 ④ (①X②)	분양금(환급금) '+' 환급금, '-' 분담금 (④-②)
아파트	84		519,850,649			
상가			-	100.63%	815,965,127	+ 296,114,478
총 계			519,850,649			

　　　　　　　분양받을 아파트의 동·호수는 보통 일반 분양을 하기 몇 개월 전에 정해지기 때문에 관리처분계획 수립 시 발송되는 분양예정통지서에는 향후 분양을 받을 아파트의 평형만이 기재되어 있다. 나홀로 투자씨의 경우에는 84형 아파트를 분양받게 된다. 이때 1+1 분양 대상자의 경우에는 총 두 채를 분양 받기 때문에 분양예정통지서에도 두 가지의 아파트 평형이 기재되어 있다. 또, 나홀로 투자씨가 분양받을 아파트 84형의 분양가는 519,850,649원이다.

추가분담금 또는 환급금

분양예정통지서

■ 분양예정인 대지 또는 건축물의 추산액

분양 건축시설	분양규모 (TYPE)	동호수	분양예정 가격 ②	비례율 ①	분양권리가액 ④ (①×③)	분담금(환급금) '+' 환급금, '-' 분담금 (④·②)
아파트	84		519,850,649			
상가			-	100.63%	815,965,127	+ 296,114,478
총 계			519,850,649			

조합원은 종전주택 등을 조합에 제공하고 재개발·재건축으로 지어진 새 아파트를 분양받게 된다. 이때 새 아파트의 분양가격은 조합원 분양가로 정해지고, 조합원은 조합원 분양가에서 권리가액을 공제한 금액을 추가 분담금으로 납부한다. 예를 들어, 권리가액이 3억 원인데 분양받기로 한 아파트의 조합원 분양가가 4억 원이라면 1억 원을 추가 분담금으로 납부하는 것이다. 만약 권리가액이 조합원 분양가보다 많다면 조합원은 아파트를 분양받고도 나머지 금액을 환급받게 된다. 나홀로 투자씨의 경우에는 +296,114,478원으로 되어 있는데, 이는 84형 아파트를 분양받고도 296,114,478원을 돌려받는다는 의미이다.

23

재건축 초과이익환수제,
폭탄이 될 수 있다

　재건축 초과이익환수제의 부활로 한동안 재건축 단지의 상당수가 사실상 사업을 멈추게 되었다. 재건축 초과이익환수제에 따른 부담금을 포함해 관리처분계획을 수립해야 하는데, 이 금액을 정확히 산정하는 것이 어려울 뿐만 아니라 이를 포함해 관리처분계획을 수립할 경우 조합원들의 반발이 크게 예상되었기 때문이다.

　지난 2012년 용산구청은 한남연립재건축조합에 약 17억 원을 재건축 부담금으로 부과했다. 당시 한남연립재건축조합은 재건축 초과이익환수제가 개인의 재산권을 크게 침해하고 이중과세에 해당한다는 이유로 헌법재판소에 헌법소원을 제기했다. 그러나 최근 헌법재판소의 재건축 초과이익환수제에 대한 "합헌"으로 결정되면서 본격적으로 재건축 부담금이 부과되기 시작했다.

재건축 초과이익환수제는 무엇일까?

재건축 초과이익환수제는 쉽게 말해 준공 당시
의 집값과 추진위원회 설립 당시 집값을 비교해 재건축에 따른 집값
상승분을 지방자치단체에서 회수하는 제도이다. 최근 법 개정이 이루
어져 이제 조합원 1인당 초과이익이 8,000만 원이 넘으면 그 금액의
최대 50%까지 재건축 부담금을 부담해야 한다. 재건축 사업에 소요
된 비용을 나눠서 부담하는 추가분담금과 별도로 부담하는 비용이기
때문에 재건축 사업수익성을 크게 저해하는 요소가 되었다. 다만, 이
번 법 개정으로 재건축 부담금의 부과비율이 완화되고, 재건축 부담

금 산정시점도 기존 추진위원회 설립시점에서 조합설립인가시점으로 변경되었다. 또 1세대 1주택자의 경우에는 보유기간에 따라 최대 70%까지 재건축 부담금을 감면받을 수 있고, 납부능력이 낮은 만 60세 이상 조합원에 대해서는 담보를 제공하는 조건으로 해당 주택을 양도할 때까지 납부를 유예하는 것도 가능해졌다.

(단위: 억원)

부과율	면제	10%	20%	30%	40%	50%
기존	0.3억 이하	0.3~0.5억	0.5~0.7억	0.7~0.9억	0.9~1.1억	1.1억 초과
개정	0.8억 이하	0.8~1.3억	1.8~2.3억	1.8~2.3억	2.3~2.8억	2.8억 초과

개정	보유 기간	20년 이상	15년 이상	10년 이상	9년 이상	8년 이상	7년 이상	6년 이상
	감면율	70%	60%	50%	40%	30%	20%	10%

※ 1세대 1주택 고령자(만 60세 이상) 담보 제공 조건을 전체로 주택 양도 시까지 납부 유예
※ 보유기간은 1세대 1주택 기간율 총 합산하여 산정

재건축 부담금, 어떻게 정해질까?

재건축 부담금을 산정하는 공식은 아래와 같다.

$$\text{재건축 부담금} = \left\{ \binom{\text{종료시점}}{\text{주택가격}} - \left(\binom{\text{개시시점}}{\text{주택가격}} + \binom{\text{정상주택가격}}{\text{상승분 총액}} + \text{개발비용} \right) \right\} \times \text{부과율}$$

간단히 말해 재건축으로 지어진 아파트 값에서 재건축이 없었을 경우의 아파트 값과 공사비 등의 비용을 제외한 금액을 초과이익으로 본다는 뜻이다.

우리 아파트의 재건축 부담금, 얼마일까?

아직까지 재건축 부담금이 부과된 사례가 많지 않아 그 정확한 금액을 가늠하기는 어렵다. 다만, 2018년 국토교통부가 실시한 시뮬레이션에 의하면 서울시 주요 재건축 단지의 평균 부담금은 3억 7천만 원이다. 강남 4구 중 한 재건축 단지는 조합원 1인당 부담해야 하는 재건축 부담금이 무려 8억 4천만 원이다.

(단위: 억 원)

	단지 1	단지 2	단지 3	단지 4	단지 5
강남 4구 (15개)	8.4	6.7	6.2	6.0	5.8
	단지 6	단지 7	단지 8	단지 9	단지 10
	4.4	4.3	4.3	4.1	3.6
	단지 11	단지 12	단지 13	단지 14	단지 15
	3.1	3.0	2.4	2.1	1.6
기타 (5개)	단지 16	단지 17	단지 18	단지 19	단지 20
	2.5	2.2	1.8	0.8	0.01

※ 국토교통부 2018. 1. 22. 자 보도자료

실제로 재건축 초과이익환수제가 적용되는지에 따라 이웃 단지라 하더라도 매매가격이 많게는 수억 원까지 차이가 난다. 대표적으로 반포 1·2·4주구의 경우에는 2017. 12. 31. 이전에 관리처분인가를 신청해 재건축 초과이익환수제를 피한 반면, 사실상 한 단지인 반포 3주구의 경우에는 그 이후에 관리처분인가를 신청해 재건축 초과이익환수제를 적용받는다. 2022년 현재 반포 1·2·4주구의 조합원입주권은 반포 3주구에 비해 공급면적 3.3제곱미터당 2,000만 원 정도 비싸게 거래된다.

재개발 사업도 초과이익환수제가 적용될까?

초과이익환수제는 재건축에만 적용된다. 재개발은 재건축에 비해 공공성이 강하다. 재개발은 도시기능을 회복하는 것이 주된 목적이지만, 재건축은 개인의 주거환경을 개선하기 위한 목적이 크다. 이런 차이 때문에 재개발 조합은 도로 등의 정비기반시설을 의무적으로 설치해야 하고, 임대주택도 일정 비율 이상 반드시 공급해야 한다. 즉, 이미 재개발로 인한 초과이익의 일정 부분을 사회에 환원하고 있다는 뜻이다. 이런 이유로 재개발에는 초과이익환수제가 적용되지 않는다.

24

리모델링 조합원입주권에 관해 알아보자

최근 아파트 리모델링 사업의 인기가 높아지고 있다. 재개발·재건축 규제가 강화된 탓도 있지만, 용적률이 높아 재건축을 진행하기 어려운 1기 신도시가 점차 노후화되면서 그 대안으로 리모델링 사업이 각광받게 된 것이다. 여기에 코로나로 인해 대형 건설사들의 해외 수주량이 줄어들면서, 아파트 리모델링 사업은 도입 이래 최대 전성기를 맞고 있다.

아파트 리모델링은 재건축에 비해 절차가 간소하다. 재건축은 크게 조합설립인가, 사업시행인가, 관리처분인가 세 단계를 거쳐야 하지만 리모델링은 조합설립인가 이후 행위허가 한 단계만 통과하면 공사가 시작된다.

리모델링 사업의 장점과 단점

재건축은 지어진지 30년이 넘어야만 가능하고, 안전진단결과 D등급 이하여야 한다. 최근에는 안전진단절차가 강화되면서 재건축을 시작하는 것조차 쉽지 않게 되었다. 반면에 리모델링은 지어진지 15년만 지나면 시작할 수 있다. 또, 리모델링의 경우 재건축보다 사업 절차가 훨씬 간소하기 때문에 사업기간도 짧다는 장점이 있다.

리모델링 사업 절차

기본계획수립 → 조합설립인가 → 시공사 선정 → 안전진단 1차 → 건축·도시계획 심의 → 행위허가 → 이주 및 철거 → 안전진단 2차 → 착공 → 일반분양 → 준공 및 이전고시

재건축 사업 절차

기본계획수립 → 정비계획 → 추진위원회승인 → 조합설립인가 → 재건축진단 → 사업시행인가 → 관리처분계획 등 인가 → 이주 및 철거 → 착공 → 일반분양 → 준공 및 이전고시

다만, 리모델링의 경우 재건축과 같이 노후된 아파트를 전면 철거한 후 새로 짓는 개념이 아니다. 아파트의 뼈대는 그대로 두고 부분 철거를 통해 겉모습만 고쳐 짓다 보니, 최근 선호하는 3bay, 4bay 구조가 나오기 어렵다. 특히 소방시설이나 방음시설의 기준이 강화되면서 천장도 일반 아파트에 비해 낮아진다. 여기에 일반 분양분이 적어 재건축에 비해 조합원들이 부담해야 하는 비용 부담도 상당히 크다. 조합원들이 부담해야 하는 비용은 사업의 수익성에 따라 달라진

다. 대략적으로 일반분양세대가 많이 늘어나야 조합원들이 부담해야 하는 비용도 줄어든다. 리모델링의 경우 최대 기존 세대수의 15%까지만 세대수를 늘릴 수 있기 때문에 재건축에 비해 일반분양수입이 적을 수밖에 없다. 이런 이유로 리모델링은 내 집을 새로 고쳐짓는 비용을 대부분 조합원들이 부담해야 한다. 그런데 재건축의 경우에도 초과이익환수제가 본격적으로 적용되면서 리모델링이 재건축에 비해 추가분담금이 크게 발생한다고 보기도 어렵게 되었다. 최근 공사비가 급격히 상승하면서 재건축에 비해 상대적으로 공사비가 저렴한 점이 리모델링의 장점이 되기도 한다. 리모델링 후의 아파트 가격도 주변 시세보다 크게 떨어지지 않는다. 다만, 리모델링 단지 자체가 가지고 있는 입지나 환경, 단지 규모 등의 환경에 따라 투자 가치는 달라질 수 있기 때문에 단순히 리모델링과 재건축을 비교하기보다는 여러 가지 투자수익성에 영향을 미칠 수 있는 요소들을 고려해 판단할 필요가 있다.

리모델링 조합원입주권, 아무 때나 사고팔 수 있다

리모델링 조합원입주권은 투기과열지구에서도 언제든지 사고팔 수 있는 장점이 있다. 또, 아파트 소유자이고 리모델링 사업에 동의하는 경우라면 조합원입주권을 취득할 수 있기 때문에 재건축에 비해 분양 자격도 간명하다. 다만, 리모델링 사업에도 매도청구권이 인정되는 만큼 만약 리모델링 사업에 동의하지 않는다면 매도청구 전에 미리 매도하는 것이 낫다. 매도청구 시 매매금액은 감정평가로 정해지기 때문에 시세보다 낮게 정해질 수 있다.

25

보류지 분양, 누가 받는 걸까?

보류지는 일부 분양하지 않고 남겨둔 아파트나 상가를 말한다. 예를 들어, 광주의 한 재개발 구역에서는 여러 채를 소유한 조합원으로부터 한 채를 양수받은 경우 그 양수인에게 분양 자격을 인정하지 않은 사례가 있었다. 그러나 이때에도 양수인에게 단독 분양 자격을 인정해야 한다는 법원의 판결이 나왔고, 결국 조합은 판결에 따라 수십 명에게 아파트를 추가 분양해야 하는 문제가 발생했다. 이때 활용하는 것이 바로 보류지 분양이다. 보통 새로 짓는 아파트나 상가의 1%의 범위 내에서 보류지를 남겨 둔다.

보류지의 분양절차

보류지는 아래 기준에 따라 일반에 분양된다.

1. 분양대상의 누락, 착오 및 소송 등에 따른 대상자 또는 적격 세입자에게 우선분양한다.
2. 보류지의 분양가격은 조합원 분양가로 한다.
3. "1."에 따라 보류지를 처분한 후에도 잔여분이 있으면 일반분양 절차에 따라 분양한다.

이와 같이 보류지는 착오 등으로 누락된 분양대상자에게 우선적으로 분양하되, 남는 분양분이 있을 경우 일반 분양절차에 따라 분양한다. 보류지는 입찰을 통해 분양하고, 보통 입찰공고는 완공이 되기 몇 개월 전에 이루어진다.

입찰공고가 있으면 입찰일에 참가신청서와 보증금 등을 공고에서 정한 장소에 제출해야 하고, 입찰참가신청이 완료되면 조합은 가장 높은 가격을 써낸 사람에게 보류지를 분양한다.

최근 인기가 없어진 보류지 분양

보류지는 보통 시세보다 싼값에 분양된다. 또, 청약처럼 분양 자격에 일정한 제한이 있는 것도 아니고 낙찰 후 곧바로 매각해 시세차익을 누릴 수 있다는 장점이 있다.

다만, 보류지는 낙찰받으면 며칠 내로 매매대금을 일시에 납부해야 하는 부담이 있다. 최근 대출 규제가 강화되면서, 강남의 한 재건축 단지에서는 보류지 입찰이 유찰되는 사례도 있었다. 그러나 자금만 마련이 되어 있다면 오히려 지금이 보류지를 비교적 쉽게 분양받을 수 있는 기회일 수 있다.

보류지 공고문

주택재개발정비사업조합 공고 제2018-02호

보류지 등 공동주택 매각 입찰공고

주택재개발정비사업과 관련하여, 서울특별시 도시 및 주거환경정비조례 제44조(보류지) 및 제40조(일반분양), 조합정관 제50조(보류지)의 규정에 의거하여 아래와 같이 매각하고자 공고합니다.

1. 위치 : 서울특별시 성동구
2. 규모 : 공동주택 총 713세대(임대아파트 포함) 중 보류지 등 8세대
3. 입찰 매각재산의 표시

구분	번호	평형 타입	재산표시		내정가(원) (최저입찰가)	대지지분 (㎡)	세대별 계약면적(㎡)					
			동	호수			전용면적	주거공용	공급면적	주차장	기타공용	총계
보류지	1	84	101	101	803,500,000	50.17	84.9900	27.4687	112.4587	69.1394	7.2231	188.8212
	2	84	101	102	801,500,000	50.17	84.9900	27.4687	112.4587	69.1394	7.2231	188.8212
	3	84	103	401	841,000,000	50.17	84.9900	27.4687	112.4587	69.1394	7.2231	188.8212
	4	51A	105	104	572,000,000	32.55	51.9400	20.9739	72.9139	42.2518	4.4107	119.5764
조합원 매입분	5	84	104	804	868,000,000	49.42	84.9900	27.8000	112.7900	68.2200	7.2100	188.2200
	6	59B	105	503	696,000,000	35.66	59.9900	21.4000	81.3900	48.1500	5.0900	134.6300
일반분양 제작특분	7	84	103	1802	899,500,000	49.42	84.9900	27.8000	112.7900	68.2200	7.2100	188.2200
	8	84	104	1404	897,000,000	49.42	84.9900	27.8000	112.7900	68.2200	7.2100	188.2200

※ (주) 104동 1404호. 시스템에어컨_김치냉장고 설치비용 별도추가
4. 매각방법 및 내정가
   가. 매각방법 : 내정가(최저입찰가) 이상 최고가 공개경쟁입찰(각 세대별 개별 매각)
   나. 내정가 : 상기 3의 입찰 매각재산의 표시 중 내정가(최저입찰가) 참조
5. 입찰접수일정 및 참가 구비서류
   가. 입찰공고접수기간 : 2018년 09월 07일 부터 ~ 09월 12일 16시까지
   나. 입찰접수일시 : 2018년 09월 13일(접수시간 13시부터 15시까지)
   다. 입찰접수장소 : 서울특별시 성동구 왕십리로 369, 103호(하왕십리동, 동인레반트빌딩)
   라. 입찰구비서류 : ① 개인 : 주민등록등본, 인감증명서
                    ② 법인 : 법인인감증명서, 법인인감증명서
                    ③ 공통 : 입찰참가신청서(소정양식) 입찰장소비치), 입찰서(소정양식 입찰장소비치), 인감도장, 신분증, 입찰보증금 입금증, 환불받을 은행통장 통장사본, 대리인일 경우 위임장 및 신분증(본인 및 위임자)
   ※ 입찰서는 A4규격 편지봉투에 밀봉하여 제출하여 주시기 바랍니다.
   마. 개찰일시 : 2018년 09월 18일 15시 00분(입찰 접수후 개찰)
   바. 개찰장소 : 서울특별시 성동구 무학봉길 1(하왕십리동) 왕도교회 8층
6. 낙찰자 결정방법
   가. 입찰은 세대별 개별 입찰로서 조합에서 정한 내정가 이상으로, 1인이상 유효한 입찰등록에 의하여 성립
   나. 유효한 입찰에서 입찰시 내정가 이상 최고금액의 입찰자를 하왕제1-5구역 주택재개발정비사업조합 대의원회의 의결에 의하여 낙찰자로 결정(단, 최고금액이 동일가액일 경우, 재입찰 실시하여 최고금액 입찰자를 낙찰자로 결정)
   다. 내정가액에 미달 일 때는 유찰 처리함
   라. 입찰 신청서 작성시 입찰자 주소, 성명, 입찰금액 등 주요 기재사항을 누락 또는 오기 식별하기 곤란한 경우 무효처리함
   마. 기타 무효사유가 있을 때는 낙찰을 무효로 한다.
7. 입찰보증금
   가. 입찰자는 입찰 시간 전까지 평형타입에 관계없이 세대당 5,000만원을 입찰보증금 본인의 이름으로 아래의 통장에 현금으로 무통장 입금하여야 하며, 낙찰자의 입찰보증금은 계약금의 일부로 갈음 함.
   나. 입금은행 : 하나은행 205-910042-09904(예금주 : 하왕제1-5구역주택재개발조합 지에스건설(주))
8. 계약체결 및 대금납부방법
   가. 계약방법 : 낙찰자는 2018년 09월 19일 14시~16시까지 본계약을 체결해야 하며, 이를 이행하지 않을 경우 입찰보증금은 조합에 귀속 됨.
   나. 낙찰자가 계약체결을 하지 않으면 차순위가 낙찰자가 됨.
   다. 대금납부방법 - 계약금 : 계약시 낙찰가의 20%
                  - 중도금 : 계약 후 16일 이내 낙찰가의 30%
                  - 잔 금 : 소유권 보존등기 후 10일 이내 낙찰가의 50%
   라. 탈락자의 입찰보증금은 2018년 10월 02일까지 환불(계좌입금) 예정
9. 시행자 및 시공자
   가. 시행자 : 주택재개발정비사업조합
   나. 시공사 : GS건설(주)
10. 유의사항
   가. 입찰공고된 물건 중 조합의 사정에 의해 별도 취소공고 없이 매각을 취소할 수 있으므로 입찰 전 확인하시고 참가하시기 바랍니다.
   나. 공급대상은 현 시설상태를 공급하는 것으로 시설 및 기타사항 등에 본인이 확인하여야 하며, 분의사항은 조합으로 연락 주시기 바랍니다. 다. 미확인에 대한 책임은 낙찰자에게 있습니다.
   다. 입찰절차를 해치거나 부정한 방법으로 낙찰되었을 경우에는 낙찰을 무효로 하고 입찰 보증금 등을 몰취함에 있어 민·형사상의 이의를 제기할 수 없습니다.
   라. 금회 공급하는 보류지 등 공동주택은 중도금 및 잔금 등의 대출 관련하여 대출 금융기관은 별도로 알선 하지 않으며 계약자는 공급금액 납부일정에 맞추어 계약자 본인의 책임으로 직접 납부하여야 합니다.
   마. 공급금액 납부일정을 사전에 숙지하고 계약체결을 하여야 하며, 미숙지로 인한 이의를 제기할 수 없습니다.
   바. 제출된 서류는 일체 반환하지 않으며, 이에 이의를 제기 할 수 없습니다.
   사. 기타 자세한 사항은 조합사무실(02-2298-4331)로 문의하시기 바랍니다.

2018년 09월 06일

주택재개발정비사업조합 조합장

26

공공정비사업, 잘못 사면 현금청산?

공공정비사업은 무엇일까?

최근 정부는 공공정비사업을 주택공급 확대방안으로 발표했다. 그런데 공공정비사업에 관한 대책이 여러 차례 발표되면서 시장은 혼란에 빠졌다. 공공정비사업에도 여러 가지가 있었던 것이다. 이를 이해하지 못하는 민간에서는 다 같은 공공정비사업인데 사업방식이나 분양 자격이 왜 달라지는 것인지 쉽게 이해하지 못했다.

공공정비사업에는 기본적으로 LH나 SH와 같은 공공사업자가 정비사업에 참여한다. 크게 공공사업자가 단순히 사업에 참여하는 방식이 있고 직접 사업을 시행하는 방식이 있다.

지난 5·6, 8·4 대책에서 나온 공공정비사업은 공공참여형정비사업이다. 공공사업자가 정비사업 시행에 참여하되, 사업방식이나 분양 자격 등은 기존의 민간 재개발·재건축과 크게 다르지 않다. 다만, 임대주택의 공급 등 공공기여도를 높일수록 용적률 인센티브 등을 받을수가 있다.

그러나 2·4 대책에서 나온 공공정비사업은 기존의 민간 재개발·재건축과는 결이 다르다. 공공사업자가 직접 정비사업을 시행하는 방식으로 사업방식이나 분양 자격을 판단하는 기준이 기존 민간 재개발·재건축과 완전히 다르다. 토지 등 소유자가 사업으로 인한 이익 중 일정 부분만 누릴 수 있는 대신 사업으로 인한 손실도 부담하지 않는 구조이다. 다만, 사업이 원활하게 진행될 것인지 전혀 알 수 없는 상황에서 소유한 토지 등을 먼저 출자해야 하는 부담이 있고, 민간 재개발·재건축에 비해 토지 등 소유자가 얻을 수 있는 이익이 줄어드는 단점이 있다.

◆ 공공재개발 VS. 3080⁺ 재개발

구분	공공재개발(5·6, 8·4 대책)	3080⁺ 재개발(2·4 대책)
사업방식	관리처분방식 (사업기간 동안 토지주가 소유권 보유)	토지납입방식 (사업기간 동안 LH·SH 보유 → 사업 후 반환)
사업시행자	공공단독 또는 공공·조합공동	공공단독
공공기여	조합원분양분 제외 50%는 공공임대·공공지원임대·지분형주택	① 기존세대의 1.3배 이상 건축 & ② 전체의 20~30%는 공공자가·임대
사업성 보장	확정분담금(관리처분 이후) •주민 요청 시	확정수익률(토지납입 시)

구분	공공재개발(5·6, 8·4 대책)	3080⁺ 재개발(2·4 대책)
용적률 완화	법적상한용적률의 120%	종상향 또는 법적상한용적률의 120%
기부채납	별도 특례 없음	토지면적 15% 이내로 제한
절차 간소화	① 도시계획 수권소위 심의, ② 사업시행계획 통합심의	

※ 출처: 2021. 3. 30. 자 서울시 보도자료

2월 4일 이후 매수하면 현금청산?

지난해 가장 많이 들었던 질문이 "2월 4일 이후에 매수하면 현금청산 되느냐?"는 것이었다. 결론부터 말하면, 2월 4일 이후 매수하면 현금청산 되는 사업은 공공직접시행정비사업뿐이다. 예를 들어, 2021. 2. 4. 이후에 빌라를 매수했는데, 우연히 그 빌라가 공공직접시행정비사업구역에 포함된다면 안타깝게도 현금청산 된다는 뜻이다. 공공정비사업이 진행될 것인지를 전혀 알지 못한 상태에서 매수한 빌라 등도 우연한 사정으로 현금청산 될 수 있다는 점에서 심각한 재산권 침해에 해당하는 것으로 보인다.

또, 현금청산 기준시점과 관련해서도 공공주택특별법 등에 따르는 경우에는 2021. 6. 29.로 변경이 되었지만, 도시 및 주거환경정비법에 따르는 경우에는 2021. 2. 4.로 그대로 남아있어 혼란스럽다.

다만, 이런 문제점을 정부에서도 인식해 최근 공공주택특별법이 개정됐다. 기존에는 2021. 6. 29. 이후에 집을 사면 현금청산이 됐지만 이제는 "개별 후보지 선정일"까지만 집을 사면 분양자격을 인정해준다. 또 개별 후보지 선정일 이후에 집을 샀더라도 해당 주택·토지에 대한 최초 거래이면서 무주택자가 매수한 경우에는 마찬가지로 분양자격이 주어진다.

그렇다면 공공참여형정비사업은 어떨까? 이 경우에는 민간 재개발·재건축과 같이 권리산정기준일에 따라 분양 자격이 결정된다. 다만, 사업지별로 권리산정기준일을 따로 정하던 민간 재개발·재건축과 달리 공공참여형정비사업의 경우에는 그 후보지 공모공고일인 2020. 9. 21.을 권리산정기준일로 못박았다. 만약 다가구주택을 다세대주택으로 용도변경 하려고 하거나 나대지에 다세대주택을 새로 지으려고 한다면, 공공참여형정비사업이 시행될 경우 세대별로 조합원입주권을 받지 못할 수가 있다.

신축빌라, 투자해도 될까?

재개발이 예정되어 있는 곳에는 일정 부분 투기수요가 유입되곤 한다. 이런 투기수요를 제한하기 위해 존재하는 것이 "권리산정기준일"이다. 조합원입주권을 취득할 목적으로 신축빌라에 투자한다면 반드시 따져봐야 하는 것이 권리산정기준일이다. 이 날짜 이후로 기존보다 많은 세대로 분할이 된 경우라면 단독 조합원입주권을 받지 못할 수도 있다. 예를 들어, 어떤 사업지의 권리산정기준일이 2024. 3. 7.이라고 가정하자. 이 날짜 이후에 단독주택을 부수고 10세대의 다세대주택(빌라)을 지었다면 조합원입주권은 기존 현황에 따라 10세대에게 하나만 부여된다. 사업지별로 조합원입주권 취득 기준이 달라질 수 있기 때문에 매수 전에 조합원입주권 취득 여부에 관해서는 반드시 사전 검토를 할 필요가 있다.

공공정비사업의 경우에는 앞서 설명한 것처럼 권리산정기준일이 아닌 현금청산기준이 정해져 있기도 하다. 서울시에서 재개발 사업을 촉진하기 위해 시행하는 모아타운이나 신통기획의 경우에는 권리산정기준일도 사업지별로 다르지만, 권리산정기준일 이전까지 건축허가만 받았는지 아니면 소유권이전등기까지 완료했는지에 따라 단독 조합원입주권 취득 여부가 달라지기도 한다.

다만, 신축빌라의 경우 조합원입주권만 취득할 수 있다면 여러 가지 이점은 있을 수 있다. 최근 부동산 대책에 따르면 2024년과 2025년에 지어지는 $60m^2$ 이하의 비아파트에 대해서는 취득세, 종합부동산세, 양도소득세 부과 시 주택수에서 제외하는 혜택을 주기로 했다. 이미 세법 시행령이 개정되어 시행되고 있는 상황이다. 또 신축빌라의 경우 구축에 비해 세입자를 구하는 것이 쉬울 뿐 아니라 나중에 재개발이 시작되면 종전감정평가를 받을 때에도 유리하다. 신축빌라는 거래사례비교법을 통해 감정평가금액이 정해지는데, 쉽게 말하면 주변에 거래된 유사한 빌라가 있다면 그 빌라 가격에 준해 감정평가가 이루어진다는 뜻이다. 즉, 대지지분이 포함된 건물 자체를 하나로 보아 감정평가한다는 뜻이다. 흔히 재개발 구역에 투자하면서 대지지분이 높은 것이 무조건 좋다고 생각하는 경우가 있는데, 일부 잘못된 얘기이다. 구축의 경우에는 건물에 대한 감정평가금액이 거의 없기 때문에 대지지분이 높은 것이 유리할 수 있겠지만, 이 역시 부동산의 위치 등에 따라 대지의 가격이 달라지기 때문에 투자가치를 가늠하는 데에 절대적인 기준이 되기 어렵다. 신축의 경우에는 대지지분이 포함된 건물 자체를 감정평가하기 때문에 대지지분이 크게 중요한 요소가 되지는 못한다.

27

서울시 정비사업 촉진책,
신속통합기획과 모아타운

신속통합기획과 모아타운, 일반 재개발과
어떻게 다를까?

　　　　　　　최근 신속통합기획과 모아타운이 진행되면서 곳곳에 정비사업이 활발하게 진행이 되는 듯한 모습이다. 신속통합기획과 모아타운은 서울시에서 운영하는 제도이다. 점차 확산되어 이제는 다른 시·도에서도 자체적으로 조례를 마련해 유사한 제도를 시행하고 있다. 신속통합기획과 모아타운, 그리고 일반적인 정비사업의 차이점을 모르는 경우가 많은데 간단히 설명하면 모아타운은 소규모 사업지를 여러 곳 "모아" 재개발·재건축 사업을 진행하는 사업으로 보면 되고, 신속통합기획은 일반적인 대규모 재개발·재건축 사업지 중 일정 부분 혜택 등을 부여해 사업속도 및 사업수익성을 높여주는 제도라고 보면 쉽다.

신속통합기획은 정비계획 수립단계에서 서울시가 공공성과 사업성의 균형을 맞춰 가이드라인을 제시하고 신속한 사업 추진을 지원하는 제도이다. 사실상 신통통합기획 외에는 주민제안 방식의 재개발 추진이 어려운 실정이어서 서울의 주요 단지들도 신속통합기획으로 진행하고 있는 상황이다. 통상적으로 정비계획수립절차에 5년이 소요되는데 이를 통합심의 등을 통해 2년으로 줄이고, 층수규제 완화나 종상향 또는 용적률 인센티브를 통해 사업수익성을 개선하는 대신에 그에 따른 공공기여분을 요구하는 방식이다.

아직은 신속통합기획이 초기 단계에 머물러 있어 신속통합기획으로 재개발·재건축 사업을 완료한 사업지가 존재하는 상황은 아니다. 여기에 신속통합기획과 관련하여 구체적인 지침이 마련되지 못한 상황이다. 특히 건축심의단계에서 공공기여와 관련하여 서울시와 조합이 합의점을 도출해내지 못하면 신속통합기획이 적용되지 않는 사업지와 비교해 사업속도나 사업수익성이 상대적으로 우수할 수 있을지 여부도 현재로서 분명하지 못하다. 아직 신속통합기획을 추진하는 사업지가 사업 초기 단계에 불과한 만큼 신속통합기획이 추진된다는 사실만으로 투자 가치를 속단하는 것은 경계해야 한다.

모아타운은 여러 소규모 사업지를 "모아" 개발하는 제도이다. 10만 제곱미터 이내의 노후된 저층 주거단지를 대상으로 한다. 통상 가로 주택정비사업이나 소규모 정비사업이 진행될 수 있는 곳들이다. 소규모 사업지는 개발 이후에도 소규모 단지로 남게 되어 단지 가치가 낮게 형성된다. 여기에 사업을 진행하면서 소요되는 비용도 규모의 경제가 적용되지 않아 대규모 사업지에 비해 높을 수밖에 없고 소수의 주민들이 사업비용을 나누어 부담하다보니 주민들의 개발 참여도도 낮은 편이다.

그러나 대규모 개발이 완료된 주변에는 항상 개발이 진행되지 못한 소규모 지역들이 남아있게 되고, 이는 그대로 두면 자체적으로 개발하는 것이 어렵다. 서울시는 이런 문제를 해결하기 위해 개발이 어려운 노후·저층 주거지를 대상으로 모아타운을 운영하고 있다. 여러 사업지를 모아 대규모 개발이 가능하도록 해 소규모 사업지에서 발생하는 사업수익성 저하 등의 문제를 해결하고, 층수 완화나 종상향 등을 통해 용적률 인센티브를 부여하고 주차장을 통합해서 건설할 수 있도록 하는 등 사업지 자체적으로도 사업수익성을 높일 수 있는 혜택을 부여한다. 여기에 정비계획으로 볼 수 있는 관리계획을 수립하는 절차를 서울시에서 지원하고, 심의절차도 간소화해 5~6년 안에 사업이 완료될 수 있도록 사업속도도 높여주기로 했다.

그러나 모아타운의 경우 여러 사업지가 하나로 통합이 되어야 하기 때문에 사업지별 사업수익성과 사업주체가 달라 그에 따른 분쟁이 발생할 소지가 있다. 모아타운 추진을 시작하는 시점부터 이런 분쟁을 미연에 방지하기 위한 검토절차를 밟아야 한다. 또 모아타운 후보지

신청의 경우 주민의 30% 이상 동의만 있으면 가능했기 때문에 모아타운 후보지가 우후죽순 선정되고 그중 관리계획 수립 단계까지 진행된 곳은 거의 존재하지 않는 실정이다. 기본적으로 소규모 사업지이기 때문에 사업지 분석을 철저히 하고 투자해야 사업이 지연되거나 중단되는 사업지에 투자해 손실을 보는 상황이 발생하지 않는다. 모아타운이 추진되는 곳들 중 실제 사업이 성공적으로 완료될 수 있는 사업지는 그리 많지 않을 것으로 보인다.

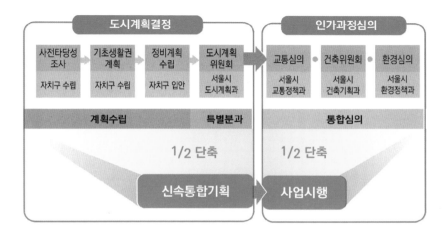

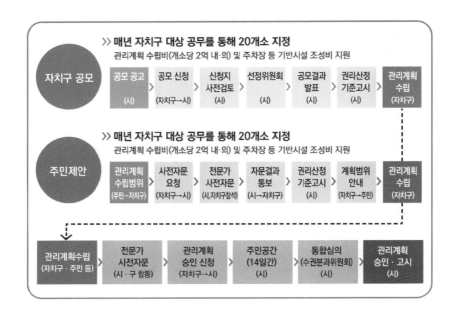

신속통합기획과 모아타운, 투자 시 유의할 점은?

신속통합기획과 모아타운은 아직 사업이 초기 단계에 머물러 있는 경우가 대부분이다. 소액으로 투자할 수 있다는 장점이 있지만, 사업이 지연되거나 중단될 우려가 높아 투자 시 주의해야 한다. 신속통합기획과 모아타운의 경우 토지등소유자 30% 이상의 동의가 있으면 정비구역지정에 대한 사전검토를 요청할 수 있고, 신속통합기획은 토지등소유자의 50% 이상과 토지면적의 50% 이상 동의가 있는 경우 정비계획 수립이 가능하다. 모아타운의 경우에는 토지등소유자의 60% 이상과 토지면적의 50% 이상 동의가 있어야 관리계획 수립이 가능하다.

대략적인 사업계획이 수립되면 신속통합기획과 모아타운은 조합설립 단계로 나아가게 되는데, 이때 충족해야 하는 동의율이 최소 토지등소유자 75% 이상이 되어야 한다. 즉, 신속통합기획과 모아타운 대상지 선정까지는 낮은 주민동의율만 충족하면 되지만 이후 일정한 주민동의율을 충족하지 못하면 사업이 무산될 수 있다는 뜻이다. 특히 재개발의 경우에는 토지등소유자의 이해관계가 다양해 주민동의율 충족에 시간이 많이 걸리는 편이다. 우선적으로 실제 주민동의율을 파악할 필요가 있다.

다음으로 확인해야 할 부분은 사업수익성이다. 특히 모아타운은 그동안 사업수익성이 낮아 개발이 되지 못한 곳들이 많다. 사업수익성은 사업 초기 단계에서 쉽게 확인하기 어렵지만 조합원수와 일반분양 세대수를 따져보면 어느 정도 사업수익성을 가늠해볼 수 있다. 그러나 전문가가 아닌 이상 초기 사업 단계에서 사업수익성을 정확하게 판단하고 투자하는 것은 한계가 있기 때문에 초기 단계 사업지일수록 투자에 유의해야 한다. 신속통합기획이나 모아타운이 진행된다는 점이 호재로 작용해 실제 적정 시세보다 매매가격이 높게 형성된 사례가 많다.

28

노후계획도시특별법,
1기 신도시 투자 어떻게 봐야 할까?

　최근 노후계획도시특별법이 국회를 통과했다. 처음 노후계획도시특별법에 관해 논의가 시작된 것은 1기 신도시 재건축 문제에서 비롯되었다. 1기 신도시는 1990년대 입주한 일산, 분당, 평촌, 산본, 중동 신도시를 말한다. 평균 용적률이 200%를 넘기 때문에 지어진지 30년이 지나 재건축이 필요하지만, 사업수익성이 낮아 재건축이 사실상 어렵다.

분당	일산	평촌	산본	중동
184%	169%	204%	205%	226%

특별법이 적용되는 대상은 택지개발사업·공공주택사업·산업단지 배후 주거단지 조성사업으로 조성된 이후 20년 이상 지나고, 인접·연접한 택지와 구도심·유휴부지를 포함해 면적이 100만 제곱미터 이상인 지역이다. 1기 신도시를 비롯해 108곳 정도가 노후계획도시특별법의 적용대상이 된다. 노후계획도시특별법의 주요 내용은 ① 지하철역 반경 500미터 이내 초고밀도 개발, ② 용적률을 법정 한도의 1.5배까지 허용, ③ 주민참여도 등을 고려해 선도지구 지정, ④ 통합 재건축 추진 시 안전진단 면제이다.

국토교통부에서 기본방침을 수립하면 그에 따라 지자체가 기본계획을 세운다. 그리고 그에 따라 일부 사업지를 특별정비구역으로 지정해 정비사업을 진행하는 순서이다. 특별정비구역으로 지정되면 그 구역 내에서 용적률 등의 인센티브를 허용하는 것이 지자체 재량으로 가능해진다.

최근 선도지구가 발표되면서 단지별 희비가 엇갈리고 1기 신도시에 대한 관심도 많이 사그라들었다. 선도지구는 주민참여도, 노후도, 기능향상, 파급효과를 고려해 지역별로 1~2곳 선정한다. 이번에 선도지구로 지정되지 못한 곳은 같은 지역에서 순차적으로 재개발·재건축이 진행되는 점을 고려할 때 상당히 오랜 기간 재개발·재건축이 답보상태에 놓일 수 있다. 뉴타운 사업의 경우에도 2022년 뉴타운 지역이 지정됐지만 길음뉴타운과 은평뉴타운 이외에는 뉴타운 지역

에서 해제되거나 최근에서야 입주를 하는 지역들이 대부분이기 때문이다.

여기에 사업을 진행하는 과정에서도 지자체가 용적률 인센티브 등을 부여하면 그 반대급부로써 일정한 공공기여를 요구할 수밖에 없는데, 이와 관련해서도 명확한 지침이 마련되지 못한 상황이다. 결국 지자체와 사업주체 사이의 협의에 따라 결정해야 하고, 이는 사업이 지연되는 사유로 작용하게 된다. 여러 가지 고려하면 1기 신도시를 비롯한 노후계획도시 개발은 이제 시작이다. 긴 호흡으로 바라봐야 한다.

◆ 선도지구 지정단지

지역	기준물량(+a)	선정결과	선정 구역(세대 수)
분당	8천호 (1.2만호 이내)	3개 구역 10,948호	샛별마을 동성 등(2,843호) 양지마을 금호 등(4,392호) 시범단지 우성 등(3,713호)
일산	6천호 (9천호 이내)	3개 구역 8,912호	백송마을1단지 등(2,732호) 후곡마을3단지 등(2,564호) 강촌마을3단지 등(3,616호)
평촌	4천호 (6천호 이내)	3개 구역 5,460호	꿈마을금호 등(1,750호) 샘마을 등(2,334호) 꿈마을우성 등(1,376호)
중동	4천호 (6천호 이내)	2개 구역 5,957호	삼익 등(3,570호) 대우동부 등(2,387호)
산본	4천호 (6천호 이내)	2개 구역 4,620호	자이백합 등(2,758호) 한양백두 등(1,862호)
합계	2.6만호(3.9만호 이내)	선도지구 총 13개 구역 35,897호	

PART

02

재개발 재건축

세금 뽀개기

01

재개발 및 재건축 사업과 관련된 세금문제는 왜 복잡할까?

　2025년 현재 대한민국 국민들이 가장 큰 관심을 가지고 있는 것 중 하나가 바로 부동산, 특히 주택이 아닌가 싶다. 지난 정부에서 28차례의 주택가격 안정화 대책을 발표했고, 현 정부에서는 주택가격의 연착륙을 위해 또다른 대책을 발표하고 있다. 부동산 대책이 발표될 때마다 약방의 감초처럼 빠지지 않는 것이 세금문제이다. 그동안 주택경기에 따라 주택과 관련된 양도소득세제가 수없이 바뀌고 특례제도가 신설되면서 조세전문가마저도 판단하기에 어려움이 많아 이른바 양도소득세를 포기한 세무사, 일명 '양포세'라는 신조어가 생기기도 했다.

　일반적인 주택의 경우 주택 상태로 취득하여 주택으로 양도하기 때문에 1세대 1주택 비과세 판단 또는 중과 여부만 판단하여 세금 계산을 하면 되지만, 재건축·재개발과 관련된 양도소득세는 일반 주택의 양도소득세 계산방식과는 달리 복잡하다. 그리고 강남권을 중심으로 1+1 조합원입주권이 많이 발생되었지만 이에 대한 양도소득세 계산 방법이 명확하게 조문에 규정되지 않아 국세청이나 기획재정부의 예규 등 유권해석에 기대고 있어 난제 중의 난제라 하겠다.

주택 vs. 조합원입주권

그런데 재개발·재건축과 관련된 세금은 종전 부동산을 조합에 제공하여 조합원입주권을 취득하였다가 다시 신축이 된 경우에 새로운 아파트를 취득하게 되므로, 어느 시점에 무엇을 취득하고 어느 시점에 무엇을 양도하느냐에 따라 세법 적용이 달라진다.

부동산에서 조합원입주권으로, 다시 부동산으로 전환 과정

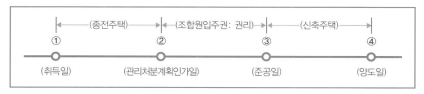

위 그림과 같이 종전주택이 조합원입주권이 되고, 추후 신축주택이 된다. 종전주택을 양도하거나 신축주택을 양도하는 경우 1세대 1주택자라면 양도소득세 비과세가 적용될 수 있고 2주택자 이상 다주택자에게는 양도소득세가 과세되는데, 주택 소재지가 조정대상지역으로 고시된 경우에는 중과세가 적용되기도 한다. 다만, 보유기간 2년 이

상으로서 2022. 5. 10.부터 2026. 5. 9.까지 양도하는 주택에 대해서는 다주택자 양도소득세 중과세가 유예되고 있다. 한편, 신축주택의 장기보유특별공제액의 계산은 종전주택과는 달리 별도의 계산규정에 따른다.

조합원입주권으로 매각하는 경우라면 이전에 소유한 종전주택이 1세대 1주택 비과세 요건을 갖춘 경우로서, 조합원입주권 양도 당시 다른 주택이 없다면 1세대 1주택 비과세 및 특례규정을 준용해 양도소득세 비과세를 받을 수 있다. 그러나 1조합원입주권이 아니라면 양도소득세가 과세되는데, 해당 조합원입주권을 포함한 다주택자인 경우에도 조합원입주권을 팔 때에는 주택의 중과세율이 적용되지 않고 일반적인 양도소득세율이 적용된다. 한편, 조합원입주권의 장기보유특별공제액의 계산은 종전주택과는 달리 별도의 계산규정에 따른다.

연혁 상 2005. 12. 31. 이전에는 재개발·재건축 조합원입주권은 부동산이 아니라 부동산을 취득할 수 있는 권리에 해당하므로 1세대 1주택 양도소득세 비과세 규정을 적용할 때도 주택 수에 포함되지 않았고, 다주택자에 대한 양도소득세 중과세 규정이 적용될 때에도 주택 수에 들어가지 않았다. 이러다 보니 1997년 외환위기 이후 2000년대 초반에 주택가격이 급등하면서 다주택자에 대한 중과세 규정이 도입되었지만, 재개발·재건축 사업 대상인 주택에 대해 투기수요가 많아졌다. 이에 정부는 이러한 재개발·재건축 대상 주택에 대한 투기수요를 억제하기 위해 2006. 1. 1. 이후부터는 조합원입주권도 비과세 규정과 중과세 규정을 적용함에 있어서 주택 수에 포함하도록 관련법을 개정하였다.

02

조합원입주권으로
변환되는 시기는 언제일까?

    재개발·재건축과 관련한 양도소득세 규정 적용 시 가장 중요한 판단은 사업단계별로 종전부동산이 조합원입주권으로 변환되었다가 다시 신축부동산으로 바뀌는, 그 변환되는 시기이다.

    구체적으로 말하면, 내가 취득한 물건이 부동산인지 조합원입주권인지에 따라 보유기간의 계산이 달라지고, 내가 양도한 물건이 부동산인지 조합원입주권인지에 따라 비과세와 중과세, 양도소득세 계산 방식이 달라진다. 일례로 조정대상지역에 소재한 다주택을 양도할 경우에는 중과세가 적용되지만, 조합원입주권으로 변환된 이후에 양도하는 경우에는 중과세가 적용되지 않는다.

재개발·재건축 사업의 진행과정

재개발·재건축 사업의 진행과정을 보면 다음의 표와 같다. 재개발·재건축 사업 과정 중에 관리처분절차가 있는데, 관리처분은 사업시행 구역 안에 있는 종전의 토지 또는 건축물의 소유권과 지상권·전세권·임차권·저당권 등 소유권 이외의 권리를 재개발·재건축 사업으로 조성된 토지와 축조된 건축시설에 관한 권리로 변환시켜 배분하는 일련의 계획 및 사업시행 후 분양하는 토지와 건물에 합리적으로 배분하는 절차를 의미한다.

재개발·재건축 과정
정비구역 지정 → 조합설립인가 → 사업시행인가 → 관리처분계획 등 인가 → 이주 → 철거 → 건설공사 → 준공 → 이전고시

관리처분은 계획을 수립하여 관할관청의 인가를 받아야 비로소 효력이 있는데, 소득세법에서는 부동산이 조합원입주권으로 변환되는 시기를 관리처분계획 등 인가일로 본다. 그리고 조합원입주권이 다시 부동산(신축아파트)으로 변환되는 시기는 신축아파트의 준공일(사용승인일)이다.

조합원입주권으로 변환되는 시기

그런데 현재는 부동산이 조합원입주권으로 변환되는 시기가 재건축 사업이나 재개발 사업이 모두 관리처분계획인

가일 또는 사업시행계획인가일(이하 "관리처분계획 등 인가일"이라
함)이지만, 2005. 5. 30. 이전 재건축 사업에 있어서는 다음과 같이
권리변환일이 달랐다.

사업기간별	재개발 사업	재건축 사업
2003년 6월 30일 이전	관리처분계획인가일 (도시재개발법)	사업계획승인일 (주택건설촉진법, 주택법)
2003년 7월 1일~2005년 5월 30일	관리처분계획인가일 (도시정비법)	사업시행인가일 (도시정비법)
2005년 5월 31일 이후	관리처분계획인가일 (도시정비법)	관리처분계획인가일 (도시정비법)

이유가 어쨌든 재건축 사업에 있어서 주택이냐 조합원입주권이냐의
판단은 2003. 6. 30.까지는 사업계획승인일, 2003. 7. 1.부터 2005.
5. 30.까지는 사업시행인가일, 2005. 5. 31. 이후는 관리처분계획인
가일을 기준으로 한다. 그런데 2005. 5. 30. 이전 권리변환일이 중요
한 이유는, 2005. 5. 30. 이전에 취득한 부동산이나 조합원입주권은
취득 당시 시행되었던 법규정에 따라 판단하기 때문이다.

일례로 송파구 잠실동에 있는 ○○아파트의 경우 주택법에 의해 재
건축 사업이 진행되었던 바, 당시 2003. 3. 27.에 사업계획승인이 났
다. 만약 부동산을 2003. 3. 27. 이전에 취득했다면 종전주택을 취득
한 것이고, 2003. 3. 28. 이후에 취득했다면 조합원입주권을 취득한
것이다.

한편, 소득세법에서는 위와 같은 「도시 및 주거환경정비법」에 따른 재개발·재건축의 관리처분계획 등 인가로 인하여 취득한 조합원입주권 외에도 「빈집 및 소규모주택 정비에 관한 특례법」에 따른 소규모재건축사업의 사업시행계획인가로 인하여 취득한 조합원입주권도 동일하게 취급하였으며, 2022. 1. 1. 이후부터는 자율주택정비사업, 가로주택정비사업 및 소규모재개발사업의 사업시행계획인가로 인하여 취득한 조합원입주권도 동일하게 취급한다.

소득세법상 조합원입주권에 해당하는 법률과 사업 종류

소득세법상 조합원입주권은 도시 및 주거환경정비법과 빈집 및 소규모주택 정비에 관한 특례법에 따른 아래 6가지 정비사업에 한하므로 도시 및 주거환경정비법에 따른 주거환경개선사업, 전통시장법의 시장정비사업, 도시개발법의 도시개발사업의 입주권 등은 소득세법상 조합원입주권이 아니라는 점에 유의하여야 한다.

관련법령	정비사업 종류	주택 수 포함	권리변환일
도시 및 주거환경정비법	재개발사업 재건축사업	포함	관리처분계획인가일
빈집 및 소규모주택 정비에 관한 특례법	소규모재건축사업	2018. 2. 9. 이후 취득분부터 포함	사업시행계획인가일
	자율주택정비사업 가로주택정비사업 소규모재개발사업	2022. 1. 1. 이후 취득분부터 포함	

원조합원 vs 승계조합원

　　　　　　　재개발·재건축과 관련된 세금이 종전주택의 취득이냐 조합원입주권의 취득이냐에 따라 얼마나 차이가 나는지, 다음 사례를 보면 알 수 있다.

비슷한 시기에 취득한 아파트가 재건축되어 동일한 금액의 양도차익이 났는데, 양도소득세가 10배나 차이난 사연

같은 회사에 근무하는 김이사는 2005년 3월에 재건축 대상인 아파트를 6억 원에 구입하였다. 김이사를 멘토로 삼고 사는 박부장은, 김이사가 아파트를 구입했다는 얘기를 듣고 같은 단지의 같은 평형을 같은 금액으로 4개월 뒤에 취득하였다. 우여곡절 끝에 재건축된 아파트는 2016년 9월에 완성되어 입주가 시작되었다. 어렵게 재건축이 되긴 했어도 주변 여건이 좋아서인지 재건축된 아파트는 강남에서 인기 아파트로 소문이 나면서 시세가 무려 25억 원 가량 되었다. 김이사는 입주 후 1년이 지나서 10월 경에 살던 아파트를 26억 원에 처분하였다. 처분 후 김이사가 납부한 양도소득세는 1세대 1고가주택으로 과세되어 8천만 원 정도였다. 박부장도 김이사가 26억 원에 처분하고도 양도소득세를 8천만 원밖에 납부하지 않았다는 얘기를 듣고 2018년 2월에 26억 원에 양도하였다. 그런데 양도소득세를 자진신고하러 세무서에 갔다가 깜짝 놀랐다. 박부장이 부담해야 할 양도소득세가 무려 8억 원 상당이라는 것이다. 김이사와 동일한 금액에 아파트를 취득하여 동일한 금액에 양도를 하고 양도차익은 동일한데, 어떻게 양도소득세는 10배나 차이가 났을까? 차이가 있다면 박부장은 김이사보다 4개월 뒤에 취득하였고, 양도는 4개월 뒤에 한 차이 밖에 없다.

박부장은 백방으로 알아봤지만 부담해야 할 양도소득세는 김이사보다 10배 많은 8억 원이 맞고, 소송을 가더라도 이길 수 없다는 사실을 확인하고는 양도소득세를 낼 수밖에 없었다.

　　위 사례는 2005. 5. 19. 사업시행인가를 받은 재건축아파트의 사례로서 김이사는 2005년 3월에 취득하였으므로 종전주택을 취득한

것이지만, 2005년 7월에 취득한 박부장은 권리변환일 이후에 취득하였으므로 조합원입주권을 취득한 것이다.

본서 후단에서 자세히 설명을 하겠지만 종전주택을 취득한 김이사의 신축아파트 보유기간은 종전주택의 취득일로부터 신축주택의 양도일까지로 계산하지만, 조합원입주권을 취득한 박부장의 신축아파트 보유기간은 준공일(사용승인일)로부터 양도일까지로 계산된다.

따라서 김이사는 총보유기간이 10년 이상이고 1세대 1주택 비과세 요건을 충족하였을 뿐 아니라, 거래가액 9억 원(2021. 12. 8. 이후 양도분 12억 원)을 초과하는 고가주택에 대한 양도소득금액을 계산할 때에도 장기보유특별공제를 최대 80%까지 받아 양도소득세가 8천만 원 정도 산출된 것이다. 이에 반해 박부장은 조합원입주권을 취득했으므로 보유기간 계산은 신축아파트 준공일로부터 양도일까지로 계산되고 주택의 보유기간이 2년 미만이라 1세대 1주택 비과세 요건도 갖추지 못했을 뿐만 아니라, 장기보유특별공제 대상도 안되니 양도차익 20억 원에 대하여 그 당시 기준으로 단기양도소득세율 40%(현재는 보유기간 1년 이내 70%, 2년 이내 60%)가 적용된 8억 원 상당의 양도소득세를 납부하게 된 것이다.

따라서 재건축 사업으로 신축된 아파트를 양도할 경우에는 사업을 시행한 모법(母法)이 무엇인지 확인하여 권리변환일을 확인하여야 한다. 반면, 재개발 사업은 언제 취득하였던지 모두 관리처분계획 등 인가일을 적용하여 권리변환일을 판단하면 된다.

03

1세대 1주택 양도소득세 비과세 (1) 요건

부동산이나 주식을 양도하면서 양도차익이 발생하면 양도소득세를 내야 한다. 그러나 1세대 1주택자가 얻은 주택 양도차익에 대해서는 양도소득세를 비과세한다. 애초에 비과세이므로 양도소득세를 신고할 필요도 없다.

재개발·재건축 사업에 있어서 종전주택이 1세대 1주택에 해당하거나, 신축주택이 1세대 1주택에 해당하는 경우에는 주택양도에 따른 양도소득세를 비과세받을 수 있다.

이러한 1세대 1주택 양도소득세 비과세는 1세대 요건, 2년 보유 요건, 조정대상지역의 경우 2년 거주 요건, 양도 당시 1주택(양도가액 12억 원을 초과하는 고가주택은 제외한다) 요건이 모두 충족되면 적용된다.

1세대 요건

거주자 및 그 배우자(법률상 이혼을 하였으나 생계를 같이하는 등 사실상 이혼한 것으로 보기 어려운 관계에 있는 사람을 포함한다)가 그들과 동일한 주소에서 생계를 같이하는 가족과 함께 구성하는 1세대가 양도하는 주택이어야 한다. 따라서 비거주자는 1세대 1주택 비과세를 적용받을 수 없고, 배우자가 없으면 1세대를 구성할 수 없다. 다만, 다음에 해당하는 경우에는 배우자가 없어도 세대분리 시 이를 1세대로 본다.

① 당해 거주자의 연령이 30세 이상인 경우
② 배우자가 사망하거나 이혼한 경우
③ 소득*이 중위소득을 12개월로 환산한 금액의 40% 수준 이상으로서 소유 부동산을 관리·유지하면서 독립된 생계를 유지할 수 있는 경우(원칙적으로 미성년자는 제외)

* 사업소득, 근로소득, 저작권 수입·강연료 등 인적용역의 대가인 기타소득으로서 필요경비 및 비과세소득을 차감한 소득을 말한다.

2년 보유 요건

양도일 현재 주택의 보유기간이 2년(비거주자가 거주자로 전환된 경우에는 3년) 이상이어야 한다. 보유기간 계산의 원칙은 주택의 취득일부터 양도일까지이다. 다만, 다음에 해당하는 경우에는 보유기간 및 거주기간의 제한을 받지 않는다.

① 민간건설임대주택, 공공건설임대주택 또는 공공매입임대주택을 분양전환으로 취득해 양도하는 경우로서 해당 건설임대주택 등의 임차일부터 양도일까지의 거주기간이 5년 이상인 경우
② 주택이 법률에 따라 협의매수 또는 수용되는 경우
③ 해외이주로 세대 전원이 출국하는 경우. 다만, 1주택자로서 출국일부터 2년 이내 양도하는 경우에 한한다.
④ 1년 이상 계속해서 국외거주를 필요로 하는 취학 또는 근무상의 형편으로 세대 전원이 출국하는 경우. 다만, 1주택자로서 출국일부터 2년 이내 양도하는 경우에 한한다.
⑤ 1년 이상 거주한 주택을 취학, 근무상의 형편, 질병요양 등 부득이한 사유로 양도하는 경우

한편, 재개발·재건축 사업에 있어서 신축주택의 취득시기는 원조합원의 경우 종전주택의 취득시기로 하며, 승계조합원의 경우 신축주택의 준공일로 한다.

2년 거주 요건

2017. 8. 3. 이후 조정대상지역 내 취득하는 주택의 경우에는 기존의 1세대 1주택 비과세 요건에 2년 이상 거주 요건이 추가되었다. 다만, 거주자가 조정대상지역의 공고가 있은 날 이전에 매매계약을 체결하고 계약금을 지급한 사실이 증빙서류에 의하여 확인되는 경우로서 해당 거주자가 속한 1세대가 계약금 지급일 현재 주택을 보유하지 아니하는 경우에는 거주기간 요건의 제한을 받지 아니한다.

한편, 다음의 요건을 모두 갖춘 주택(이하 "상생임대주택"이라 한다)을 양도하는 경우에는 1세대 1주택, 거주주택 비과세 특례, 장기보유특별공제를 적용할 때 해당 규정에 따른 거주기간의 제한을 받지 않는다.

① 1세대가 주택을 취득한 후 해당 주택에 대하여 임차인과 체결한 직전 임대차계약(해당 주택의 취득으로 임대인의 지위가 승계된 경우의 임대차계약은 제외한다) 대비 임대보증금 또는 임대료의 증가율이 5%를 초과하지 않는 임대차계약(이하 "상생임대차계약"이라 한다)을 2021년 12월 20일부터 2026년 12월 31일까지의 기간 중에 체결(계약금을 지급받은 사실이 확인되는 경우로 한정한다)하고 상생임대차계약에 따라 임대한 기간이 2년 이상일 것
② 직전 임대차계약에 따라 임대한 기간이 1년 6개월 이상일 것

(주1) 상생임대차계약을 체결할 때 임대보증금과 월임대료를 서로 전환하는 경우에는 「민간임대주택에 관한 특별법」에서 정하는 기준에 따라 임대보증금 또는 임대료의 증가율을 계산한다.
(주2) 임대기간은 월력에 따라 계산하며, 1개월 미만인 경우에는 1개월로 본다.

임차인의 사정으로 임대를 계속할 수 없는 경우로서 임차인이 스스로 퇴거 후 종전계약보다 보증금과 임대료를 같거나 낮춰 새로운 임차인과 신규계약 체결하는 경우 등은 종전계약과 신규계약의 임대기간을 합산하여 계산한다. 이는 직전 임대차계약과 상생임대차계약 모두 적용한다.

양도 당시 1주택 요건

양도일 현재 국내에 1주택(양도가액 12억 원을 초과하는 고가주택은 제외한다)을 보유하고 있어야 한다. 따라서

1세대가 양도 당시 양도주택 외에 다른 주택이 있으면 원칙적으로 비과세를 적용받을 수 없다.

그런데 특별한 사정으로 인해 불가피하게 2주택이 되는 경우가 있다. 다음의 경우에는 양도 당시 1주택으로 보아 1세대 1주택 양도소득세 비과세를 적용한다.

① 국내에 1주택을 소유한 1세대가 종전주택을 양도하기 전 신규주택을 취득함으로써 일시적으로 2주택이 된 경우 신규주택을 취득한 날부터 3년 이내에 종전주택을 양도하는 경우. 다만, 연속적인 일시적 2주택 비과세를 규제하기 위하여 종전주택과 신규주택의 취득시기는 1년 이상 차이가 나야 한다.

② 상속받은 주택과 상속 개시 당시 일반주택을 국내에 각각 1개씩 소유한 1세대가 일반주택을 양도하는 경우

③ 1세대 1주택자가 60세 이상 또는 중대한 질병 등이 발생한 60세 미만의 직계존속을 동거봉양하기 위해 세대를 합침으로써 1세대가 2주택을 보유하게 되어 합친 날부터 10년 이내에 먼저 양도하는 주택의 경우

④ 1주택자가 1주택자와 혼인함으로써 1세대가 2주택을 보유하게 되어 혼인한 날부터 10년 이내 먼저 양도하는 주택의 경우

⑤ 문화재주택과 일반주택을 국내에 각각 1개씩 소유한 1세대가 일반주택을 양도하는 경우

⑥ 농어촌주택(상속주택·이농주택·귀농주택)과 일반주택을 국내에 각각 1개씩 소유한 1세대가 일반주택을 양도하는 경우

⑦ 취학, 근무상의 형편, 질병의 요양, 그 밖에 부득이한 사유로 취득한 수도권 밖에 소재하는 주택과 일반주택을 국내에 각각 1개씩 소유하고 있는 1세대가 부득이한 사유가 해소된 날부터 3년 이내에 일반주택을 양도하는 경우

⑧ 법정요건을 갖춘 장기임대주택 또는 어린이집과 일반주택을 국내에 소유하고 있는 1세대가 법정요건을 충족한 거주주택(장기임대주택을 보유한 경우는 1회에 한하여 거주주택을 최초로 양도하는 경우만 포함)을 양도하는 경우

⑨ 조세특례제한법상 소유주택으로 보지 않는 특례주택을 보유한 경우

1세대 1주택 양도소득세 비과세
(2) 유의사항

1세대 1주택 양도소득세 비과세는 1세대 요건, 2년 보유 요건, 조정대상지역의 경우 2년 거주 요건, 양도 당시 1주택 요건이 모두 충족되면 적용된다. 기본적으로 유의할 사항에 대해 살펴보자.

1세대 요건 판단 시 유의사항

부모가 성인 자녀와 생계를 같이하면서 부모 명의로 주택 1채, 자녀 명의로 주택 1채가 있는 경우에는 1세대 2주택자가 된다. 이때 1주택을 양도하면 1세대 1주택 양도소득세 비과세를 적용받을 수 없는데, 양도일 이전에 일정규모의 소득이 있거나

30세 이상인 성인 자녀가 1세대로 세대분리하면 절세를 할 수 있다. 부모와 자녀가 각각 1세대 1주택자가 되기 때문이다.

그러나 세대분리는 형식적인 주소 이전으로 되는 것이 아니다. 과세관청은 별도 세대를 판정할 때 부모와 자녀가 실제로 생계를 같이 하는지 여부로 판정하는 것이지, 형식적으로 부모와 자녀의 주소를 달리한다고 별도의 세대로 보지 않는다. **과세관청은 이러한 생활관계를 파악하기 위해 가족의 신용카드 사용지와 교통카드 사용지, 공과금 청구지까지 확인한다.**

따라서 실제적으로 세대분리를 하지 않고 형식적으로만 주소이전을 했다가는 큰 낭패를 보게 된다. 왜냐하면 1세대 1주택자의 주택양도가 아니라, 1세대 2주택자의 주택양도로 보기 때문이다. 위장으로 세대를 분리하여 비과세를 적용받으려다 추징되는 사례가 많으니 주의하여야 한다.

한편, 실질적으로 세대가 분리된 30세 미만의 자녀로서 12개월간 경상적·반복적 소득이 기준 중위소득을 12개월로 환산한 금액의 40%(2025년 기준 연 11,481,662원) 이상이고, 소유하고 있는 주택을 관리·유지하면서 독립된 생계를 유지할 수 있는 경우에는 별도 세대로 본다. 다만, 미성년자인 경우는 제외한다.

2년 보유 요건 판단 시 유의사항

주택 취득 당시 거주자인 1주택자가 이민이나 장기출국 전에 2년 이상 보유한 주택을 양도했다면 일반적인 1세대 1주택 비과세가 적용된다. 그러나 2년 이상 보유하지 못했어도 출국일부터 2년 이내에만 양도하면 1세대 1주택 비과세를 적용해 준다.

그런데 만약 출국일부터 2년 이내에 양도하지 못하면 어떻게 될까? 비거주자이기 때문에 1세대 1주택 비과세가 적용되지 않는다. 하지만 국내에 다시 들어와서 거주자가 되고(세대원 전원이 입국해 1과세기간에 183일 이상 체류해야 함), 비거주자로서 3년 이상 계속 보유하고 그 주택에서 거주한 상태로 거주자로 전환된 경우 해당 주택의 보유기간을 통산한다. 또한 비거주자가 주택 취득 후 거주자로 된 후 조정대상지역으로 지정된 경우 거주기간 요건은 적용하지 않는다.
기획재정부 재산세제과-974, 2023. 8. 16.

또한 2년 보유 요건을 못 채웠는데 이민이나 장기출국이 아닌 경우에는 1년 이상 거주한 주택을 전제로 세대원 전원이 취학, 근무상의 형편, 질병요양 등 부득이한 사유로 다른 시·군으로 이사하면서 양도하면 1세대 1주택 비과세를 적용해 준다.

예를 들어, 군인이 부대 재배치로 세대원 전원이 이사를 가면서 1년 이상 거주한 주택을 양도한 경우에는 2년 보유 요건을 채우지 못해도 1세대 1주택 양도소득세 비과세를 적용한다. 그러나 1년 이상 거주한 사실이 없다면 아무리 부득이한 사유가 있어도 비과세를 적용받을 수 없다.

2년 거주 요건 판단 시 유의사항

     2017. 8. 3. 이후 조정대상지역 내 취득하는 주택의 경우에는 기존의 1세대 1주택 비과세 요건에 2년 이상 거주 요건이 추가되었다. 다만, 거주자가 조정대상지역의 공고가 있는 날 이전에 매매계약을 체결하고 계약금을 지급한 사실이 증빙서류에 의하여 확인되는 경우로서 해당 거주자가 속한 1세대가 계약금 지급일 현재 주택을 보유하지 아니하는 경우에는 거주기간 요건의 제한을 받지 아니한다. 그런데 만약 계약금 지급일 현재 주택을 보유하고 있는 경우라면 거주기간 요건의 제약을 받는다는 점에 유의하여야 한다.

 한편, 조정대상지역에서 취득한 주택의 2년 이상 거주 요건은 주택을 취득하는 시점에서 부여된다. 따라서 취득할 때는 조정대상지역이 아니고 양도할 때 조정대상지역으로 지정되었다면 2년 이상 거주요건은 갖추지 않아도 된다. 반대로 취득 당시에 조정대상지역이었으나 양도 당시 조정대상지역에서 해제가 되었다고 하더라도 거주요건은 반드시 지켜야 함에 유의하여야 한다.

 한편, 피상속인이 조정대상지역 내 취득한 주택이 동일세대원에게 상속되는 경우 상속개시 당시에 조정대상지역에서 해제되었더라도 거주요건은 면제되지 않는다.서면-2024-부동산-2580, 2024. 7. 17. 이는 동일세대원 간의 상속이므로 피상속인의 거주요건도 상속인에게 그대로 승계되기 때문이다. 만약 별도세대원에게 상속되는 경우 상속개시 당시에 조정대상지역에서 해제된 경우라면 거주요건은 면제된다.

또한 2019. 12. 16. 이전에 지방자치단체와 세무서에서 임대주택 (단기임대 4년, 장기임대 8년)으로 등록한 경우에도 2년 거주요건은 면제된다. 이 때 임대료 등 5% 상한규정은 2019. 2. 12. 이후 신규 또는 갱신하는 임대차계약 체결분부터 적용된다. 이 규정은 면적이나 기준시가 등 가액 제한이 없어 강남 고가주택의 거주요건을 면제하기 위해 많이 이용되었지만, 2019. 12. 17. 이후 등록한 임대주택은 이 규정이 적용되지 않는다는 점에 주의하여야 한다.¹²·¹⁶ 부동산 대책

재건축·재개발 등이 된 경우 거주요건

조정대상지역 지정 전에 주택을 취득하여 재건 축·재개발 등이 되어 조정대상지역 지정 이후에 준공된 경우 거주요 건은 적용되지 않는다.사전-2018-법령해석재산-0149, 2018. 10. 16. 이는 재건축· 재개발 등은 환지개념이 적용되므로 종전주택의 취득 당시 거주요건 이 없다면 재건축 등으로 신축된 주택 역시 거주요건이 없게 되는 것 이다.

한편, 상가가 「도시 및 주거환경정비법」에 따른 재개발사업 정비 조합에 제공되고, 조정대상지역 공고일 이전에 관리처분계획인가 및 주택에 대한 공급계약을 체결하여 취득한 신축주택을 양도하는 경우 거주요건은 적용하지 않는다.서면-2021-부동산-0965, 2022. 7. 20.

또한 승계조합원입주권을 취득하여 신축주택으로 완공된 경우 거주요건 판단은 신축주택의 준공일(사용승인일 또는 임시사용승인일) 현재 조정대상지역이면 거주요건이 있으며, 조정대상지역에서 해제되었으면 거주요건은 없다.

◆ 거주요건 판정 흐름도

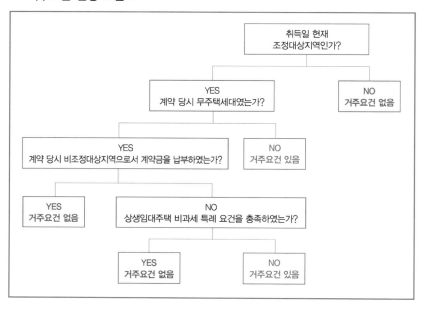

주택 수 계산에 유의사항

　　　　　　1세대 1주택 비과세 규정을 적용함에 있어서 가장 난해한 부분이 주택 수에 포함되는지 여부를 판단하는 것이다. 가령 주거용으로 사용되고 있는 오피스텔은 주택 수에 포함되는지 여부, 무허가주택이나 단독주택으로 지어서 펜션으로 사용되는 경우 주택 수에 포함되는지 여부, 수년간 사용되지 않은 주택이 폐가에 해당되는지 여부, 다가구주택 요건을 위반한 다가구주택을 단독주택으로 볼 것인지 여부, 속초나 제주도에 경치 좋은 곳에 아파트를 구입하여 상시 주거용으로 사용하지 않고 휴양용으로 사용 시에 주택 수에 포함되는지 여부 등 참으로 난해한 부분이 많다. 구체적으로는 납세자가 사용한 개별적인 상황별로 판단해야 한다.

비과세 규정과 다주택자 중과세 규정은 전문가가 아닌 일반인들이 판단하기는 곤란하므로 반드시 사전에 전문가에게 상담받기를 권한다. 한편, 일시적 2주택, 상속주택, 장기임대주택, 농어촌주택과 관련한 1세대 1주택 양도소득세 비과세에 대해서는 후술하기로 한다.

05

일시적 2주택 비과세 요건 판단 시
주의할 사항

    양도 당시 1주택 요건을 판단함에 있어 가장 많은 경우가 일시적 2주택이다. 신규주택을 취득하고 3년 이내에 2년 보유 요건을 충족한 종전주택을 양도하면 1세대 1주택 비과세가 적용된다. 그런데 종전주택과 신규주택의 취득시기가 1년 이상 차이가 나지 않으면 이 규정을 적용하지 않는다.

    예를 들어, 2022년 3월에 종전주택을 취득하고 2023년 4월에 신규주택을 취득한 뒤 2024년 4월에 종전주택을 양도하면 2년 보유요건도 충족하고, 일시적 2주택 요건도 충족하므로 비과세된다. 하지만 신규주택을 2023년 2월에 취득한 경우라면 종전주택과 신규주택의 취득시기가 1년 이상 차이가 나지 않기 때문에 일시적 2주택으로 보지 않는다.

다만, 다음에 해당하는 경우에는 취득시기 1년 이상 차이 요건을 적용하지 않는다. 이는 일시적 2주택뿐만 아니라 일시적 1주택+1조합원입주권 또는 일시적 1주택+1분양권의 경우에도 같다.

① 민간건설임대주택, 공공건설임대주택 또는 공공매입임대주택을 취득하여 양도하는 경우로서 해당 건설임대주택등의 임차일부터 해당 주택의 양도일까지의 기간 중 세대전원이 거주(기획재정부령으로 정하는 취학, 근무상의 형편, 질병의 요양, 그 밖에 부득이한 사유로 세대의 구성원 중 일부가 거주하지 못하는 경우를 포함한다)한 기간이 5년 이상인 경우
② 주택 및 그 부수토지(사업인정고시일 전에 취득한 주택 및 그 부수토지에 한한다)의 전부 또는 일부가 「공익사업을 위한 토지 등의 취득 및 보상에 관한 법률」에 의한 협의매수·수용 및 그 밖의 법률에 의하여 수용되는 경우
③ 1년 이상 거주한 주택을 기획재정부령으로 정하는 취학, 근무상의 형편, 질병의 요양, 그 밖에 부득이한 사유로 양도하는 경우

한편, 3년 이내에 양도하지 못하는 경우라도 다음의 사유에 의하여 매각하는 경우에는 양도소득세를 비과세한다.

① 한국자산관리공사에 매각을 의뢰한 경우
② 법원에 경매를 신청한 경우
③ 공매가 진행 중인 경우
④ 재개발·재건축 사업의 시행으로 현금으로 청산을 받아야 하는 토지등소유자가 사업시행자를 상대로 제기한 현금청산금 지급을 구하는 소송절차가 진행 중인 경우 또는 소송절차는 종료되었으나 해당 청산금을 지급받지 못한 경우
⑤ 재개발·재건축 사업의 시행으로 사업시행자가 토지등소유자를 상대로 신청·제기한 수용재결 또는 매도청구소송 절차가 진행 중인 경우 또는 재결이나 소송절차는 종료되었으나 토지등소유자가 해당 매도대금을 지급받지 못한 경우

일시적 2주택과 특례주택의 비과세

또한 일시적 2주택과 그 밖의 다주택 특례가 혼합된 경우에 대해서도 상담이 많다. 종전주택과 상속주택, 신규주택이 있는 경우에 신규주택 취득일부터 3년 이내에 양도하는 종전주택은 비과세가 된다. 왜냐하면 상속주택은 소유주택으로 보지 않기 때문이다.

그리고 종전주택과 신규주택이 있는 일시적 2주택 상태에서 1주택을 가진 자와 혼인 합가나 동거봉양 합가를 한 경우나 혼인 합가 또는 동거봉양 합가 상태에서 신규주택을 취득하는 경우 혼인 합가일 또는 동거봉양 합가일부터 10년 이내이면서 신규주택 취득일부터 3년 내 양도하는 종전주택은 일시적 2주택 비과세를 적용받을 수 있다. 그 이유는 2주택 이상의 경우 적용되는 비과세 특례 규정(소득세법 시행령 제155조)은 사유가 2가지에 한해서 중첩 적용이 허용된다. 결국 혼인(또는 동거봉양) 합가 비과세 특례와 일시적 2주택 비과세 특례가 중첩 적용되어 비과세가 적용되는 것이다.

다만, 최근 예규에서 혼인 합가 및 동거봉양 합가 특례는 합가일 당시 각각 1주택씩만 보유하는 경우에만 적용하는 것으로 해석을 변경하였으므로 합가 당시에 일방이 2주택(일시적 2주택 포함)인 경우 일방의 2주택 중 1주택을 양도(과세 또는 비과세)한 후 남아 있는 주택이 각각 1주택이더라도 혼인 합가 또는 동거봉양 합가 특례는 적용되지 않음에 주의하여야 한다. 서면-2023-법규재산-0887, 2024. 6. 25.

06

상속주택과 일반주택 비과세 요건
판단 시 주의할 사항

　1세대 1주택 양도소득세 비과세 가운데 가장 어려운 부분이 상속주택 특례규정이다. 상속받은 (선순위) 주택과 상속 개시 당시 보유한 일반주택을 국내에 각각 1개씩 소유한 1세대가 일반주택을 양도하는 경우에는 1세대 1주택으로 보아 양도소득세를 비과세한다.

　이러한 상속주택 특례규정의 취지는 상속 이전부터 별도로 세대분리가 된 유주택자가 상속이라는 불가피한 상황에서 물려받은 상속주택 때문에 다주택자가 되어 일반주택을 양도할 때 1세대 1주택 비과세 혜택을 적용받지 못하는 것을 해소해 주기 위한 것이다.

상속주택과 일반주택 양도 순서

이 경우 당초 일반주택을 보유한 1주택자가 상속받은 주택을 먼저 양도하면 상속주택 특례규정에 따른 비과세 혜택을 받을 수 없다. 즉, 일반주택을 양도해야 먼저 1세대 1주택 비과세를 적용한다.

상속 개시 당시 현황 파악

상속받을 당시에는 일반주택이 없었는데, 주택을 상속받고 난 뒤 일반주택을 취득한 경우에는 일반주택 양도 시 상속주택 특례규정에 따른 비과세 혜택을 받을 수 없다. 또한 주택을 상속받을 당시 피상속인과 같은 세대를 이루고 있었고, 그 세대가 다주택 세대라면 상속주택 특례규정에 따른 비과세 혜택을 받을 수 없다. 상속주택 특례규정은 상속 개시 당시 별도 세대를 이룬 상속인을 적용대상으로 하기 때문이다.

그러나 동일 세대원 간에 상속의 경우라도 각각 1주택을 소유한 상태에서 세대를 달리하여 거주하다가 동거봉양 합가한 다음 상속이 이루어진 경우에는 상속주택 특례를 적용받을 수 있다. 1주택을 소유한 부모와 1주택을 소유한 자녀가 따로따로 살다가 부모님이 연로하여 동거봉양 목적으로 합가한 다음 아버지가 사망한 경우, 동일 세대라서 특례혜택을 배제하면 부모님을 모시려는 자녀가 오히려 불이익을 보기 때문이다.

상속개시 당시 피상속인이 2채 이상의 주택을 보유하고 있는 경우

그런데 상속할 주택이 2채 이상일 때는 어떻게 해야 할까? 동일한 피상속인으로부터 2채를 동일한 상속인이 모두 상속받아 1세대 3주택 이상인 상태에서 일반주택을 양도할 때 비과세 적용이 되지 않는다.

왜냐하면 상속주택 특례규정을 적용받을 수 있는 상속주택은 1채뿐이기 때문이다. 이를 "선순위 상속주택"이라고 하며, 나머지를 "후순위 상속주택"이라고 부른다. 후순위 상속주택은 명칭만 상속주택이지 일반주택의 취득과 다를 바 없다. 상속할 주택이 2채 이상일 때 선순위 상속주택과 후순위 상속주택의 판단은 다음의 순서에 따른다.

(1순위) 피상속인이 소유한 기간이 가장 긴 1주택
(2순위) 피상속인이 거주한 기간이 가장 긴 1주택
(3순위) 피상속인이 상속개시 당시 거주한 1주택
(4순위) 기준시가 높은 주택
(5순위) 상속인이 선택하는 주택

한 명의 상속인이 2채를 상속받는 경우의 절세 방법

별도세대원인 상속인이 1주택을 보유하고 있는 상태에서 피상속인으로부터 2채 이상의 주택을 상속받은 경우 위의 순서에 따라 판정한 선순위 상속주택 외의 후순위 상속주택을 먼저 양도한 후 일반주택과 선순위 상속주택만을 보유하게 된다면 일반주택은 기간에 상관없이 비과세를 적용받을 수 있다. 물론 상속주택 비과세 특례는 상속주택보다 일반주택을 먼저 양도해야 적용받을 수 있음에 주의하자.

상속인이 선순위 상속주택을 상속받는 경우 vs. 후순위 상속주택을 상속받는 경우

피상속인이 10년 보유한 A주택과 5년 보유한 B주택을 남기고 사망했는데, 공동상속인으로 그의 배우자와 1세대 1주택자인 아들이 있다. 1세대 1주택자인 아들이 A주택을 상속받았다면 아들은 상속주택 특례규정을 적용받을 수 있다. 왜냐하면 피상속인이 가장 오래 보유한 A주택을 상속받았기 때문이다. 하지만 B주택을 상속받았다면 상속주택 특례규정을 적용받을 수 없다.

따라서 연로한 부모님이 2주택 이상을 보유하고 있다면, 선순위 상속주택이 되도록 보유주택을 정리해 둘 필요가 있다. 부모님이 지방에 30년간 보유한 시가 1억 원 상당의 주택과 서울에 20년간 보유한 시가 25억 원 주택을 보유하고 있다면, 상속이 개시되면 지방 소유주택이 선순위 상속주택이 되므로 부모님이 살아 계실 때 지방에 있는 1주택을 매각하거나 다른 가족에게 사전증여를 해서 선순위 상속주택이 서울에 보유한 주택이 되도록 사전에 준비해 둘 필요가 있다.

설령 사전에 정리를 못해서 선순위 상속주택(30년 보유한 시가 1억 원 지방주택)과 후순위 상속주택(20년 보유한 시가 25억 원 서울주택) 2채를 상속받은 경우에는 선순위 상속주택을 먼저 양도한 후 일반주택과 후순위 상속주택이 일시적 2주택 요건을 충족한다면 일반주택은 상속개시일부터 3년 이내 양도하는 경우 비과세를 적용받을 수 있다.

다만, 일시적 2주택 비과세는 신규주택 취득일부터 3년 이내 처분을 해야 하는 양도기한의 제한이 있지만, 상속주택 특례는 일반주택 양도기한의 제한이 없기 때문에 상속주택 특례를 적용받는 것이 유리하므로 상속이 진행될 예정이라면 추후 양도까지 고려한 재산 분배와 사전 증여 또는 양도를 통한 절세 컨설팅의 필요성이 있다. 다만, 상속주택 특례를 적용받지 못한다고 하더라도 비과세를 포기하지 말고 양도의 순서를 잘 조절하면 보이지 않았던 비과세의 길이 보이기도 한다는 점을 명심하자!

공동상속주택에 따른 절세와 중과세

만약 상속할 1주택을 1인에게 상속하지 않고 지분별로 쪼개서 여러 명에게 상속하면 어떻게 될까? 이를 공동상속주택이라 한다. 공동으로 상속받는 경우 상속지분이 가장 큰 상속인, 상속지분이 동일한 경우 해당 주택에 거주하는 자, 거주하는 자가 없을 때는 최연장자 순서로 공동상속주택을 소유한 것으로 보며, 이를 공동상속주택의 최대지분권자라고 부르며, 그 외를 소수지분권자라고 부른다.

공동상속주택의 최대지분권자는 당해 공동상속주택을 소유한 것으로 보므로 당초 보유한 일반주택에 한하여 1차례 상속주택 특례규정을 적용받을 수 있다.

공동상속주택의 소수지분권자는 당해 공동상속주택을 소유한 것으로 보지 않는다. 따라서 상속주택 특례규정을 따질 필요도 없이 자신이 보유한 1주택을 양도할 때 양도소득세 비과세 혜택을 받을 수 있고, 공동상속주택의 소수지분은 보유순서에 상관없이 일반주택 양도시 매번 1세대 1주택 비과세를 판단하면 된다.

그리고 공동상속주택이 2채 이상인 경우에 공동상속주택의 소수지분권자의 특례는 상속주택의 특례와 마찬가지로 (1순위) 피상속인이 소유한 기간이 가장 긴 1주택 (2순위) 피상속인이 거주한 기간이 가장 긴 1주택 (3순위) 피상속인이 상속개시 당시 거주한 1주택 (4순위) 기준시가가 높은 주택 (5순위) 상속인이 선택하는 주택을 선순위 공동상속주택으로 보고 그 소수지분에 한해서 비과세 특례를 적용한다.

상속주택에 따른 비과세와 중과세

상속주택 특례규정의 판단은 일반주택의 양도 시점을 기준으로 판단하면 된다.서면-2020-부동산-0464, 2020. 3. 23. 즉, 일반주택 양도 시점에 상속주택 특례대상이 되는 상속주택과 일반주택이 있는 상황이라면 1세대 1주택 특례대상이 된다.

다만, 일반주택을 보유하고 있는 상태에서 선순위 공동상속주택 소수지분과 후순위 공동상속주택 소수지분을 상속받은 경우 후순위 공동상속주택 소수지분을 양도(별도세대원 증여 포함)하여 양도일 현재 일반주택과 선순위 공동상속주택 소수지분만 남아있더라도 공동상속주택 소수지분 특례가 적용되지 않으므로 일반주택은 비과세가 불가능하다는 점은 주의해야 한다.서면-2014-법령해석재산-21685, 2015. 3. 10.

한편, 보유주택이 상속받은 1주택이 전부라면 당연히 1세대 1주택 비과세를 적용받을 수 있다. 그리고 보유기간 및 거주기간 2년을 계산할 때는 피상속인에게서 상속받은 주택이면, 동일 세대원으로서 피상속인의 보유기간 및 거주기간과 상속인의 보유기간 및 거주기간을 통산한다. 따라서 동일세대원이 아닌 상속인은 상속개시일부터 2년 이상 보유해야 비과세를 받을 수 있다.

끝으로 상속주택을 포함한 1세대 다주택자의 양도소득세 중과세 여부를 판단함에 있어 상속개시일부터 5년이 경과하지 아니한 상속주택을 먼저 양도할 때는 중과세에서 제외되지만, 상속개시일부터 5년이 경과한 상속주택을 먼저 양도할 때에는 중과세가 된다는 점에 유의하여야 한다.

07

다주택자가 장기임대주택 등록하여
비과세받는 방법

다주택을 보유한 사람이 주택을 양도하게 되면 양도소득세를 부담하는 것이 원칙이고, 해당 주택이 조정대상지역에 소재한다면 양도소득세가 중과세되니 주택 매각을 주저하는 이유가 바로 이 양도소득세 부담 때문이다.

거주주택 비과세

그런데 2011년부터 주택임대사업의 활성화를 위해 다주택을 보유한 사람이 본인이 거주하는 주택을 제외한 나머지 주택(임대개시일 현재 수도권 기준시가 6억 원, 수도권 외 기준시가

3억 원 이하인 주택에 한한다)을 주택임대사업자로 등록(지방자치단체와 세무서)하고 사전 또는 사후에 법정임대기간(5년, 8년, 10년)을 채우면 이 임대주택은 1세대 1주택 비과세 판단 시 보유주택 수 계산에서 제외하고 있다.

즉, 주택이 아무리 많아도 거주주택 외에 다른 주택을 주택임대사업자로 등록하고 법정 요건을 갖춘 경우 거주주택을 양도할 때 이를 1세대 1주택으로 보아 비과세를 적용하는 것이다.

장기임대주택의 장특공 혜택

장기임대한 주택을 추후 양도할 때에는 양도소득세가 과세되지만, 임대기간을 늘린다면 6년째부터 해당 장기임대주택을 양도하는 경우 연도별 장기보유특별공제 혜택을 2%p 추가해서 10년 이상 임대한 경우 최대 10%까지 추가로 공제받을 수 있다. 다만, 이 장기보유특별공제 10% 추가공제되는 장기임대주택은 2018. 3. 31. 이전에 임대등록을 하고 임대를 개시한 주택에 한한다.

게다가 장기일반민간임대주택 등으로 임대등록을 한 경우에는 8년 이상 계속 임대 후 양도하는 경우 50%, 10년 이상 계속 임대 후 양도하는 경우에는 70%까지 장기보유특별공제 혜택을 준다. 다만, 장기보유특별공제 혜택을 받을 수 있는 임대주택은 2018. 9. 13. 이전 취득분은 국민주택 규모 이하이면 되었고, 2018. 9. 14. 이후 취득분부터는 국민주택 규모 이하이면서 임대개시일 현재 수도권 기준시가 6억 원, 수도권 외 기준시가 3억 원 이하인 주택이 되어야만 하며 이 규정은 매입임대주택은 2020년 말까지, 건설임대주택은 2027년 말까지 등록분에 한하여 시행된다.

임대주택사업자의 요건 강화에 따른 사후관리

그러나 이러한 주택임대사업자의 세제지원이 과도하여 주택 투기에 악용된다는 지적에 따라 2020년 8월 민간임대주택에 관한 특별법을 개정하여 4년 단기민간임대주택 제도를 폐지하고, 장기임대만 유지하되 아파트의 경우에는 장기일반민간임대주택은 등록할 수 없도록 하였다.

따라서 기존의 4년 단기민간임대주택사업자와 8년 장기일반민간임대주택에 등록한 아파트는 의무임대기간 만료 시 임대등록을 말소시키고, 말소되는 유형에 해당하면 언제라도 납세자 스스로 과태료 없이 자진말소할 수 있도록 허용하였다.

한편, 기존 주택임대사업자가 등록말소시점까지 안정적으로 임대사업을 유지할 수 있도록 임대주택 세제지원(주택임대소득세, 종합부동산세, 양도소득세) 보완조치를 마련하였다.

양도소득세와 관련해서는 의무임대기간을 미충족한 경우에도 임대주택에 대한 양도소득세 중과세를 배제한다. 다만, 자진말소의 경우에는 의무임대기간의 1/2 이상 임대한 경우로서 임대주택 등록말소후 1년 내 양도하는 경우에 한한다.

그리고 의무임대기간 미충족 시에도 거주주택에 대한 1세대 1주택비과세를 적용하는데, 임대사업자의 거주주택을 임대주택 등록말소후 5년 내 양도하는 경우 1세대 1주택 양도세 비과세를 인정하고 이미 1세대 1주택 비과세를 적용받고 거주주택을 양도한 후 임대주택이 자진·자동등록말소되는 경우에도 추징하지 않는다. 다만, 자진말소의 경우에는 의무임대기간의 1/2 이상 임대한 경우에 한한다.

거주주택과 임대주택의 요건

어쨌든 거주주택에 대해서 비과세받고, 또 장기임대주택에 대해서 세금혜택을 받으니 다주택자에게 장기임대주택등록이란 절세를 위해 반드시 검토해야 할 사항인 셈이다. 이 특례를 적용받으려면 '거주주택'과 '장기임대주택'의 조건을 충족해야 한다.

거주주택은 2년 이상 보유하면서 2년 이상 실제 거주한 사실이 있어야 한다. 과거 2년 이상 거주한 사실이 있을 경우 양도 당시 거주할 필요는 없다. 또한 주택 수에서 제외되는 임대주택(임대개시일 현재 수도권 기준시가 6억 원, 수도권 외 기준시가 3억 원 이하인 주택에 한한다)은 주택임대로 관할 세무서에 사업자등록을 하고, 지방자치단체에 임대사업자로 등록해야 한다. 이때 임대기간은 과거 실제 임대하고 있었더라도 세무서 및 지방자치단체에 사업자등록을 한 뒤로부터 임대를 개시한 것으로 본다.

거주주택 비과세와 관련한 장기임대주택은 2020. 7. 10. 이전까지 등록한 경우에는 단기·장기 모두 임대개시 후 5년 이상 계속 임대하여야 한다. 그러나 이른바 7·10 대책 이후인 2020. 7. 11. 이후부터 민간임대주택에 관한 특별법이 개정된 2020. 8. 17. 이전까지 등록분은 8년 이상 계속 임대하여야 하며, 2020. 8. 18. 이후 등록한 경우에는 10년 이상 계속 임대하여야 한다.

그런데 2018년에 정부가 발표한 이른바 9·13 대책에 따라 유주택자가 2018. 9. 14. 이후 취득한 장기임대주택에 대해서 주택임대등록 시 거주주택 비과세가 되느냐에 대한 논란이 있었다. 왜냐하면 9·13 대책의 핵심은 유주택자가 2018. 9. 14. 이후 신규로 취득하는 장기임대주택에 대해서는 양도소득세를 중과하고 종합부동산세 합산과세를 하겠다는 취지였기 때문이다.

이에 2020년 말 소득세법을 개정하여 유주택자가 2018. 9. 14. 이후 신규로 취득하는 장기임대주택에 대해서도 법정 요건을 갖춘 경우 거주주택 비과세 판정 시에는 주택으로 보지 않도록 규정하였다.

한편, 최근 민간임대주택에 관한 특별법이 개정됨에 따라 6년 단기 민간임대주택의 등록이 가능하게 되었다. 이에 2025년 2월 소득세법

시행령이 개정되면서 거주주택 비과세 특례의 적용대상이 되는 장기임대주택에 6년 단기민간임대주택이 포함되었다. 장기임대주택으로 인정되는 단기민간임대주택의 요건은 다음과 같다.

① 지방자치단체에 주택임대사업자 및 세무서에 사업자등록(아파트는 등록 불가)
② 임대의무기간: 6년 이상
③ 등록 당시 공시가격: 건설임대주택은 6억 원 이하, 매입임대주택은 수도권 4억 원(비수도권 2억 원) 이하
④ 주택 수: 건설임대주택은 2호 이상, 매입임대주택은 제한 없음
⑤ 면적 기준: 건설임대주택은 대지 298㎡ 이하, 주택 연면적 149㎡ 이하
⑥ 임대료 증액제한: 5% 이하
⑦ 지역 제한: 매입임대주택은 조정대상지역 소재 주택 제외

비과세의 중첩 적용

위와 같은 장기임대주택 등록에 따른 거주주택 비과세 규정은 일시적 2주택 비과세와도 중첩 적용될 수 있다. 예를 들어, 이미 수년간 보유하고 있는 거주주택과 임대주택이 있다. 1세대 2주택자이므로 거주주택을 매각할 때 일반적으로 양도소득세를 부담해야 하는데, 임대주택에 대해 주택임대사업자등록을 하고 지방자치단체에 임대사업자로 등록하면 거주주택을 양도할 때 1세대 1주택 비과세 혜택을 받을 수 있다.

게다가 거주주택과 임대주택을 보유 중이면서 신규주택을 매입한 경우에도 임대주택을 주택임대사업자로 등록하면 임대주택은 특례주

택으로 바뀌어 보유주택 계산에서 제외되기 때문에 신규주택을 구입하고 3년 안에 거주주택을 매각할 때 일시적 2주택에 따른 비과세 혜택을 적용받을 수 있다.

거주주택 비과세의 사후 관리

끝으로 사후 관리에 대해서 살펴보자. 거주주택 비과세의 남용을 막고자 2019. 2. 12. 이후 취득하는 주택에 대해서는 평생 1회만 거주주택 비과세를 받을 수 있도록 제한규정이 마련되었다. 그런데 2025년 2월 소득세법 시행령의 개정으로 거주주택 비과세 특례의 평생 1회 규정이 삭제되었다. 따라서 2019. 2. 12. 이후 취득한 주택에 대하여도 거주주택 비과세 특례를 적용받을 수 있게 되었다.

따라서 임대주택을 여러 채 보유하고 있는 경우 거주주택을 최초로 비과세 받은 후 중간에 임대주택을 거주주택으로 전환한다면 해당 임대주택도 거주주택 비과세 특례를 적용받을 수 있다. 물론 이를 "직전거주주택보유주택"이라고 하여, 직전의 거주주택 양도 이후 양도차익 부분에 대해서만 비과세 적용이 가능하다. 종전에는 중간 단계의 임대주택을 거주주택으로 전환하더라도 모두 과세가 되는 반면, 이번 시행령의 개정으로 중간 단계의 임대주택을 거주주택으로 전환하면 일부라도 비과세를 받을 수 있으니 납세자 친화적으로 개정된 사례로 판단된다.

임대주택의 요건 중 가장 중요한 것이 임대료 등 5% 증액 제한 규정이다. 직전의 임대차계약보다 5%를 초과하여 새로운 임대차계약을 하는 경우 임대료 등 증액 제한 규정을 위반하는 것이므로 각종 세법상의 혜택을 받을 수 없을뿐더러 관할 지방자치단체로부터 과태료를 부과받을 수 있다.

거주주택 비과세 특례에서 임대료 등 5% 증액 제한 규정은 2019. 2. 12. 이후 신규로 계약을 체결하거나 갱신하는 분부터 적용되며, 2020. 2. 11. 이후부터는 증액 후 1년 이내 재증액은 금지되므로 매우 조심해야 할 부분이다.

이를 위반할 경우 사전에 비과세된 거주주택에 관한 양도소득세를 추징사유발생일부터 2월 내에 신고·납부하여야 한다.

중과세에서 제외되는 장기임대주택의 요건

반면 중과세에서 제외되는 장기임대주택은 2018. 3. 31. 이전 임대주택으로 등록한 경우라면 5년 이상 임대한 주택, 2018. 4. 1. 이후 임대주택으로 등록한 경우라면 장기일반민간임대주택 등으로 등록하여 8년 이상 임대한 주택, 2020. 8. 18. 이후 등록한 경우에는 장기일반민간임대주택 등으로 등록하여 10년 이상 계속 임대하여야 한다.

이렇듯 거주주택 비과세와 중과세에서 제외되는 장기임대주택은 임대등록시기, 임대등록유형 및 임대기간별로 상이한 점에 유의하여야 한다.

임대등록시기와 유형별 거주주택 비과세 및 임대주택 중과배제 요약

임대등록시기	임대유형	거주주택 비과세	임대주택 중과세 배제
2018년 3월 31일 이전	단기임대(4년)	○	○
	장기임대(8년)	○	○
2018년 4월 1일~ 2020년 7월 10일	단기임대(4년)	○	×
	장기임대(8년)	○	○
2020년 7월 11일~ 2020년 8월 17일	장기임대(8년)	○	○
2020년 8월 18일~ 2025년 6월 3일	장기임대(10년)	○	○
2025년 6월 4일 이후	단기임대(6년)	○	○
	장기임대(10년)	○	○

※ 유주택자(1가구 1주택 이상)가 2018. 9. 14. 이후 조정대상지역에서 취득한 주택은 장기임대주택으로 등록해도 중과세 적용
※ 2020년 8월 18일 이후 아파트는 임대주택 등록 불가
※ 6년 단기민간임대주택 「민간임대주택에 관한 특별법」 2025. 6. 4. 이후 시행

08

일반주택 외에 농어촌주택이 있는 경우
1세대 1주택 비과세 혜택은?

주택을 매각하고 양도소득세 신고를 의뢰하러 온 분들 가운데는 농어촌주택을 보유해서 2주택자가 된 경우가 꽤 있다. 그런데 재산가치가 거의 없는 농어촌주택은 아예 주택으로 생각하지 않다보니 일반주택을 양도할 때 1세대 1주택 비과세 혜택을 당연히 받을 수 있는 것으로 생각하기도 한다.

그러나 농어촌주택이 1세대 1주택 비과세 판단 시 보유주택에서 제외되려면 선순위 상속주택, 이농주택, 귀농주택, 농어촌주택 특례 가운데 하나에 해당해야만 한다.

농어촌 상속주택

위에서 살펴보았던 상속주택 특례는 일반주택이 있는 상속인이 별도세대원으로부터 선순위 상속주택을 상속받은 경우 비과세가 적용된다. 반면 농어촌 상속주택 비과세 특례는 별도세대원인 피상속인이 수도권 외 읍·면 지역에 취득한 농어촌주택으로서 5년 이상 거주한 주택을 상속받는 경우 적용한다. 상속인은 상속주택 개시일 현재 반드시 일반주택을 보유하고 있지 않아도 되며, 비과세 적용 횟수도 1회에 한정되지 않고 반복해서 적용이 가능하다.

다만, 조세심판례에서는 농어촌주택 특례 적용 시 2주택 이상 상속받는 경우 상속주택 특례의 선순위 판단을 준용조심-2012-서-2689, 2012. 9. 13.하는 것으로 결정하고 있어 명확함을 위해 명문규정을 두는 것이 바람직한 것으로 보인다.

이농주택

이농주택은 농업이나 어업에 종사하던 사람이 전업해 전출함으로써 남겨진 농어촌주택을 말한다. 취득하고 5년 이상 거주한 사실이 있는 이농주택은 1세대 1주택 판단 시 주택 수에서 제외한다. 이러한 이농주택은 일반주택보다 먼저 취득한 경우로서 일반주택 양도 시 횟수에 제한없이 비과세가 적용된다. 이는 농어촌주택에 거주하다가 이농하는 경우에 당해 이농주택을 양도하지 못하는 경우를 고려한 것으로 생각된다.

귀농주택

　　　　　귀농주택은 농업이나 어업에 종사하려고 $1,000㎡$ 이상의 농지(농업의 경우)를 소유하는 것을 전제로 취득한 대지면적 $660㎡$ 이내, 고가주택이 아닌 주택을 말한다. 이러한 귀농주택은 세대원 전원이 귀농주택으로 이사하면서 귀농 후 최초로 양도하는 일반주택에 한해 1세대 1주택 비과세 혜택을 적용한다. 다만, 2016년 이후 귀농하려고 주택을 취득했다면 5년 이내에 일반주택을 양도해야 비과세 혜택을 받을 수 있으니 유의해야 한다.

　또한 귀농을 한다고 해서 일반주택에 대해 1세대 1주택 비과세 혜택을 주었는데, 만약 귀농일에서부터 3년 이내에 농업이나 어업에 종사하지 않거나 그 귀농주택에 거주하지 않을 경우에는 당초 비과세했던 양도소득세를 사유발생일로부터 2개월 말 이내에 신고·납부해야 한다.

농어촌주택 특례

　　　　　농어촌주택 특례는 수도권, 도시지역, 조정대상지역, 부동산거래 허가구역, 관광단지 등을 제외한 지역(강화군, 연천군, 옹진군, 태안군, 영암·해남군을 포함하고 수도권과밀억제권역 외 기회발전특구를 포함한다)에 소재하는 기준시가 3억 원, 한옥 4억 원 이하인 농어촌주택 한 채를 2003년 8월부터 2025년 12월 31일까지의 기간에 취득해서 3년 이상 보유하면 그 농어촌주택 취득 전에 보유한 일반주택을 양도할 때 이를 비과세한다.

한편, 도시에 거주하는 사람이 농어촌에 소재한 주택을 취득했을 때 주택 수에서 제외하여 일반주택 양도 시 비과세를 받을 수 있도록 도입된 제도이므로, 농어촌에 거주하면서 농어촌주택을 보유한 자가 도시에 일반주택을 투자목적으로 취득한 경우라면 농어촌주택 특례 적용대상이 아니다.

09

1세대 1주택 고가주택
양도소득세 계산

　1세대 1주택 요건을 충족하는 주택의 양도로 인해 발생하는 양도소득에 대해서는 양도소득세를 비과세하지만, 양도 당시의 실지거래가액이 12억 원을 초과하는 고가주택의 경우에는 1세대 1주택자라도 양도소득세를 과세한다. 그러나 양도가액 12억 원까지는 비과세 효과를 누리도록 하고, 12억 원 초과분만 과세하도록 고가주택에 대한 양도차익 등의 계산규정을 별도로 두고 있다.

고가주택의 과세양도차익 계산

　　　　　　　양도가액 12억 원을 사이에 두고 급격한 세금부담 차이가 나는 것을 방지하기 위해 고가주택의 양도소득세 계산

시 과세양도차익은 다음과 같이 구한다.

$$과세양도차익 = 실제\ 양도차익 \times \frac{양도가액 - 12억\ 원}{양도가액}$$

고가주택의 장기보유특별공제액 계산

　　　　　　1세대 1고가주택자는 2019년 말 이전 양도분 까지는 거주기간과 상관없이 보유기간에 따라 최대 80%(연 8%씩 10년 이상 보유 시 80%) 장기보유특별공제를 적용하였으나, 2020년 이후 양도분부터는 2년 거주요건을 충족하는 경우로서 보유기간을 기준으로 최대 80%의 장기보유특별공제를 적용했다. 그러나 2021년 이후부터 장기보유특별공제를 2년 거주를 전제로 거주기간 연 4%씩 최대 40%, 보유기간 연 4%씩 최대 40%로 구분하여 적용한다.

장기보유특별공제액 = 과세양도차익 × 공제율(표 참조)

보유기간		3~4년	4~5년	5~6년	6~7년	7~8년	8~9년	9~10년	10년 이상
21년 이후	합계	24%	32%	40%	48%	56%	64%	72%	80%
	보유	12%	16%	20%	24%	28%	32%	36%	40%
	거주	12%	16%	20%	24%	28%	32%	36%	40%
20년까지		24%	32%	40%	48%	56%	64%	72%	80%
2년 미거주		6%	8%	10%	12%	14%	16%	18%	20%

* 3년 이상 보유 및 2년 거주 시 20%(=3년×4%+2년×4%) 적용 가능함

그런데 만일 2년 거주 요건 자체도 못 채웠다면 일반적인 장기보유특별공제를 적용한다(매년 2%씩 공제하여 15년 보유 시 최대 30%).

사 례

예를 들어, 1세대 1주택자로서 양도가액 20억 원, 취득가액(기타 필요경비 포함) 7억 원인 아파트를 양도했을 때의 양도소득세를 계산해 보자. 거주기간은 5년, 보유기간은 10년으로 가정한다.

구분	2021년 12월 8일 이후	2년 미거주 가정
양도가액	2,000,000,000	2,000,000,000
− 취득가액	700,000,000	700,000,000
= 양도차익	1,300,000,000	1,300,000,000
= 과세 양도차익	520,000,000	520,000,000
− 장기보유특별공제	312,000,000	104,000,000
= 양도소득금액	208,000,000	416,000,000
− 양도소득기본공제	2,500,000	2,500,000
= 과세표준	205,500,000	413,500,000
× 세율	38%	40%
= 산출세액	58,150,000	139,460,000
+ 지방소득세	5,815,000	13,946,000
= 총 납부할 세금	63,965,000	153,406,000
세부담비율(총납부할 세금/양도차익)	4.92%	11.80%

표를 보면 실제 양도차익이 13억 원인데도 양도소득세액은 실제 양도차익 기준으로 4.92~11.8%에 불과하다. 이는 1세대 1주택자의 고가주택 양도차익 계산과 장기보유특별공제율을 우대해주기 때문이다.

한편, 1세대 1조합원입주권 양도소득세 비과세에 해당하나, 실지거래가액 12억 원을 초과하여 고가조합원입주권의 과세양도차익을 계산함에 있어서는 앞서 고가주택과 동일한 방식으로 양도소득금액을 계산한다. 다만, 조합원입주권의 장기보유특별공제는 관리처분계획 등 인가 전 양도차익에 차익에 한한다는 점에 유의해야 한다.

재개발·재건축 주택을 양도한 경우
거주기간

한편, 1세대 1고가주택을 양도한 경우로서 재개발·재건축된 아파트를 양도한다면 장기보유특별공제 시 몇 가지 유의할 사항이 있다.

첫 번째, 기존주택에서는 2년 이상 거주했으나 신축주택에서는 2년 이상 거주하지 않은 경우에는 청산금 납부분 양도차익에 대해 장기보유특별공제 「표2」 적용대상(80%)이 아니라 「표1」 적용대상(30%)에 해당한다. 사전-2020-법령해석재산-0386, 2020. 11. 23.

따라서 신축주택에서 2년 거주하지 않은 경우 청산금 납부분 양도차익에 대해서는 장기보유특별공제 「표1」 적용대상(30%)이므로 양도소득세 신고 시 주의할 필요가 있다.

두 번째, 1세대가 취득한 기존주택이 「도시 및 주거환경정비법」에 따른 재건축사업으로 청산금을 지급받고 신축된 주택의 「표2」의 거주기간별 공제율 산정 시 관리처분계획인가일 이후 철거되지 않은 기존주택에 거주하는 경우 해당 거주기간을 포함하여 산정한다.사전-2024-법규재산-0713, 2024. 10. 30.

마찬가지로 청산금을 납부하고 관리처분계획 등에 따라 취득한 1세대 1주택에 해당하는 신축주택을 양도하는 경우 청산금 납부분 양도차익에 대한 「표2」에 따른 거주기간별 공제율은 관리처분계획 등 인가일부터 양도일까지의 기간 중 실제 거주한 기간에 따라 적용되므로 청산금을 납부한 경우도 관리처분계획인가일 이후 철거되지 않은 기존주택에 거주한 기간도 거주기간에 포함하여 장기보유특별공제 「표2」를 적용할 수 있다.

10

주택이 조합원입주권으로 바뀐 뒤
세금문제는 어떻게 변할까?
(1) 주택 vs 조합원입주권 vs 청산금

양도소득세는 개인이 부동산이나 부동산에 관한 권리, 주식 등 자산을 유상으로 양도함으로써 발생하는 소득에 과세하는 세금이다. 부동산과 관련해서는 토지 또는 건물 외에도 부동산에 관한 권리를 매각할 때 양도소득세 과세대상이 되는데, 부동산에 관한 권리란 지상권·전세권·등기된 부동산임차권·부동산을 취득할 수 있는 권리를 말한다. 여기서 부동산을 취득할 수 있는 권리는, 아파트분양권과 조합원입주권이 대표적이다.

조합원입주권이란 오래된 주택이 지역 내 재개발·재건축을 원인으로 신축주택으로 개발될 때, 기존의 주택이 부동산을 취득할 수 있는 권리로 바뀐 상태를 의미한다.

종전주택 또는 조합원입주권의 매각 시 양도소득세 비과세

경우에 따라 자신이 보유한 노후 주택이 재개발·재건축될 때 종전주택 상태로 매각하거나 조합원입주권으로 전환된 후 신축아파트 완공 전에 프리미엄을 붙여 팔기도 한다. 이때 양도차익이 있으면 양도소득세 과세대상이 된다.

다만, 1세대 1주택자인 경우에는 양도소득세가 비과세되고, 1세대 1주택자가 조합원입주권으로 전환되어 원조합원(승계조합원 제외)으로서 1세대 1조합원입주권 보유자가 되었다면 1세대 1주택 비과세 및 특례규정을 준용해 조합원입주권 양도 시 양도소득세를 비과세받을 수 있다.

기본적으로 종전주택이 관리처분계획 등 인가일 현재 1세대 1주택 비과세 요건을 갖춘 경우로서 양도일 현재 다른 주택이 없다면 1조합원입주권 양도 시 양도소득세의 부담은 없다.

청산금의 취급

그러나 1세대 1조합원입주권 비과세 요건을 갖추지 못해서 양도소득세가 과세되는 경우에 해당한다면, 양도소득세의 계산은 세무전문가라도 그리 쉽지가 않다. 특히 '청산금'이라는 개념이 개입되면 일반인이 조합원입주권의 양도차익 및 장기보유특별공제액 계산을 이해하기란 매우 어렵다고 보아야 한다. 그러나 원리가 있으니 차츰 알아보도록 하자.

재개발·재건축에 있어 종전주택 상태에서 매각하지 아니하고 관리처분계획 등 인가가 떨어지면 그 인가일을 기준으로 주택은 조합원입주권이라는 권리로 바뀌게 된다. 이렇게 조합원입주권으로 바뀔 때 청산금이라는 개념이 개입된다.

청산금은 권리자가 당초 보유주택의 평가액을 기초로 한 권리가액보다 재건축 후 더 큰 주택을 받고자 할 때에 추가적으로 납부하는 금액을 말하기도 하고, 당초 보유주택 권리가액보다 더 작은 주택을 받고자 할 때 교부받는 금액을 말하기도 한다. 즉, 권리자들의 정산금을 의미하는 것이다.

어떤 사람은 권리가액보다 큰 주택을 받고자 청산금을 납부하기도 하고, 어떤 사람은 권리가액보다 작은 주택을 받고자 청산금을 교부받기도 한다.

이 경우 청산금이 개입된 자산의 양도소득세를 계산할 때에는 청산금 납입분은 자산의 취득가액에 가산하고, 교부받은 청산금은 자산의 (일부)양도로 보면 된다.

그런데 만일 청산금을 받았는데 종전주택이 1세대 1주택 양도소득세 비과세 요건을 충족했다면 이 청산금도 비과세된다. **다만, 종전**

부동산평가액(권리가액)이 12억 원을 초과하는 경우에는 1세대 1고 가주택의 양도차익 과세처럼 일부 양도차익에 대해 과세된다.

소득세법 집행기준 100-166-4(재개발·재건축 관련 청산금을 수령한 경우)

주택재개발 정비사업조합에 참여한 조합원이 교부받은 청산금 상당액은 양도소득세 과세대상이며, 그 청산금에 상당하는 종전의 주택(그 딸린 토지 포함)이 1세대 1주택 비과세 요건을 충족한 경우에는 양도소득세가 과세되지 아니한다.

11

주택이 조합원입주권으로 바뀐 뒤
세금문제는 어떻게 변할까?
(2) 장기보유특별공제 등

원조합원의 조합원입주권 양도 시
장기보유특별공제

종전주택을 관리처분계획 등 인가 전에 양도한 경우라면 전술한 바에 따라 1세대 1주택 양도소득세 비과세이거나, 일반적인 과세이거나, 중과세인 경우로 나누어 주택 양도소득세를 계산하면 된다.

그런데 만일 조합원입주권을 양도했다고 하자. 그렇다면 이 경우에는 1세대 1조합원입주권 등에 의한 비과세나 일반적인 과세밖에는 없다. 조합원입주권 양도소득세에는 중과세가 적용되지 않기 때문이다.

조합원입주권에 대한 양도소득세가 과세되는 경우 사고파는 금액으로 일반적인 양도차익을 계산하면 된다. 그러나 조합원입주권 양도소득세 계산 시 가장 복잡한 것은 장기보유특별공제의 적용인데, 결론부터 말하자면 원조합원의 관리처분계획 등 인가 전 양도차익 부분에 대해서만 장기보유특별공제를 적용한다.

이는 원조합원이 관리처분계획 등 인가 전 부동산으로 양도했다면 적용받을 수 있는 장기보유특별공제를 '조합원입주권'으로 바뀌었다고 적용배제하는 것은 형평에 어긋나기 때문에 당연히 적용받는 것이지만, 일단 '조합원입주권' 상태로 바뀐 후의 양도차익에 대해서는 장기보유특별공제를 적용할 이유가 없으므로 관리처분계획 등 인가 후 양도차익에 대해서는 장기보유특별공제가 적용되지 않는 원리이다.

소득세법 집행기준 95-166-1
(장기보유특별공제 적용대상을 조합원입주권까지 확대)

장기보유특별공제는 토지·건물의 양도 시만 적용되고 부동산을 취득할 수 있는 권리에는 적용되지 않으나, 재개발·재건축 관리처분계획 등 인가 승인시점에서 주택을 보유한 자가 추후 조합원입주권 양도 시 멸실 전 주택분 양도차익에 대해서는 주택이 조합원입주권으로 변환된 것으로 보아 장기보유특별공제를 적용함.

원조합원의 신축건물 양도 시
장기보유특별공제

조합원입주권을 매각하지 아니하고 재개발·재건축이 완료되어 신축건물의 사용승인이 나오면 이때 다시 조합원입주권이 주택으로 바뀐다. 신축주택으로 바뀌어 추후 양도하게 될 때에 주택의 보유기간은 원조합원의 경우 종전주택의 취득일부터 신축주택의 양도일까지로 계산한다.

그러나 양도차익은 종전주택분 양도차익과 청산금납부분 양도차익으로 구분하여 계산하고 각각의 양도차익에 대해 보유 및 거주기간을 고려하여 장기보유특별공제를 적용하니, 이 부분이 제일 복잡하다(본서 후반부 사례의 대부분을 차지한다).

승계조합원의 양도소득세

원조합원이 아닌 조합원입주권을 매입한 승계조합원은 신축주택의 취득시기를 사용승인일부터 기산하여 주택의 보유기간을 계산한다.

따라서 원조합원처럼 종전주택 부분과 청산금 부분으로 나누어 장기보유특별공제를 복잡하게 계산할 일이 없다.

그리고 **만일** 승계조합원으로써 조합원입주권만 사고판 경우라면 부동산을 취득할 수 있는 권리의 양도로만 보기 때문에(주택의 매매로 볼 여지가 없다는 의미) 부동산에 적용하는 장기보유특별공제를 계산할 필요 없이 조합원입주권 양도차익에 대해 1년 미만 보유 시 70%, 2년 미만 보유 시 60%, 2년 이상 보유 시 6~45%의 누진세율로 양도소득세를 계산하면 그뿐이다.

취득유형		신축주택의 취득시기
재개발·재건축	원조합원	종전주택을 취득한 날
	승계조합원	신축주택의 취득시기(사용승인일)

그런데 많은 사람들이 착각하는 것은 조합원입주권을 매입한 승계조합원이 조합원입주권 상태로 팔지 않고 신축주택 사용승인을 얻으면 이때부터 주택으로 보유하게 되고 이 사용승인일부터 2년이 경과되어야 1세대 1주택 양도소득세 비과세를 적용받을 수 있음에도 불구하고, 조합원입주권 매입 시부터 2년을 보유하고 매각하면 1세대 1주택 양도소득세 비과세를 적용받는 것으로 안다는 것이다. 안타까운 일이다.

12

청산금을 지급받은 경우의
양도소득세 살펴보기

　　재개발·재건축 사업에 있어서 조합원은 종전부동산을 조합에 제공하고 조합원입주권을 받게 되는데, 이 과정에서 종전부동산에 대한 평가액(권리가액)과 신축아파트 분양가의 차이가 발생한다.

청산금과 양도소득세

　　　　　　　　통상 이러한 권리가액과 조합원분양가와의 차액을 청산금이라 하는데 신축아파트의 분양가보다 권리가액이 많으면 청산금을 지급받고, 권리가액보다 적으면 추가분담금으로 청산금을 납부하여야 한다.

청산금을 납부할 경우 추가분담금은 양도차익을 계산할 때 취득가액을 구성하는 것이고, 추후 신축아파트를 양도할 때 1세대 1주택 비과세 규정이 적용되는 경우에 추가분담금을 납부한 부분에 대해서는 건물면적만 증가했다면 별도로 보유기간을 따지는 것은 아니나, 부수토지 면적이 종전보다 증가한 경우라면 증가된 부수토지의 보유기간은 준공일부터 기산하여 비과세 요건을 판단하여야 한다.서면5팀-774 참조

　그런데 청산금을 지급받은 경우에는 종전부동산의 부분 양도에 해당하기 때문에 양도소득세 과세대상이 된다. 다만, 종전주택이 1세대 1주택 비과세 요건을 충족한 경우로서 청산금의 양도시기에 1세대 1주택 비과세 요건을 충족하면 양도소득세가 비과세된다.

　그러나 권리가액(6억 원)보다 조합원분양가(8억 원)가 높아서 청산금(2억 원)을 납부하였다가(취득) 당초 권리가액이 증액(7억 원)되어 당초 납부한 청산금을 돌려받은 경우(1억 원)로서 권리가액(7억 원)이 조합원분양가(8억 원)를 초과하지 않는다면 종전부동산의 부분 양도에 해당하지 않는바, 양도소득세 과세대상이 되지 않는다. 다만, 권리가액 변동으로 인하여 돌려받은 1억 원은 추후 취득가액 계산 시 당초 납부한 청산금 2억 원에서 차감하면 된다.

　청산금을 지급받은 경우로서 양도소득세가 과세되는 경우에 대해 살펴보자.

청산금의 양도시기

청산금의 양도시기는 비과세 등의 판단기준일이 되고 장기보유특별공제율과 양도소득세율을 적용함에 있어서 보유기간 계산의 종료일이 되므로 매우 중요한데, 청산금의 양도시기는 신축아파트의 소유권이전고시일의 다음 날로 본다. 다만, 2019. 12. 31. 이전에는 청산금의 양도시기를 대금청산일과 등기접수일 중 빠른 날로 보았다.

1세대 1주택 비과세

만일 종전주택이 관리처분계획 등 인가일 현재 비과세 요건을 충족한 경우(인가일 이후 사실상 주택으로 사용한 경우는 퇴거일 또는 철거일까지를 포함한다)로서 청산금의 양도시기에 1세대 1주택 비과세 요건을 충족하는 경우에는 양도소득세가 비과세된다. 이 경우 권리가액이 12억 원 이하인 경우에는 지급받은 청산금 전액에 대해서 비과세되나, 권리가액이 12억 원을 초과한 경우에는 1세대 1고가주택 양도소득세 계산을 준용하여 다음의 양도차익에 대해서 양도소득세를 과세한다.

$$\text{과세대상 양도차익} = \text{청산금 양도차익} \times \frac{\text{권리가액} - 12\text{억 원}}{\text{권리가액}}$$

2020년 말 세법 개정으로 조세특례제한법에 규정된 공익사업용 토지 등에 대한 양도소득세의 감면대상이 되는 경우에는 조정대상지역 내의 다주택자의 경우에도 중과세에 해당하지 않는다.

청산금은 종전주택의 일부 양도에 해당하는데, 종전주택이 조정대상지역 내의 다주택인 경우라면 공익사업용 토지 등에 대한 양도소득세 감면 요건에 적용되는지 여부에 따라 다주택자의 양도소득세 중과세(장기보유특별공제 배제, 양도소득세 가산율 적용)에 해당할 여지도 있음에 유의하여야 한다. 소득세법 집행기준 94-0-8, 104-167의3-10 참조

비과세가 아닌 경우

종전주택이 1세대 1주택 양도소득세 비과세에 해당하지 않아 청산금이 과세되는 경우, 청산금의 양도소득세를 다음의 순서에 따라 계산한다.

구분	내용
① 전체 양도차익 계산	권리가액 (-) 종전부동산 취득가액 (-) 기타 필요경비
② 청산금에 대한 양도차익	전체 양도차익 $\times \dfrac{\text{청산금 수령액}}{\text{권리가액}}$
③ 장기보유특별공제액	종전부동산 취득일로부터 양도일까지 보유기간에 따른 장기보유특별공제 적용
④ 양도소득세율	보유기간별 양도소득세율을 적용

예를 들어, 1세대 1주택 양도소득세 비과세 대상이 아닌 주택이 재개발되면서 권리가액 15억 원, 조합원 분양신청가액 10억 원으로 청산금 5억 원을 지급받은 경우로서 당초 주택의 취득가액이 5억 원이고, 재개발 주택의 소유권이전고시일까지의 보유기간이 10년인 경우 청산금에 대한 양도소득세를 계산해 보자.

구분	가액
양도가액	1,500,000,000
- 취득가액	500,000,000
- 기타 필요경비	-
= 전체 양도차익	1,000,000,000
= 청산금 양도차익	333,333,333[1)
- 장기보유특별공제	66,666,667[2)
= 양도소득금액	266,666,667
- 양도소득기본공제	2,500,000
= 과세표준	264,166,667
× 세율	38%
= 산출세액	80,443,333
- 감면세액(공익사업 수용)	8,044,333[3)
= 결정세액	72,399,000
+ 지방소득세	7,239,900
+ 농어촌특별세(감면세액의 20%)	1,608,867
= 총 납부할 세금	81,247,767

1) $1,000,000,000 \times \dfrac{5억}{15억} = 333,333,333$

2) $333,333,333 \times 20\%(10년 \times 2\%) = 66,666,667$

3) $80,443,333 \times 10\%(현금보상 시 10\%) = 8,044,333$

13

1세대 1주택자가 관리처분계획 등
인가 후 1조합원입주권을 양도할 때
비과세 특례

1세대 1주택자가 관리처분계획 등 인가 이전에 비과세 요건을 충족하여 종전주택을 양도할 경우에 양도소득세 비과세를 받을 수 있는 것과 같이, 1세대 1주택자가 관리처분계획 등 인가되어 종전주택이 조합원입주권으로 전환된 경우라도 조합원입주권 비과세 요건을 충족하는 경우에는 양도소득세 비과세를 받을 수 있다.

1세대 1조합원입주권자가
1조합원입주권을 양도하는 경우

　　　　　　　관리처분계획의 인가일 현재 1세대 1주택 양도소득세 비과세 요건을 충족한 종전주택을 소유하고 있는 1세대가 관리처분계획의 인가로 인하여 조합원입주권으로 전환된 상태에서 양도일 현재 다른 주택 또는 분양권(2022. 1. 1. 이후 취득분에 한함)을 보유하지 아니하고 해당 조합원입주권을 양도하여 발생하는 소득에 대해서는 양도소득세를 비과세한다.

　이는 당초 1세대 1주택자가 재개발·재건축에 따른 관리처분계획 등 인가에 의하여 1주택이 1조합원입주권으로 전환된 경우에 1주택의 양도소득세 비과세와 같이 1조합원입주권에 대해서는 양도소득세를 비과세하는 경우이다.

　그런데 비과세 규정을 적용함에 있어서 주택의 보유기간 계산은 취득일로부터 양도일까지로 계산하는데 반해, 조합원입주권은 취득일로부터 관리처분계획 등 인가일까지 보유기간으로 계산하는 점이 주택과 다르다. 다만, 관리처분계획 등 인가일 이후 멸실 전까지 사실상 주택으로 사용되고 있다면 부동산을 취득할 수 있는 권리임에도 보유 및 거주기간 계산에 산입해 준다. 그리고 비과세 요건을 충족했는지 여부는 양도일 현재 시행되고 있는 법령에 따라서 판단한다.

1세대 1조합원입주권자가 1주택을 취득하고 1조합원입주권을 양도하는 경우

관리처분계획 등 인가일 현재 1세대 1주택 양도소득세 비과세 요건을 충족한 종전주택을 소유하고 있는 1세대가 관리처분계획 등 인가로 인하여 조합원입주권으로 전환된 상태에서 양도일 현재 1조합원입주권 외에 다른 주택 또는 분양권(2022. 1. 1. 이후 취득분에 한함)을 보유하고 있지 않아야 한다. 다만, 1주택을 취득한 경우(분양권을 보유하지 않은 경우로 한정)라면 해당 1주택을 취득한 날부터 3년 이내에 조합원입주권을 양도하는 경우 양도소득세를 비과세한다.

다만, 3년 이내에 양도하지 못하는 경우라도 다음의 사유에 의하여 매각하는 경우에는 양도소득세를 비과세한다.

① 한국자산관리공사에 매각을 의뢰한 경우
② 법원에 경매를 신청한 경우
③ 공매가 진행 중인 경우

유의사항

소득세법은 2006. 1. 1. 이후 관리처분계획 등 인가된 조합원입주권에 대해서는 1세대 1주택 비과세 판정 시 주택 수에 포함하고, 다주택 중과세 판정 시 주택 수에 포함한다.^{소득세법} 집행기준 89-156의2-3 참조

따라서 관리처분계획 등 인가 전 2주택 소유자의 1주택이 조합원입주권으로 전환되어(=1주택+1조합원입주권) 1조합원입주권을 양도하거나, 1주택을 양도한다고 해도 이는 1세대 1주택 또는 1조합원입주권 양도소득세 비과세가 적용될 수 없으니 유의하여야 한다.^{소득세법} 집행기준 89-156의2-9 참조

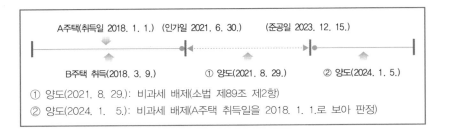

이렇듯 2주택자가 1주택+1조합원입주권자로 전환되고 그중 먼저 양도하는 주택 또는 조합원입주권은 양도소득세가 과세되는 것이나, 이후 1주택 또는 1조합원입주권만 남게 되면 1세대 1주택 또는 1세대 1조합원입주권 양도소득세 비과세가 될 수 있다. 그러면 먼저 파는 것이 주택이냐 조합원입주권이냐에 따라 양도소득세 부담이 달라진다. 참고로 조정대상지역의 주택인 경우에는 중과세되지만, 조합원입주권인 경우에는 일반과세되므로 이를 잘 활용해야 할 것이다.

14

원조합원이 받은 신축주택을
양도할 경우 비과세 유의사항

　원조합원이 재개발·재건축 사업으로 인하여 신축주택을 받게 된 경우, 이 신축아파트를 양도함에 있어서 1세대 1주택 양도소득세 비과세가 적용될지 여부는 여러 가지 조건에 따라 달라질 수 있다.

　일단 원조합원이 종전주택 보유자라면 신축아파트의 양도 시까지 보유기간은 다음의 기간을 모두 합산(①+②+③)하여 판단한다.

> ① 종전주택 보유기간: 종전주택 취득일부터 관리처분계획 등 인가일
> ② 공사기간: 관리처분계획 등 인가일부터 준공일
> ③ 신축아파트 보유기간: 준공일부터 양도일

일반적인 1세대 1주택자

　　　　　따라서 원조합원이 종전주택 보유자이고 신축
아파트 양도 시에 1세대 1주택자라면 신축아파트 보유기간 계산은
위 계산방식대로 하면 된다. 청산금을 납부한 경우가 아니라면 건물
면적이나 부수토지 면적이 늘어났다 하더라도 추가로 취득한 주택이
없는 것이기 때문에 다른 고려사항은 없다. 보유기간은 물론 거주기
간도 종전주택 취득일로부터 신축아파트 양도일까지 보유기간 중 거
주한 기간이 모두 통산된다.

1세대 1주택자로서 청산금을 납부한 경우

　　　　　종전주택에 대한 권리가액이 조합원분양가보
다 적어서 청산금을 납부한 경우에는 보유기간 계산에 유의하여야 한
다. 청산금을 납부한 경우라도 통상적으로 신축아파트의 부수토지 면
적은 종전주택보다 감소하고 건물면적은 증가한다. 그러나 신축아파
트가 종전주택보다 건물면적이 증가한 것은 새로운 취득으로 보지 않
는다. 따라서 보유기간 계산의 원칙대로 종전주택 취득일로부터 신축
아파트 양도일까지 보유기간과 거주기간을 계산한다. 반면, 청산금을
납부한 경우로서 부수토지 면적이 종전보다 증가한 경우에는 증가한
부수토지 면적은 새로운 취득으로 보아 1세대 1주택 보유기간 계산
시 준공일로부터 양도일까지로 계산한다.

무허가주택을 소유한 경우

무허가주택을 소유한 경우로서 특정 무허가건축물에 해당될 경우에는 조합원 지위를 부여받게 된다. 이때 무허가주택을 소유하였지만 부수토지는 개인이 소유하거나 시유지 또는 국유지일 수도 있다. 통상 시유지나 국유지에 있는 무허가주택은 시유지나 국유지를 지상건물 소유자가 불하받아 조합에 현물출자하는 것이므로, 무허가주택 소유자의 부수토지 보유기간이 1세대 1주택 비과세 요건에 미치지 못할 경우가 있다.

그러나 재개발조합에 종전주택 및 부수토지를 제공하고 취득한 조합원입주권의 경우 관리처분계획 등 인가 이후부터 부동산을 취득할 수 있는 권리로 변환되는 것이고 불하받은 토지도 조합원입주권에 부수되는 토지이므로, 부수토지의 보유기간에도 불구하고 종전주택과 신축주택이 비과세 요건을 충족하였다면 부수토지도 비과세 요건을 충족한 것으로 간주한다. 재산세과-2216, 2008. 8. 13.

원조합원이 주택 소유자가 아닌 경우

재건축사업의 경우 조합원은 대부분 종전주택을 조합에 현물출자하고 신축아파트를 분양받지만, 재개발사업의 경우는 조합원이 보유한 부동산이 나대지이거나 상가 또는 공장과 부수토지인 경우 등이 있다. 주택이 아닌 부동산을 조합에 제공하고 신축

아파트를 분양받은 경우에는 1세대 1주택 비과세 규정을 적용함에 있어서 보유기간 계산은 준공일로부터 양도일까지의 기간으로 계산한다. 이 경우 양도차익을 계산함에 있어 장기보유특별공제와 보유기간의 계산은 다음과 같이 구분한다.

양도차익	적용방법
상가와 그 부수토지의 양도차익 사전-2017-법령해석재산-0692, 2018. 4. 19.	① 장기보유특별공제율: 「표1」 적용 ② 보유기간: 상가와 그 부수토지의 취득일~ 관리처분계획 등 인가일
신축주택과 그 부수토지의 양도차익 사전-2017-부동산-2055, 2017. 9. 18.	① 장기보유특별공제율: 「표2」 적용 가능 (보유기간 중 2년 이상 거주한 경우에 한함) ② 보유기간: 관리처분계획 등 인가일~양도일

그러나 세율을 적용할 때는 쟁점이 될 수 있는데 재개발·재건축을 환지개념으로 보아 세율 적용의 보유기간의 계산을 종전 부동산 취득일부터 신축아파트 양도일까지로 하여야 한다는 견해와 신축아파트 이전에 주택보유기간이 없으므로 신축아파트 준공일부터 양도일까지로 하여야 한다는 견해로 나뉠 수 있다.

만약 국세청이 후자의 견해를 지지할 경우 단기양도에 따른 중과세가 적용될 수 있으므로 상가 또는 나대지를 보유한 원조합원이 재개발·재건축에 따라 취득한 신축아파트를 양도하는 경우 양도기한은 준공일 이후 2년이 경과된 뒤로 하는 것이 안전하다.

관리처분계획 등 인가일 이후 주택과
부수토지를 취득한 경우

관리처분계획 등 인가를 받았더라도 이주대책에 따라 조합원이 주택을 비우고 철거하기까지는 상당한 기간이 소요된다. 이 기간에 조합원입주권을 거래할 때에는 주택과 부수토지의 거래로 보아 소유권이전등기가 이행된다. 이 경우 종전주택을 취득한 것으로 보아야 하는지, 조합원입주권을 취득한 것으로 보아야 하는지에 따라 보유기간 계산이 전혀 달라진다.

그러나 관리처분계획 등 인가 이후에 조합원입주권을 취득한 경우라면, 취득형태가 주택과 부수토지의 매매라 하더라도 조합원입주권의 취득으로 간주한다. 따라서 비과세 규정을 적용함에 있어서 보유기간 계산은 신축아파트 준공일부터 양도일까지로 한다.^{부동산거래관리과}
-1051, 2011. 12. 16. 외

1세대 1주택자가 1조합원입주권을 취득하고 종전주택을 양도할 때의 양도소득세 비과세

1세대가 1주택과 1조합원입주권을 보유하다가 1주택을 양도하는 경우에는 1세대 1주택 양도소득세 비과세를 적용하지 않는 것이 원칙이다. 다만, 다음의 경우에는 1주택 양도 시 양도소득세를 비과세한다.

일시적 1주택+1조합원입주권에 의한 1주택의 양도 시

국내에 1주택을 소유한 1세대가 그 주택(이하 종전주택)을 양도하기 전에 조합원입주권을 취득함으로써 일시적으로

1주택과 1조합원입주권을 소유하게 된 경우 종전주택을 취득한 날부터 1년 이상이 지난 후에 조합원입주권을 취득하고 그 조합원입주권을 취득한 날부터 3년 이내에 종전주택을 양도하는 경우에는 이를 1세대 1주택으로 보아 양도소득세 비과세를 적용한다. 이는 일시적 2주택 특례와 유사한 개념이다.

1조합원입주권에 의한 신축주택 완성 후 종전주택 양도 시

국내에 1주택을 소유한 1세대가 그 주택(종전주택)을 양도하기 전에 조합원입주권을 취득함으로써 일시적으로 1주택과 1조합원입주권을 소유하게 된 경우 종전주택을 취득한 날부터 1년이 지난 후에 조합원입주권을 취득하고 그 조합원입주권을 취득한 날부터 3년이 지나 종전주택을 양도하는 경우로서 다음의 요건을 모두 갖춘 때(=①+②)에는 이를 1세대 1주택으로 보아 양도소득세 비과세를 적용한다.

① 재개발·재건축 사업의 신축주택이 완성된 후 3년 이내에 그 주택으로 세대전원이 이사(취학, 근무상의 형편, 질병의 요양, 그 밖의 부득이한 사유로 세대의 구성원 중 일부가 이사하지 못하는 경우를 포함)하여 1년 이상 계속하여 거주할 것
② 재개발·재건축 사업의 신축주택이 완성되기 전 또는 완성된 후 3년 이내에 종전주택을 양도할 것

아래 그림의 사례를 가정할 경우 종전주택(B주택)을 양도하기 전에 조합원입주권을 취득하였고 신축주택(A조합원입주권에 의한)이 완성되기 전(①) 또는 완성된 후 3년 이내(②)에 종전주택을 양도하는 경우에는 비과세되는 것이나, 준공 후 3년이 경과한 경우(③)에는 비과세가 적용되지 아니한다.소득세법 집행기준 89-156의2-11 참조

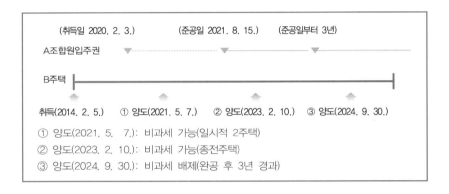

종전에는 조합원입주권을 실수요 목적으로 취득한 경우에는 일시적 1주택+1조합원입주권 요건 중 1주택을 취득하고 1년이 경과한 다음 1조합원입주권을 취득하여야 하는 요건이 적용되지 않았으나, 2022년 초 시행령 개정으로 2022. 2. 15. 이후부터는 실수요 목적으로 취득한 경우에도 1주택을 취득하고 1년이 경과한 다음 1조합원입주권을 취득하여야 하는 요건이 추가되었다.

한편, 상가나 나대지를 보유한 조합원이 관리처분으로 신축아파트를 취득할 수 있는 조합원입주권으로 변환된 경우에는 1조합원입주권을 취득한 것으로 인정된다.서면인터넷방문상담5팀-1269, 2008. 6. 17.

16

조합원입주권 전환에 따른
비과세 케이스 분석

    취득부터 양도 시까지 주택 또는 조합원입주권으로 유지되는 경우에 비과세의 판단은 그다지 어렵지 않다. 그러나 취득 당시에는 주택이었으나 양도 시에는 조합원입주권으로 전환된 경우이거나 일시적 2주택의 상태가 주택 양도 시 조합원입주권으로 전환되는 등 다양한 케이스에서는 비과세 판단이 매우 난해하다.

    이에 조합원입주권 전환에 따른 각종 비과세 케이스를 분석하고자 하는데 우선 관련 규정을 복습하고 살펴보면 중후반에 나오는 각종 케이스의 비과세 근거에 대해 이해하기 쉬울 것이라 생각된다.

일시적 2주택 특례

　　　　　종전주택이 있는 상태에서 신규주택을 취득하여 종전주택을 양도하는 경우 일시적 2주택으로 비과세 특례를 적용할 수 있다. "주택"과 "주택"을 취득한 경우에 2주택임에도 불구하고 1주택으로 보아 1세대 1주택 비과세를 해주는 규정으로 비과세 요건은 다음과 같다.

① 종전주택 취득일로부터 "1년 경과" 후 신규주택 취득
② 종전주택은 비과세 요건 충족해야 함(보유기간 2년 이상 + 취득 당시 조정대상지역인 경우 2년 이상 거주 또는 상생임대차계약을 통해 거주요건 면제 가능)
③ 신규주택 취득일부터 3년 이내 종전주택 양도(2023. 1. 12. 이후 양도분부터)

일시적 1주택 + 1조합원입주권 특례

　　　　　주택을 보유한 상태에서 조합원입주권을 승계로 취득하는 경우 종전주택 양도에 대해 비과세하는 규정이다. 신규 승계조합원입주권 취득일부터 3년 이내에 양도하는 경우와 3년이 경과된 후 양도하는 경우로 나뉜다.

　신규 승계조합원입주권 취득일부터 3년 이내에 종전주택을 양도하는 경우 비과세 요건은 다음과 같다.

① 종전주택 취득일로부터 "1년 경과" 후 조합원입주권 승계 취득
② 종전주택은 비과세 요건 충족해야 함(보유기간 2년 이상 + 취득 당시 조정대상
지역인 경우 2년 이상 거주 또는 상생임대차계약을 통해 거주요건 면제 가능)
③ 승계 조합원입주권 취득일부터 3년 이내 종전주택 양도

신규 승계조합원입주권 취득일부터 3년이 경과된 후 종전주택을
양도하는 경우 비과세 요건은 다음과 같다.

① 종전주택 취득일로부터 "1년 경과" 후 조합원입주권 승계 취득*
② 종전주택은 비과세 요건 충족해야 함(보유기간 2년 이상 + 취득 당시 조정대상
지역인 경우 2년 이상 거주 또는 상생임대차계약을 통해 거주요건 면제 가능)
③ 승계 조합원입주권 취득일로부터 3년이 경과된 경우로서 아래의 요건 모두 충족
  • 승계 조합원입주권이 신규주택으로 완공 후 3년 이내 세대 전원이 완공주택
  으로 이사하여 1년 이상 계속 거주
  • 완공 전 또는 완공 후 3년 이내 종전주택 양도(2023. 1. 12. 이후 양도분부터)

* 2022. 2. 14. 이전 승계 조합원입주권 취득은 취득기한 제한 없음. 2022. 2. 15. 이후 승
계 조합원입주권 취득은 반드시 종전주택 취득일로부터 1년 경과 후 취득

조합원입주권 양도 시 비과세 특례

관리처분계획인가일 현재 1세대 1주택 비과세
요건을 충족한 조합원입주권이 있는 상태에서 1주택을 취득한 경우
종전의 원조합원입주권에 대해 비과세하는 규정으로 비과세 요건은
다음과 같다.

① 기존주택은 관리처분계획 등 인가일 현재 비과세 요건을 갖추었을 것
② 조합원입주권 양도일 현재 다른 주택이나 분양권이 없거나 조합원입주권 외에 1주택을 보유(분양권을 보유하지 않은 경우로 한정)하였을 것
③ 조합원입주권 보유자가 1주택을 취득한 경우 주택 취득일로부터 3년 이내 조합원입주권을 양도할 것

일시적 2주택 상태에서 신규주택이 조합원입주권으로 전환된 경우 종전주택 양도하는 경우

종전주택과 신규주택이 일시적 2주택 상태에서 신규주택이 조합원입주권으로 전환된 경우에는 종전주택 양도 당시 신규주택이 조합원입주권으로 전환되었기 때문에 1주택+1조합원입주권 비과세 특례가 적용된다고 생각할 수 있으나, 비과세 특례를 적용하는 경우 취득 당시의 주택이었는지 조합원입주권이었는지에 따라 결정이 되므로 취득 당시 주택으로 취득하였으므로 "일시적 2주택 비과세 특례"가 적용된다.사전-2018-법령해석재산-620, 2019. 9. 19.

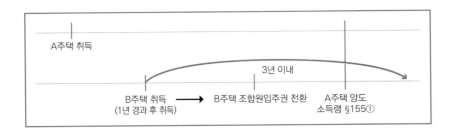

일시적 2주택 상태에서 종전주택이
조합원입주권으로 전환된 후
조합원입주권을 양도하는 경우

　　　　　　　　종전주택과 신규주택을 보유하고 있는 상태에서 종전주택이 조합원입주권으로 전환된 이후 해당 조합원입주권을 양도하는 경우 "조합원입주권 비과세 특례"로 신규주택을 취득한 날부터 3년 이내 해당 조합원입주권을 양도하는 경우 비과세를 적용받을 수 있다.서면-2021-법규재산-2140, 2022. 3. 29.

　사실상 일시적 2주택 양도소득세 비과세와 취지가 같은 유권해석이지만 "조합원입주권 비과세 특례 규정"에 직접적으로 적용되기보다는 준용한 개념에 가깝다고 사료된다. 즉 명확하게 이 케이스를 규정한 법령은 없는 것이지만, 유권해석으로 위와 같은 상황에서 조합원입주권을 양도하는 경우 비과세 적용의 길을 열어주어 납세자에게 유리하므로 해당 상황은 암기하여야 할 것으로 보인다.

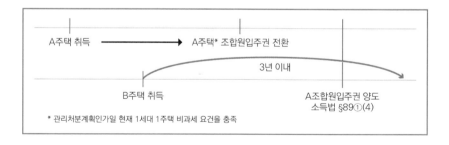

* 관리처분계획인가일 현재 1세대 1주택 비과세 요건을 충족

종전주택이 조합원입주권으로 전환된 후 신규주택을 취득하고 조합원입주권 양도하는 경우

관리처분계획 등 인가일 현재 1세대 1주택 비과세 요건을 충족한 종전주택이 조합원입주권으로 전환된 이후 신규주택을 취득하고 신규주택 취득 후 3년 이내 해당 조합원입주권을 양도하는 경우 "조합원입주권 비과세 특례"에 따라 비과세가 된다.^{서면}
-2021-부동산-7178, 2022. 9. 22.

해당 해석은 조문에 근거하고 있는 당연한 결과이다. 참고로 "조합원입주권 비과세 특례" 경우 원조합원입주권이 있는 상태에서 신규주택을 취득하는 경우 소득세법 시행령 제155조 제1항과는 달리 신규주택은 1년 경과 후 취득 요건은 없다.

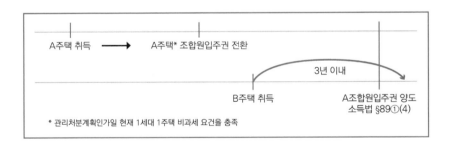

종전주택이 조합원입주권으로 전환된 후 신규주택을 취득하고, 신축된 아파트(종전주택)을 양도하는 경우

종전주택이 조합원입주권으로 전환된 후 신규주택을 취득하고, 신축된 종전주택을 신규주택 취득 후 3년 이내 양도 시 일시적 2주택 비과세 특례가 적용된다.서면-2020-부동산-4536, 2021. 9. 8.

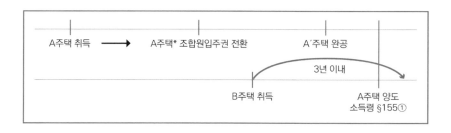

종전주택이 조합원입주권으로 전환된 후 신규 조합원입주권을 승계 취득 후 각각 주택으로 완공되어 종전주택에 해당하는 완공주택을 양도하는 경우

종전주택이 조합원입주권으로 변환된 후 주택으로 완공되기 전에 신규로 조합원입주권을 승계로 취득한 후 승계 조합원입주권을 취득한 날로부터 3년이 지나 종전 조합원입주권이 완공되어 주택으로 양도하는 경우 신규 취득 조합원입주권이 완공되어 완공된 날로부터 3년 이내 종전주택 양도하고, 신규 조합원입주권 완공 주택에 3년 이내 모든 세대원 이사 및 1년 이상 계속 거주를 모두 갖춘다면 비과세가 가능하다.서면-2023-부동산-0057, 2023. 4. 6.

이는 종전주택이 도시 및 주거환경정비법에 따라 재건축 등이 되어 신축주택으로 완공되는 경우는 환지개념이므로 종전주택과 신축아파트는 같은 선상에 있다고 보면 위의 해석이 이해된다. 하지만 종전주택이 완공되기 전 조합원입주권 상태로 양도한다면 위의 상황에서는 비과세가 적용되지 않음에 주의하자!

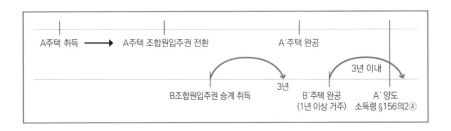

일시적 2주택 상태에서 종전주택과 신규주택 모두 조합원입주권으로 전환된 경우 종전 조합원입주권을 양도하는 경우

종전주택과 신규주택을 보유한 상태(일시적 2주택 상태)에서 종전주택과 신규주택 모두 조합원입주권으로 전환된 경우 종전의 조합원입주권을 양도하는 경우 비과세가 적용되지 않는다.기획재정부 재산세제과-538, 2018. 6. 20.

"조합원입주권 비과세 특례"에서는 신규주택을 취득하여 3년 이내 양도하는 경우이나 신규주택까지 조합원입주권으로 전환되었으므로 1조합원입주권+1조합원입주권 상태가 되므로 이 경우 비과세가 적용될 규정이 없기 때문이다.

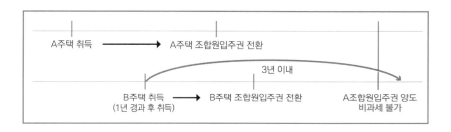

종전주택과 신규 조합원입주권 승계 취득 후 종전주택이 조합원입주권으로 전환된 경우 신규 조합원입주권이 완공되어 종전의 조합원입주권을 양도하는 경우

　　　　　　종전주택(A)이 있는 상태에서 조합원입주권(B)을 승계로 취득하고, 종전주택이 조합원입주권(A')으로 전환되어 해당 조합원입주권(A')을 양도하는 경우 승계 조합원입주권(B)이 주택으로 완성되기 "전"에 종전 조합원입주권(A') 양도 시 비과세가 불가하고(1주택+1조합원입주권 비과세 특례 불가, 조합원입주권 양도 시 비과세 특례 불가), 승계 조합원입주권(B)이 주택(B')으로 완성된 "후"에 신규로 완공된 주택(B') 취득일부터 3년 이내 종전 조합원입주권

(A′) 양도 시 비과세 특례 적용이 가능하다.서면-2021-법규재산-6289, 2023.
1. 12.

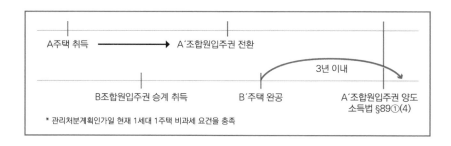

이처럼 주택이 조합원입주권으로 전환된 경우 비과세 적용이 복잡
하므로 법에 규정되어 있는 부분 외에 유권해석 등을 통해 운영하고
있으므로 해당 케이스가 발생되는 경우에는 세무전문가와 반드시 상
담하기를 바란다.

1세대 1주택자가 그 주택이
재개발·재건축되어 대체주택을 취득하여
양도할 때의 양도소득세 비과세

1세대가 1주택과 1조합원입주권을 보유하다가 1주택을 양도할 때의 양도소득세 비과세는 일시적 1주택+1조합원입주권과 실수요 목적의 1조합원입주권 취득 외에도 대체주택 양도와 부득이한 1주택+1조합원입주권의 경우도 있다.

재개발·재건축 1주택+대체주택 취득 후
대체주택 양도 시

국내에 1주택을 소유한 1세대가 그 주택에 대한 재개발·재건축 사업의 시행기간 동안 거주하기 위하여 대체주택을 취득한 경우로서, 다음의 요건을 모두 갖추어(=①+②+③) 대체주택을 양도하는 때에는 이를 1세대 1주택으로 보아 양도소득세 비과세를 적용한다. 이 경우 보유기간 및 거주기간의 제한을 받지 아니한다.

① 재개발·재건축 사업의 사업시행인가일 이후 대체주택을 취득하여 1년 이상 거주할 것
② 재개발·재건축 사업의 관리처분계획 등에 따라 취득하는 주택이 완성된 후 3년 이내에 그 주택으로 세대전원이 이사(취학, 근무상의 형편, 질병의 요양, 그 밖에 부득이한 사유로 세대원 중 일부가 이사하지 못하는 경우를 포함)하여 1년 이상 계속하여 거주할 것*
③ 재개발·재건축 사업의 관리처분계획 등에 따라 취득하는 주택이 완성되기 전 또는 완성된 후 3년 이내에 대체주택을 양도할 것

* 주택이 완성된 후 3년 이내에 취학 또는 근무상의 형편으로 1년 이상 계속하여 국외에 거주할 필요가 있어 세대전원이 출국하는 경우에는 출국사유가 해소(출국한 후 3년 이 내에 해소되는 경우만 해당)되어 입국한 후 1년 이상 계속하여 거주하여야 한다.

아래 그림의 사례를 가정할 경우 대체주택(B주택)은 사업시행인가 후 취득하였고 신축주택(A주택)이 완성되기 전(①) 또는 완성된 후 3년 이내(②)에 대체주택을 양도하는 경우에는 비과세되는 것이나, 준공 후 3년이 경과한 경우에는 비과세가 적용되지 아니한다.소득세법 집행 기준 89-156의2-11 참조

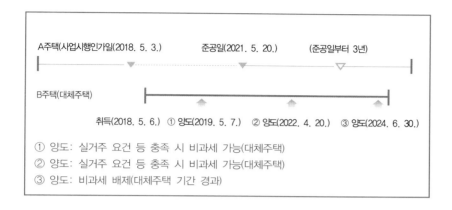

A주택(사업시행인가일(2018. 5. 3.)   준공일(2021. 5. 20.)   (준공일부터 3년)

B주택(대체주택)

취득(2018. 5. 6.) ① 양도(2019. 5. 7.) ② 양도(2022. 4. 20.) ③ 양도(2024. 6. 30.)

① 양도: 실거주 요건 등 충족 시 비과세 가능(대체주택)
② 양도: 실거주 요건 등 충족 시 비과세 가능(대체주택)
③ 양도: 비과세 배제(대체주택 기간 경과)

유의할 사항은 대체주택의 취득시기는 재개발·재건축 기간 중 사업시행인가일 이후에 취득하여야 한다는 것이다. 사업시행인가도 나기 전에 조합설립인가 후에 취득한 주택은 요건을 충족하지 못하여 대체주택 비과세가 배제된다.

한편, 이와 같은 대체주택 특례규정은 대체주택 취득일을 기준으로 1주택을 소유한 1세대인 경우에 적용되는 것이며, 대체주택 취득일 현재 2주택 이상을 소유한 경우에는 해당 특례규정이 적용되지 않는 것이다.기획재정부 재산세제과-1270, 2023. 10. 23. 다만, 1주택을 판단함에 있어서 거주자의 주택 수에서 제외되는 조세특례제한법상 감면대상 주택은 포함하지 아니한다.서면-2019-법령해석재산-2449, 2020. 12. 30.

그 외의 경우

1세대 1주택 비과세에서 살펴본 바와 같이 특별한 사정으로 인해 불가피하게 1조합원입주권+1주택이 되는 경우가 있다.

다음의 경우에는 양도 당시 1주택으로 보아 1세대 1주택 양도소득세 비과세를 적용한다.

① 상속받은 1조합원입주권+일반주택 보유 시 일반주택을 양도하는 경우
② 동거봉양하기 위하여 세대를 합침으로써 조합원입주권+일반주택 보유 시 10년 이내에 최초 양도주택이 법정요건에 해당하는 경우
③ 다른 자와 혼인함으로써 조합원입주권+일반주택 보유 시 10년 이내에 최초 양도주택이 법정요건에 해당하는 경우
④ 문화재주택과 일반주택 및 조합원입주권 보유 시 일반주택을 양도하는 경우 일반주택과 조합원입주권만 소유하고 있는 것으로 보아 일시적 2주택, 종전주택, 대체주택 비과세 적용
⑤ 이농주택과 일반주택 및 조합원입주권 보유 시 일반주택을 양도하는 경우 일반주택과 조합원입주권만 소유하고 있는 것으로 보아 일시적 2주택, 종전주택, 대체주택 비과세 적용

사후관리

1조합원입주권에 의한 신축주택 완성 후 종전주택을 양도하거나, 재개발·재건축 1주택+대체주택 취득 후 대체주택을 양도하여 1세대 1주택 양도소득세 비과세를 적용받은 후 3년

이내에 재개발·재건축 사업의 신축주택으로 이사하여 1년 이상 계속
하여 거주하지 않는 경우에는 그 사유가 발생한 날이 속하는 달의 말
일부터 2개월 이내에 종전주택 등 양도 당시 납부하였을 세액을 양도
소득세로 신고·납부하여야 한다.

혼인 또는 동거봉양 전 보유한 조합원입주권으로 취득한 주택에 대한 1세대 1주택 비과세 특례

혼인·동거봉양에 따른 1세대 1주택 비과세 특
례대상에 혼인 또는 동거봉양 전 보유한 조합원입주권에 의해 취득한
주택을 포함하며, 주택 완공 후 보유기간이 2년 이상이고 혼인·동거
봉양한 날부터 10년 이내에 양도하는 경우에 한하여 적용한다.

적용례는 다음과 같다. 소득세법 집행기준 89-156의2-17 참조

1세대	1세대	합가 후	비과세 판단
1조합원입주권	② 1주택 + 1조합원입주권	1주택 + 2조합원입주권	②
① 1주택	② 1주택 + 1조합원입주권	2주택 + 1조합원입주권	①, ②
② 1주택 + 1조합원입주권	1조합원입주권	1주택 + 2조합원입주권	②
② 1주택 + 1조합원입주권	① 1주택	2주택 + 1조합원입주권	①, ②
② 1주택 + 1조합원입주권	② 1주택 + 1조합원입주권	2주택 + 2조합원입주권	②

① 합가 전 1주택만을 소유한 세대의 주택을 먼저 양도하는 경우 비과세

② 합가 전 1주택과 1조합원입주권을 소유한 세대의 주택을 먼저 양도하는 경우로서, 다음에 해당하는 경우 비과세

- 주택을 양도한 세대가 최초로 취득한 조합원입주권을 소유한 경우에는 양도한 주택이 사업시행인가일 이후 거주를 위해 취득한 대체주택으로서 1년 이상 거주한 주택인 경우

- 주택을 양도한 세대가 승계취득한 조합원입주권을 소유한 경우에는 양도주택을 취득한 이후 조합원입주권을 취득한 경우

18

무주택자가 1조합원입주권을 승계취득하고 사업시행기간 내에 대체주택을 취득하여 양도할 때의 양도소득세 비과세?

원 칙

　　1세대가 1주택과 1조합원입주권을 보유하다가 1주택을 양도하는 경우에는 1세대 1주택 양도소득세 비과세를 적용하지 않는 것이 원칙이다.

　이 조합원입주권은 원조합원이 취득한 것인지, 승계조합원이 취득한 것인지 여부를 따지지 아니한다.

일시적 1주택과 1조합원입주권 비과세

　　　　　　다만, 1주택(종전주택)을 소유한 자가 1조합원입주권을 취득함으로써 일시적으로 1주택과 1조합원입주권이 된 경우라면, 종전주택을 취득한 날부터 1년 이상이 지난 후에 조합원입주권을 취득하고 그 조합원입주권을 취득한 날부터 3년 이내에 종전주택을 양도하는 경우에는 이를 1세대 1주택으로 보아 양도소득세 비과세를 적용한다.

신축주택 완성 후 종전주택 양도 시 비과세

　　　　　　또한 조합원입주권 취득일부터 3년 내 양도하지 못했다 하더라도 1조합원입주권에 의한 신축주택이 완성된 후에 3년 내에 세대 전원이 이사하여 1년 이상 계속하여 거주하는 조건으로 완성 전 또는 완성 후 3년 이내에 종전주택을 양도해도 비과세를 적용받을 수 있다.

신축주택 완성 후 대체주택 양도 시 비과세

　　　　　　한편, 1주택이 재개발·재건축이 되어 원조합원으로서 사업시행기간 동안 거주할 대체주택을 취득하여 추후 대체주택을 법정요건을 갖추어 양도하였다면, 이 대체주택에 대해서도 양도소득세 비과세를 적용받을 수 있다.

승계조합원의 대체주택 양도 시 비과세 배제

그러나 1조합원입주권을 승계취득한 경우로서 사업시행기간 동안 거주할 주택을 취득하여 대체주택 양도소득세 비과세의 법정요건을 갖추어 양도했더라도 원조합원이 아니기 때문에 대체주택 비과세를 적용받지 못한다.

승계조합원의 대체주택 양도 시 일시적 2주택 배제

그렇다고 1조합원입주권에 의한 신축주택이 완성된 후 3년 내에 1주택을 양도하는 경우, 일시적 2주택에 따른 양도소득세 비과세를 적용받을 수 있느냐 하면 그렇지 않다.

왜냐하면 양도소득세 비과세 규정을 적용함에 있어 2006. 1. 1. 이후에 관리처분계획의 인가로 인하여 취득한 조합원입주권은 다른 주택을 양도하여 비과세 판단 시 주택 수에 포함되는 것이기 때문에,

1조합원입주권 상태에서 1주택을 취득한 뒤 추후 1주택을 양도할 때는 일시적 2주택이란 개념이 아예 성립할 수 없기 때문이다.

물론 승계조합원의 주택 취득시기는 사용승인서교부일부터 기산한다. 그래서 승계조합원인 경우 신축주택 양도 시 1세대 1주택 양도소득세 비과세를 적용받기 위해서는 사용승인서교부일부터 2년간 보유할 것을 유의하라고 전한 바 있다. 그런데 이런 취득시기를 주장하여 신축주택 취득 후 사업시행기간 중 취득한 (종전)주택을 3년 이내에 양도하면 양도소득세가 비과세될 수 있지 않느냐고 항변할 수 있다.

그러나 다른 주택을 양도하는 경우는 조합원입주권의 취득일을 당초 승계취득한 날부터 기산하여 주택 수에 포함하는 것이기 때문에, 승계조합원의 신축주택 취득시기에 따른 일시적 2주택을 주장할 수 없는 것이다. 서면-2015-부동산-1160, 2015. 8. 17. 참조

19

2021년부터 분양권이
주택 수에 포함되었다!

2020년 말 양도소득세 관련 소득세법이 개정되어 주택 양도에 따른 비과세와 중과세 판단 시 주택 수에 분양권이 포함되었다.

물론 기존의 분양권 소유자에게 부당한 피해를 주면 안되기 때문에 이 건 주택 수에 포함되는 분양권은 2021. 1. 1. 이후 취득한 분양권부터 적용한다.

한편, 2021년 말에는 1조합원입주권 양도에 따른 비과세 판단 시 주택 수에도 분양권이 포함되었다.

물론 기존의 분양권 소유자에게 부당한 피해를 주면 안되기 때문에 이 건 주택 수에 포함되는 분양권은 2022. 1. 1. 이후 취득한 분양권부터 적용한다.

그러면 분양권이 주택 수에 포함되면 어떤 문제가 있는가?

양도소득세의 비과세 또는 중과세 변화

분양권이 주택 수에 포함되면 1세대 1주택 양도소득세 비과세 판단 시에 1주택자가 아닌 것으로 판정되어 주택의 양도 시 양도소득세가 비과세되지 아니할 수 있다.

또한 분양권이 주택 수에 포함되면 다주택자로 판정되어 주택 양도 시 양도소득세를 중과세받을 수도 있다.

분양권의 개념

종전에 주택 수에 포함되는 것은 주택과 사실상 주택으로 사용되는 건축물과 부속토지 그리고 조합원입주권까지였으나, 2021. 1. 1. 이후 취득하는 분양권도 이제는 주택 수에 가산된다. 물론 주택 자체는 아니니 분양권으로 매각할 때는 주택과는 별도의 취급을 받게 되어 2021. 6. 1. 이후 분양권 양도분부터는 지역에 불문하고 1년 미만 보유 시 70%, 1년 이상 보유 시 60%의 중과세가 적용된다.

그렇다면 주택 수에 포함되는 분양권이란 어떤 것인가?

소득세법에서는 주택 수에 포함되는 분양권이란 주택법 등 대통령령으로 정하는 법률에 따른 주택에 대한 공급계약을 통하여 주택을 공급받는 자로 선정된 지위라고 규정하였다. 그리고 시행령이 정하는 법률은 현재 「부동산 거래신고 등에 관한 법률」*에 따라 부동산 거래의 신고대상이 되는 부동산에 대한 공급계약과 일치한다. 즉, 부동산 거래의 신고대상이 되면 주택 수에 가산되는 분양권이고, 아니면 주택 수에 가산되지 않는다고 보면 될 것이다.

* 1. 「건축물의 분양에 관한 법률」
2. 「공공주택 특별법」
3. 「도시개발법」
4. 「도시 및 주거환경정비법」
5. 「빈집 및 소규모주택 정비에 관한 특례법」
6. 「산업입지 및 개발에 관한 법률」
7. 「주택법」
8. 「택지개발촉진법」

1세대 1주택 판단 시 특례

그렇다면 2021. 1. 1. 이후 취득한 분양권이 주택 수에 가산되어 1세대 1주택 양도소득세 비과세가 안되는 것인가에 대해 많은 분들이 궁금해한다.

이 해답은 앞서 서술한 1주택+1조합원입주권의 양도소득세의 취급에서 찾을 수 있다. 즉, 1조합원입주권 대신 1분양권으로 바꿔서 양도소득세가 비과세되는지 여부를 판단하면 그뿐이다.

예를 들어, 1주택 보유자가 종전주택을 취득한 날부터 1년 이상이 지난 후에 분양권을 취득하고, 그 분양권을 취득한 날부터 3년 이내에 종전주택을 양도하는 경우에는 이를 1세대 1주택으로 보아 양도소득세 비과세를 적용한다.

그리고 1주택 보유자가 실수요 목적으로 1분양권을 취득함으로써 일시적으로 1주택과 1분양권을 소유하게 된 경우 종전주택 취득일부터 1년이 지난 후에 분양권을 취득하고, 그 분양권 취득일부터 3년이 지나 종전주택을 양도하는 경우로서 분양권에 의한 신축주택이 완성되기 전 또는 완성된 후 3년 이내에 종전주택을 양도하면 양도소득세가 비과세될 것이다.

조합원입주권과 분양권의 양도소득세 취급 차이

다만, 주의할 것은 1조합원입주권 양도 시 비과세되는 경우가 있는데 1분양권이 비과세되는 경우는 있을 수 없다. 왜냐하면 1조합원입주권은 종전주택 상태가 1세대 1주택 비과세 요건을 충족하여 추후 1조합원입주권으로 전환된 경우에도 비과세를 적용해 주어야 하는 필요성이 있으나, 1분양권은 애초부터 종전주택이라는 개념이 성립하지 않기 때문이다.

그리고 1조합원입주권의 경우에는 사업시행기간 중에 취득한 대체주택을 양도하는 경우에 그 대체주택에 대해 양도소득세를 비과세하는 규정을 두고 있지만, 1분양권은 종전주택이라는 개념이 없어 대체주택이라는 개념도 성립하지 않는바 대체주택 비과세 규정이 적용되지 않는다는 점에 유의하면 나머지는 조합원입주권과 동일하게 보아 적용하면 된다.

20

양도소득세가 과세된다면
무엇을 가지고 계산할까?

개인이 주택 등을 양도하면 양도일이 속하는 달의 말일부터 2월(부담부증여에 따른 양도소득세는 3월) 안에 양도소득세 예정신고를 해야 한다. 제때 신고하지 않으면 양도소득세 결정세액의 20%(예정신고하지 아니하고 다음 해 5월 말일까지 신고한 경우에는 10%) 상당액이 무신고가산세로 추징된다.

그래서 부동산을 양도한 후 2월의 기한 내에 세무사에게 양도소득세 신고대리를 의뢰하고, 어떤 서류를 준비해야 하는지 묻는 것이 통례이다.

양도소득세는 양도차익에 과세하는 세금인 만큼 일단 양도 시 계약서와 취득 시 계약서가 필요하다. 그리고 양도와 취득 시 각종 비용이 지출되는데, 양도소득세 계산 시 반영하는 것은 통상 다음과 같다.

구분	주요 내역
매매차익 계산을 위한 기본서류	• 양도 시 매매계약서 • 취득 시 매매계약서
취득할 때 발생하는 필요경비	• 취득세와 등기비용 • 인테리어(자본적 지출에 한함)
양도할 때 발생하는 필요경비	• 명도비용 • 양도소득세 신고수수료
양도 및 취득 시 발생하는 필요경비	• 중개수수료

부동산 등기비용

먼저 부동산을 취득할 때 발생하는 대표적인 필요경비로는 취득세·등록세 영수증, 부동산 등기 시 소요되는 법무사 수수료, 등기비용, 채권매각차손 내역 등이 필요하다.

종종 취득세·등록세 영수증을 분실했다고 하는 경우가 있는데, 세금납부내역은 가까운 주민센터에서 부동산 소재지만 알려주면 납부내역을 전산출력해 주니 이를 가져오면 족하다.

그러나 부동산 등기 시 소요되는 법무사 수수료, 등기비용, 채권매각차손 내역이 기재된 법무사 수수료계산내역서를 분실했다고 하면 도리가 없다. 이는 재발급이 사실상 불가능하기 때문이다.

인테리어 등

　　　　　　부동산을 취득·보유하는 동안 발생한 인테리어 비용에 관하여는 양도소득세 계산 시 필요경비가 되기도 하고, 안 되기도 한다. 그 기준은 자본적 지출이라는 잣대인데, 일단 인테리어를 통해 발코니를 확장하거나 구조를 바꾸는데 소요된 경비는 필요경비가 된다.

　　만일 주택을 구입해서 수천만 원을 들여서 전체 수리해서 주택의 가치를 높였다고 판단되면, 전체 수리비도 필요경비로 인정받을 수 있다.

　　그런데 많은 사람들은 벽지, 바닥재, 전등, 싱크대, 화장실 등을 수선하면서 지출한 경비를 가져온다. 그러나 이러한 경비는 양도소득세 계산 시 필요경비가 되지 못한다.

　　필요경비가 인정되는 것은 도저히 지출하지 않고는 살 수 없는 경비, 예를 들어 새시 교체비용, 보일러 교체비용, 배관 교체비용 같은 것이다. 고급 싱크대는 없으나 있으나 사는데 지장이 없지만, 보일러가 고장나면 교체하지 않고는 살 수가 없으니 판단은 간단한 것이다.

　　다만, 이러한 필요경비는 간이영수증 같은 것이라면 곤란하다. 2016년 이후 지출분부터 자본적 지출을 주장하려면 세금계산서·계산서·신용카드·현금영수증 같은 적격증빙만을 인정하였다가 2018. 4.

1. 이후 양도분부터는 금융기관 송금내역 등 실제 경비지출 사실을 입증하는 경우도 인정하는 것으로 개정되었다.

명도비용 외

　　　　　　　　부동산을 양도할 때 발생하는 대표적인 필요경비로는 명도비용과 세무신고수수료가 있다.

　필요경비로 인정되는 명도비용이란 부동산을 매각할 때 부동산을 이미 사용 중인 임차인 등을 매도자가 내보낼 때 소요되는 비용이다. 통상 임차인은 부동산 소유자가 명도를 요구하면 이사비용이나 중개보수 실비, 배상금 등을 요구한다.

　이때 부동산을 매각하기로 한 매도자 입장에서는 매매거래가 잘 마무리될 수 있도록 명도합의서를 쓰고 합의금을 주는데, 이 명도비용이 양도소득세 계산 시 필요경비가 된다.

　그런데 명도비용을 입증함에 있어 납세자들은 명도합의서만 가져오는 경우가 많다. 즉, 합의서를 쓰고 현금으로 보상금을 주었다면 영수했다는 도장이 찍히지 않았냐고 주장한다. 그러나 세법에 적용할 때에는 금융기관 송금내역 등 실제 경비지출 사실을 입증할 수 없는 경우에 해당하므로 경비처리가 되지 아니한다. 따라서 반드시 명도합의를 한 후에는 금융기관 송금방식으로 합의금을 주는 것이 바람직하다.

양도소득세 신고대리를 위한 세무대리비용도 마찬가지이다. 적격증빙 또는 금융기관 송금내역을 통해 확보하면 된다.

중개수수료

부동산의 취득과 양도에 모두 소요되는 비용이 있다. 바로 중개수수료이다. 이런 중개수수료는 통상 공인중개사에게 지급하게 되고, 공인중개사는 법정수수료로만 청구하게 되니 그 비용 상당액을 현금영수증 등을 첨부하여 경비로 인정받으면 된다. 그런데 가끔씩 법정수수료보다 많은 중개보수를 주었다며 경비처리 여부를 묻는 사람들이 있다. 예를 들어 법정수수료는 5백만 원인데 비싸게 팔아주겠다면서 성공 시 성공보수로 1천만 원을 추가지급해 달라고 하여 실제 1.5천만 원을 중개수수료로 주었다는 것이다.

이때 세법은 실질로 판단하므로 실제 지급된 1.5천만 원을 전부 필요경비로 처리할 수는 있다. 그러나 실제 지급사실을 입증해야 하므로 반드시 금융기관 송금내역 등 실제 경비지출 사실을 입증할 수 있어야 한다.

21

일반적으로 양도소득세는
어떻게 계산할까?

주택을 양도하고 양도소득세를 계산하기 위한 다음의 서류를 가지고 왔다고 가정해 보자.

주요 내역	금액
• 양도 시(2025년) 계약서상 양도가액 • 취득 시(2005년) 매매계약서상 취득가액	500,000,000원 200,000,000원
• 취득세와 등기비용 • 인테리어(자본적 지출에 한함)	8,000,000원 없음
• 명도비용(송금내역 없음) • 양도소득세 신고수수료(신용카드)	5,000,000원 300,000원
• 양도 시 중개수수료(송금내역 있음) • 취득 시 중개수수료(송금내역 있음)	4,000,000원 1,000,000원

일반적인 양도소득세의 계산은 다음 순서에 의한다.

양도차익의 계산

먼저 양도차익을 계산한다. 양도차익은 양도가액에서 취득가액과 기타 필요경비를 차감하여 계산한다. 양도가액은 5억 원이고 취득가액은 2억 원이라 매매차익 3억 원에서 기타 필요경비 13,300,000원(= 8,000,000원 + 300,000원 + 4,000,000원 + 1,000,000원)을 차감하면 양도차익은 286,700,000원이다. 이 사례에서 명도비용은 송금내역이 없으므로 공제하지 아니한다.

양도소득금액의 계산

양도소득금액은 양도차익에서 부동산의 양도차익에 한하여 다음의 장기보유특별공제를 차감하여 계산한다. 장기보유특별공제란 부동산의 보유연수에 따라 차등소득공제하는 제도를 말하는데, 보유기간별 연간 2%씩 최대 30%를 공제하는 제도가 있고, 1세대 1주택에 대하여 거주기간별 연간 4%씩 최대 40%와 보유기간별 연간 4%씩 최대 40%를 공제하는 제도("09. 1세대 1주택 고가주택 양도소득세 계산" 참조)가 있다.

보유기간	일반 부동산
3년 이상 4년 미만	6%
4년 이상 5년 미만	8%
5년 이상 6년 미만	10%
6년 이상 7년 미만	12%
7년 이상 8년 미만	14%
8년 이상 9년 미만	16%
9년 이상 10년 미만	18%
10년 이상 11년 미만	20%
11년 이상 12년 미만	22%
12년 이상 13년 미만	24%
13년 이상 14년 미만	26%
14년 이상 15년 미만	28%
15년 이상	30%

위 사례가 일반 부동산에 해당하는 경우 양도차익이 286,700,000원이고 보유기간이 20년이므로, 양도차익의 30%인 86,010,000원을 장기보유특별공제한 200,690,000원이 양도소득금액이다.

양도소득과세표준 및 산출세액의 계산

양도소득과세표준은 양도소득금액에서 연간 2,500,000원의 양도소득기본공제액을 차감한 금액으로 하며, 과세표준 구간별 6~45%의 8단계 초과누진세율을 적용한다.

따라서 과세표준이 198,190,000원이 되면 세율은 38%이고, 산출세액은 55,372,200원으로 산출된다.

과세표준	세율	누진공제
1,400만 원 이하	6%	-
5,000만 원 이하	15%	1,260,000
8,800만 원 이하	24%	5,760,000
1.5억 원 이하	35%	15,440,000
3억 원 이하	38%	19,940,000
5억 원 이하	40%	25,940,000
10억 원 이하	42%	35,940,000
10억 원 초과	45%	65,940,000

양도소득 총부담세액의 계산

양도소득 총부담세액은 양도소득 세액공제 및 감면을 차감하고 가산세를 더하여 계산한다. 통상의 경우 양도소득세의 공제 및 감면 사례가 많지 않아 고려하지 아니하고, 가산세의 경우에는 신고 및 협력의무 불이행 시에 적용되므로 예정신고 당시에 적용되는 경우는 별로 없다. 그래서 양도소득 산출세액이 총부담세액이 되는 경우가 많다.

양도소득 차감납부세액의 계산

　　　　　　양도소득 총부담세액에서 이미 신고·납부한 세액 등이 있으면 해당 기신고세액을 공제한 금액을 양도소득 차감납부세액으로 한다. 1과세기간 동안 2 이상의 부동산 양도 시 누적적으로 합산과세하는 경우 적용된다.

지방소득세의 계산

　　　　　　양도소득분 지방소득세도 원칙적으로는 양도소득세의 계산방식을 따르고 세율만 0.6~4.5% 8단계 초과누진세율을 적용하지만, 실무적으로는 양도소득 총부담세액의 10%로 산출된다.

구분	양도소득세	지방소득세
양도가액	500,000,000	500,000,000
− 취득가액	200,000,000	200,000,000
− 기타필요경비	13,300,000	13,300,000
= 양도차익	286,700,000	286,700,000
− 장기보유특별공제	86,010,000	86,010,000
= 양도소득금액	200,690,000	200,690,000
− 양도소득기본공제	2,500,000	2,500,000
= 양도소득과세표준	198,190,000	198,190,000
× 세율	38%	3.8%
= 양도소득산출세액	55,372,200	5,537,220
− 세액감면·공제	0	0
+ 가산세	0	0
= 양도소득부담세액	55,372,200	5,537,220
− 기신고·결정·결정세액	0	0
= 납부할 세액	55,372,200	5,537,220

22

취득계약서를 분실한 경우나
다운계약서를 가지고 있는 경우라면
어떻게 취득가액을 산정할까?

앞서 계산 사례와 같이 양도가액과 취득가액이 모두 확인되는 경우에는 일반적인 양도소득세의 계산방식에 따라 계산하면 된다. 그러나 취득가액을 확인하기 곤란한 2가지 고민을 자주 듣게 된다.

다운계약서 문제

첫째는 당초 취득 시 다운계약서를 받은 경우이다. 취득 당시 계약서보다 더 많은 매매대금을 주었으나, 다운계약서를 받은 경우에 다운계약서상 취득가액으로 양도소득세를 계산한다면 억울한 세금을 내게 되는 경우이므로, 당초 실제 지급한 금액으로 취득가액 신고를 하면 안 되느냐는 것이다.

이럴 때는 실제 계약서든 대금지급 증빙이든 이야기한 대로 실제 취득가액을 입증할 수 있는 자료가 있느냐고 묻는다. 다운계약서 외에 실제 계약서가 있거나 송금영수증이나 수표 사본과 같이 실제 대금을 지급한 증빙이 있으면, 실제 지급한 금액을 취득가액으로 하여 양도소득세를 신고·납부할 수 있다.

이렇게 되면 취득 당시 이중계약을 하거나 다운계약서를 작성해 양도차익을 줄여서 탈세한 예전 양도인에게 양도소득세가 추징될 수는 있다. 본세 외에 부당과소신고에 따른 가산세 40%와 연간 약 8% 상당의 납부지연가산세까지 추징되니 그 부담이 크다. 다만, 종전 양도인이 부정행위로 국세를 포탈하거나 환급·공제받았더라도 법정신고기한 경과 후 10년이 지나면 부과시효가 만료되어 추징할 수 없다.

취득계약서 분실 문제

둘째는 당초 취득할 때 받은 계약서를 분실해서 실제 취득가액을 알 길이 없으니, 소위 '환산취득가액'으로 양도소득세를 신고해달라는 경우이다.

양도가액은 있는데 취득가액이 불분명하면 환산취득가액으로 양도소득세를 신고할 수 있다. 그러나 환산취득가액을 적용하는 것은 취득가액이 불분명할 때이지, 납세자가 취득계약서를 잃어버렸을 때가 아니다.

따라서 환산취득가액으로 양도소득세를 신고해도 과세관청은 해당 재산의 실제 취득가액을 이전 양도자에게 확인하거나 각종 서류로 밝혀내게 된다. 그리고 2006년 이후부터는 등기부등본에 실제 취득가액이 명시되었기 때문에 환산취득가액을 요청하는 납세자도 많이 줄어든 편이다.

하지만 2006년 이전에 취득한 납세자의 경우에는 환산취득가액 신고가 유효할 때도 있다. 왜냐하면 국세청의 취득가액 전산화가 2000년 직전부터 정리되었기 때문에 예전 서류가 없는 경우도 있고, 이전 양도자가 사망하는 등 취득가액을 확인하기 어려운 경우도 있기 때문이다.

한편, 취득 시 거래증빙을 분실하여 취득가액을 확인할 수 없는 경우에도 만일 국가나 지방자치단체 또는 법원으로부터 경매나 공매 등을 받은 경우에는 거래관련 증빙자료가 영구보존자료이므로 해당기관에서 거래가액을 확인할 수 있고, 체비지를 지방자치단체에서 불하받은 경우 등은 해당기관에 행정정보공개요청을 통해 거래가액을 확인할 수 있으니 살펴보아야 한다.

환산취득가액의 계산과 가산세

아무튼 취득가액이 불분명하여 취득가액을 환산하게 되면, 다음과 같은 비례식으로 환산취득가액을 계산한다.

양도가액(2억 원): 환산취득가액(x) = 양도 시 기준시가(1억 원): 취득 시 기준시가(8천만 원)

예를 들어, 양도가액이 2억 원이고 해당 재산의 양도 시 기준시가가 1억 원, 취득 시 기준시가가 8천만 원이면 해당 재산의 환산취득가액은 1억 6천만 원으로 산출된다.

실무적으로 환산취득가액을 활용할 때는 위 사례처럼 취득계약서를 분실했을 때가 아니라, 건축물을 신축 또는 증축하였는데 실제 건축비를 확인할 수 없을 때와 같은 경우가 많다.

그런데 세무계산상 환산취득가액이 실제 건축비보다 더 많이 산출되는 경우가 흔하다. 이는 건축물은 시간이 지날수록 가치가 감소한다는 회계적 관점(감가상각)이 환산취득가액 계산에 반영되어 있기 때문에 생기는 현상이다. 그래서 세무대리인 중 일부는 환산취득가액을 양도소득세 절세 수단으로 장려한다.

이에 2017. 12. 19. 소득세법을 개정하여 취득 당시 실지거래가액이 아닌 환산취득가액을 적용하여 세부담을 회피하는 것을 방지하고자 신축 또는 증축한 건물을 5년 이내 양도하고 환산취득가액을 적용한 경우에는 해당 건물의 환산취득가액(증축의 경우 증축한 부분에 한정한다)의 5%를 가산세로 부과한다.

23

다주택자 양도소득세 중과세는
어떤 내용일까?

　2017. 8. 2. 문재인 대통령은 급등하고 있던 부동산 가격을 잡기 위해 부동산 대책을 발표하면서 과거 노무현 대통령 재임 시절 시행했던 주택에 대한 중과세 정책을 다시 꺼내 들었다.

　1세대 1주택 양도소득세 비과세 요건에 조정대상지역 내 2년 거주 요건을 추가하고, 조정대상지역의 다주택자의 양도소득세율 인상과 장기보유특별공제 배제가 핵심적인 내용이었다.

거주 요건의 적용

당시 집 한 채를 가지고 있는 대다수의 중산층과 서민들 중 자신이 보유한 주택에 거주한 적이 없는 사람들은 1세대 1주택 비과세 요건에 거주 요건을 추가한 사실에 혹시라도 자신에게 양도소득세가 과세될까 세무상담 문의가 많았다.

사실 많은 분들이 급등하는 주택가격에 휘둘리지 않기 위해 집 한 채를 사두고 실제 거주는 자신의 직장이나 자녀가 다니는 학교 근처에 전세로 사는 경우가 많은 것이 현실이었으니, 거주 요건을 충족하지 못하는 경우가 많았다.

그러나 거주 요건은 2017. 8. 3.(최초 부동산 대책 발표일 익일) 이후 이른바 조정대상지역 내에서 취득하는 주택에 한하여 적용되는 바, 그 이전에 취득했거나 조정대상지역 자체가 아닌 지역은 해당사항이 없다.

다만, 2017. 8. 3. 이후 조정대상지역에서 취득하는 주택에 대해 거주 요건이 추가된 주택은 양도 당시 조정대상지역에서 해제되더라도 거주 요건을 충족해야 하는데 유의하여야 한다.

중과세율 적용 및 장기보유특별공제의 배제

　　　　　하지만 2018. 4. 1. 이후 양도분부터 적용되는 조정대상지역의 다주택자에 대한 양도소득세율 인상과 장기보유특별공제 배제는 지난 정부 시절 다주택자가 주택의 양도를 망설이는 주된 이유가 되었다.

　조합원입주권과 분양권(2021년 이후 취득분)을 포함한 2주택 이상의 다주택자가 조정대상지역 내 주택을 양도하는 경우에는 다음과 같이 중과세율을 적용하고, 보유 및 거주기간에 관계없이 장기보유특별공제를 배제한다.

과세표준	일반세율	2주택자	3주택 이상자	누진공제액
1,400만 원 이하	6%	26%	36%	
5,000만 원 이하	15%	35%	45%	1,260,000
8,800만 원 이하	24%	44%	54%	5,760,000
1.5억 원 이하	35%	55%	65%	15,440,000
3억 원 이하	38%	58%	68%	19,940,000
5억 원 이하	40%	60%	70%	25,940,000
10억 원 이하	42%	62%	72%	35,940,000
10억 원 초과	45%	65%	75%	65,940,000

다주택자 중과세 2년 유예

        그러나 현 정부에 들어서 글로벌 경기 악화에 따라 주택시장이 급격히 위축되자, 주택시장의 연착륙 지원을 위해 한시적으로 보유기간 2년 이상으로서 2022. 5. 10.부터 2026. 5. 9. 까지 양도하는 주택에 대해서는 다주택자 양도소득세 중과세를 유예하기로 하였다.

중과세 적용 시 세액변화

        그렇다면 다주택자가 중과세될 경우 양도소득세는 얼마나 늘어나는지 다음 가설례를 통해 알아보자.

주요 내역	금액
• 양도 시(2025년) 매매계약서상 양도가액	500,000,000원
• 취득 시(2005년) 매매계약서상 취득가액	200,000,000원
• 취득세와 등기비용	8,000,000원
• 인테리어(자본적 지출에 한함)	없음
• 명도비용(송금내역 없음)	5,000,000원
• 양도소득세 신고수수료(신용카드)	300,000원
• 양도 시 중개수수료(송금내역 있음)	4,000,000원
• 취득 시 중개수수료(송금내역 있음)	1,000,000원

구분	일반적인 경우	2주택자	3주택자
양도가액	500,000,000	500,000,000	500,000,000
– 취득가액	200,000,000	200,000,000	200,000,000
– 기타필요경비	13,300,000	13,300,000	13,300,000
= 양도차익	286,700,000	286,700,000	286,700,000
– 장기보유특별공제	86,010,000	–	–
= 양도소득금액	200,690,000	286,700,000	286,700,000
– 양도소득기본공제	2,500,000	2,500,000	2,500,000
= 과세표준	198,190,000	284,200,000	284,200,000
× 세율	38%	58%	68%
= 산출세액	55,372,200	144,896,000	173,316,000
– 공제 및 감면	0	0	0
+ 가산세	0	0	0
= 총부담세액	55,372,200	144,869,000	173,316,000
+ 지방소득세	5,537,220	14,486,900	17,331,600
= 계	60,909,420	159,355,900	190,647,600

24

다주택자의 단기 양도 시
양도소득세 중과세 비교과세란?

　조합원입주권과 분양권(2021년 이후 취득분)을 포함한 2주택 이상의 다주택자가 조정대상지역 내 주택을 양도하는 경우에 원칙적인 양도소득세율은 현행 다음의 표와 같다. 즉, 조정대상지역 내 2주택자는 일반세율에 20%p 가산, 3주택자 이상은 일반세율에 30%p 가산된다. 다만, 한시적으로 보유기간 2년 이상으로서 2022. 5. 10.부터 2026. 5. 9.까지 양도하는 주택에 대해서는 다주택자 양도소득세 중과세를 유예한다.

과세표준	일반세율	2주택자	3주택 이상자	누진공제액
1,400만 원 이하	6%	26%	36%	
5,000만 원 이하	15%	35%	45%	1,260,000
8,800만 원 이하	24%	44%	54%	5,760,000
1.5억 원 이하	35%	55%	65%	15,440,000
3억 원 이하	38%	58%	68%	19,940,000
5억 원 이하	40%	60%	70%	25,940,000
10억 원 이하	42%	62%	72%	35,940,000
10억 원 초과	45%	65%	75%	65,940,000

그리고 부동산 및 부동산에 관한 권리의 양도소득세율은 2021년 6월을 기준으로 다음의 표와 같다. 즉, 주택과 조합원입주권의 단기 보유 시 양도소득세율이 급격히 증가하고, 분양권의 경우에는 지역에 불문하고 중과세율을 적용한다.

자산	구분		세율
부동산, 부동산 권리	보유기간	1년 미만	50%(주택, 조합원입주권은 70%)
		2년 미만	40%(주택, 조합원입주권은 60%)
		2년 이상	기본세율
	분양권		1년 미만 70%
			1년 이상 60%
	1세대 2주택 이상(조합원입주권과 분양권 포함)인 경우의 주택		별도 참조
	1세대 3주택 이상(조합원입주권과 분양권 포함)인 경우의 주택		별도 참조
	비사업용 토지		별도 참조
	미등기양도자산		70%
기타자산			보유기간에 관계없이 기본세율

한편, 현행 규정상 2년 미만 보유주택을 양도하는 경우에는 단기양도 중과세율이 적용되는 것이 원칙이지만, 다주택자의 양도소득세 중과세율이 적용된다면 이 세금이 더 무거울 수도 있다. 그래서 다주택자의 단기 양도 시에는 다음의 표와 같이 양도소득세 비교과세가 적용된다.

구분			보유기간	세율	비고
주택 수 판단 시 (조합원 입주권, 분양권 포함)	2주택	조정대상지역	1년 미만	70%	(경합 없음)
			2년 미만	60%	中 세액 큰 것
				기본세율+20%p	
			2년 이상	기본세율+20%p	(경합 없음)
		일반지역	1년 미만	70%	(경합 없음)
			2년 미만	60%	
			2년 이상	기본세율	
	3주택	조정대상지역	1년 미만	70%	中 세액 큰 것
				기본세율+30%p	
			2년 미만	60%	中 세액 큰 것
				기본세율+30%p	
			2년 이상	기본세율+30%p	(경합 없음)
		일반지역	1년 미만	70%	(경합 없음)
			2년 미만	60%	
			2년 이상	기본세율	

25

다주택자가 양도하는 주택 중
어떤 주택이 양도소득세
중과세가 안될까?

조합원입주권과 분양권(2021년 이후 취득분)을 포함한 2주택 이상의 다주택자가 조정대상지역 내 주택을 양도하는 경우에 2주택자는 기본세율에 20% 가산율 적용, 3주택자 이상은 기본세율에 30% 가산율을 적용하여 양도소득세를 중과세하고 보유 및 거주기간에 관계없이 장기보유특별공제를 배제한다.

이러한 조정대상지역 내 다주택자의 양도소득세 중과세 규정은 2018. 4. 1.부터 적용되고 있다. 따라서 양도하는 주택이 조정대상지역 내 주택이 아니거나, 2018. 3. 31. 이전에 매각하는 주택이면 양도소득세가 중과되거나 장기보유특별공제가 배제되지 않는다.

또한 조정대상지역 내 주택이라 하더라도 세제지원대상이 되는 특례주택 등 다음의 주택은 중과세주택에 해당하지 아니한다.

1세대 3주택 중과세에서 제외되는 주택

① 수도권·광역시·세종시(광역시·세종시 소속 군 및 읍·면지역 제외) 외의 지역의 양도 당시 기준시가 3억 원 이하인 주택
② 일정요건을 갖춘 장기임대주택
③ 조세특례제한법에 따라 양도소득세가 감면되는 임대주택으로서 5년 이상 임대한 감면대상장기임대주택
④ 종업원에게 10년 이상 무상제공한 장기사원용 주택
⑤ 조세특례제한법에 따라 양도소득세가 감면되는 주택
⑥ 국가유산주택
⑦ 상속받은 주택(상속개시일부터 5년 미경과에 한정)
⑧ 저당권 실행 또는 채권변제를 대신하여 취득한 주택(3년 미경과에 한정)
⑨ 사업자등록을 한 후 5년 이상 어린이집으로 사용하고, 어린이집으로 사용하지 아니하게 된 날부터 6월이 경과하지 아니한 주택
⑩ 상기 ①~⑨의 주택을 제외하고 1개의 주택만을 소유하는 경우의 해당 주택
⑪ 조정대상지역의 공고가 있은 날 이전에 해당 지역의 주택을 양도하기 위하여 매매계약을 체결하고 계약금을 지급받은 사실이 증빙서류에 의하여 확인되는 주택
⑫ 2024년 1월 10일부터 2027년 12월 31일까지 취득한 주택으로 일정요건을 갖춘 신축주택(아파트 제외)과 2024년 1월 10일부터 2025년 12월 31일까지 취득한 주택으로 일정요건을 갖춘 준공 후 미분양 주택
⑬ 보유기간이 2년 이상인 주택을 2026년 5월 9일까지 양도하는 경우 그 해당 주택
⑭ 1세대 1주택의 특례 또는 조세특례제한법에 따라 1세대가 국내에 1개의 주택을 소유하고 있는 것으로 보거나 1세대 1주택으로 보아 양도소득세 비과세가 적용되는 주택으로서 같은 항의 요건을 모두 충족하는 주택

1세대 3주택 중과세에서 제외되는 주택에서 유의할 것은 먼저 수도권 등 외 주택으로써 양도 당시 기준시가 3억 원 이하의 주택과 2024년 1월 10일부터 2027년 12월 31일 중 취득한 주택으로 일정 요건을 갖춘 신축주택(아파트 제외)과 2024년 1월 10일부터 2025년 12월 31일까지 취득한 주택으로 일정요건을 갖춘 준공 후 미분양 주택은 중과세에도 제외되지만, 중과 대상 주택 수에서도 제외된다.

그리고 중과세에서 제외되는 일정요건을 갖춘 장기임대주택 중 통상적으로 활용되는 것은 2018. 3. 31.까지 임대주택으로 등록한 경우라면 5년 이상 임대한 주택, 2018. 4. 1. 이후 임대주택으로 등록하는 경우라면 장기일반민간임대주택 등으로 등록하여 8년 이상 임대한 주택, 2020. 8. 18.부터 등록한 경우에는 장기일반민간임대주택 등으로 등록하여 10년 이상 계속 임대한 주택에 해당해야 한다.

한편, 2025년 「민간임대주택에 관한 특별법」의 개정에 따라 6년 단기민간임대주택의 등록이 가능하게 되어 중과배제 되는 임대주택에 추가되었다. 중과배제 대상이 되는 6년 단기민간임대주택의 요건은 10년 장기일반민간임대주택 등과는 조금 다른 점이 있으니 유의해야 한다.

다만, 세 가지의 조건이 있는바 조건에 위배되면 중과세대상이 된다.

또한 1세대 3주택 중과세에서 제외되는 주택 가운데 유의할 것은 상속받은 주택인데, 상속받은 주택은 상속개시일 이후 5년 이내 양도 분에 한하여 중과세에서 제외되는 것이니 상속개시일 이후 5년이 경과한 경우에는 중과세된다는 것에 주의하여야 한다.

그리고 2020년 말 개정세법에서 그간 여러 가지로 불합리했던 부분을 정리해 주었는데, 먼저 1세대 1주택의 특례 또는 조세특례제한법에 따라 1세대가 국내에 1개의 주택을 소유하고 있는 것으로 보거나 1세대 1주택으로 보아 양도소득세 비과세가 적용되는 주택으로서 해당 요건을 모두 충족하는 주택에는 중과세하지 아니한다.

예를 들어 상속개시일부터 5년 이상 경과한 상속주택이 있고, 거주주택 비과세를 적용받을 수 있는 장기임대주택이 있고, 일반주택(거주주택)이 있는 경우에 해당 일반주택을 양도할 때 1세대 1주택 특례 규정이 적용되어 양도가액 12억 원까지는 비과세되는 것이나, 12억 원 초과분이 과세될 때 2020년 말까지는 해당 일반주택은 중과세 대상 주택에 편입되어 장기보유특별공제가 배제되고 중과세율이 적용되었다.

그러나 이제는 비과세 특례에 따라 비과세 요건을 모두 충족한 일반주택의 양도 시에는 중과세가 배제되게 되었다.

또한 2020년 말 개정세법에서 조세특례제한법에 따라 공익사업용 토지 등에 대한 양도소득세의 감면규정이 적용되는 주택의 양도에 대해서는 중과세가 배제되도록 규정한바, 종전에는 재개발·재건축 사업과 관련되어 조합원이 지급받게 되는 양도대금에 대해서 중과세 대상으로 주의를 요하였는데 2021년 이후부터는 이러한 문제점이 해소되었다.

1세대 2주택 중과세에서 제외되는 주택

① 수도권·광역시·세종시(광역시·세종시 소속 군 및 읍·면지역 제외) 외의 지역의 양도 당시 기준시가 3억 원 이하인 주택
② 1세대 3주택 중과세에서 제외되는 주택
③ 취학, 근무상 형편, 질병요양 등의 사유로 취득한 다른 시·군 소재 주택(취득 당시 기준시가 3억 원 이내이고 취득 후 1년 이상 거주하고 사유해소일부터 3년 이내 양도한 경우에 한한다) 또는 수도권 밖 주택
④ 소송진행 중이거나 소송결과에 따라 취득한 주택으로 확정판결일로부터 3년 이내 양도하는 주택
⑤ 양도 당시 기준시가 1억 원 이하 주택(정비구역이나 사업시행구역 내 소재 제외)
⑥ 상기 ①~④의 주택 외에 1개의 주택만을 소유하는 경우 해당 주택
⑦ 조정대상지역의 공고가 있은 날 이전에 해당 지역의 주택을 양도하기 위하여 매매계약을 체결하고 계약금을 지급받은 사실이 증빙서류에 의하여 확인되는 주택

⑧ 2024년 1월 10일부터 2027년 12월 31일까지 취득한 주택으로 일정요건을 갖춘 신축주택(아파트 제외)과 2024년 1월 10일부터 2025년 12월 31일까지 취득한 주택으로 일정요건을 갖춘 준공 후 미분양 주택
⑨ 보유기간이 2년 이상인 주택을 2026년 5월 9일까지 양도하는 경우 그 해당 주택
⑩ 1세대 1주택의 특례 또는 조세특례제한법에 따라 1세대가 국내에 1개의 주택을 소유하고 있는 것으로 보거나 1세대 1주택으로 보아 양도소득세 비과세가 적용되는 주택으로서 같은 항의 요건을 모두 충족하는 주택

1세대 2주택 중과세에서 제외되는 주택에서 유의할 것은 양도 당시 기준시가 1억 원 이하의 주택(소형주택)은 지역에 불문하고 중과세에서 제외된다는 것이다.

그러나 소형주택과 그 외에 1개 주택이 있는 경우에는 그 외의 1개 주택을 양도할 경우에는 중과세 대상이다. 왜냐하면 위 조항에서 보는 바와 같이 '①~④'의 주택 외에 1개의 주택만을 소유하는 경우 해당 주택은 중과세 배제대상이지만, '⑤' 소형주택은 제외되기 때문이다.

26

원조합원이 조합원입주권 양도 시
양도소득세의 계산
(1) 양도차익

　원조합원이 양도하는 조합원입주권에 대해 양도소득세가 과세되는 경우 양도소득세 계산에 대해 살펴보자.

조합원입주권의 양도차익 계산

　　　　　원조합원이 재개발·재건축 사업으로 인하여 종전주택이 조합원입주권으로 전환되고, 이 조합원입주권을 양도함에 따라 양도소득세가 과세되는 경우에 양도차익을 계산함에 있어서도 사고판 금액을 기준으로 계산하면 된다.

그런데 조합원입주권을 판 금액에 대해서는 양도가액이 분명하니 다툼이 없다. 그러나 취득가액에 대해서는 종전주택의 취득가액(+기타필요경비)으로 해야 하는지, 종전주택의 권리가액으로 해야 하는지 모르는 경우가 많다. 정답은 종전주택의 취득가액(+기타필요경비)으로 하여야 한다.

그리고 앞서 얘기한 바대로 청산금을 납부한 경우라면 청산금은 취득가액에 가산하여야 한다. 따라서 조합원입주권의 양도차익은 원리상 다음과 같은 산식으로 표현할 수 있을 것이다.

조합원입주권의 양도차익 =
양도가액 − (종전부동산의 취득가액 + 기타필요경비 + 청산금)

그런데 소득세법은 이 경우 조합원입주권의 양도차익을 다음과 같이 구분해서 규정하고 있다.

$$\left[\begin{array}{c} \text{양도가액} \\ (-)\text{기존건물과 부수토지평가액 및 청산금} \\ (-)\text{필요경비} \end{array} \right] + \left[\begin{array}{c} \text{기존건물과 부수토지평가액} \\ (-)\text{기존건물과 부수토지취득가액} \\ (-)\text{필요경비} \end{array} \right]$$

위의 산식은 원리로 풀어낸 산식과 세금계산상 일치하는 것이다. 그럼에도 불구하고 소득세법이 이렇게 규정한 것은 조합원입주권의 양도차익을 관리처분계획 등 인가 후 양도차익(산식 전단)과 인가 전 양도차익(산식 후단)으로 구분하고자 하기 때문이다.

이렇게 구분하는 이유는 바로 인가 전 양도차익에 대해서는 장기보유특별공제를 해 주고, 인가 후 양도차익에 대해서는 장기보유특별공제를 해 주지 않기 위해서이다.

참고로 기존건물과 그 딸린 토지의 평가액은 관리처분계획에 의하여 정하여진 가격(=권리가액)을 말하며, 그 가격이 변경된 때에는 변경된 가격에 의한다.소득세법 집행기준 100-166-2 참조

조합원입주권의 양도차익 계산 사례

이제 다음의 사례를 통해 조합원입주권의 양도차익을 계산해 보자.

종전주택의 취득가액	5억 원(2015년 1월 2일 취득)
종전주택의 평가액	9억 원(2023년 2월 5일 관리처분계획 등 인가)
납부한 청산금	3억 원(2024년 1월 2일 납부)
조합원입주권의 양도가액	15억 원(2025년 2월 3일 매매)

원리로 풀어낸 산식에 따라 조합원입주권의 양도차익을 계산하면, 양도가액 15억 원에서 종전주택의 취득가액 5억 원과 납부한 청산금 3억 원을 차감하면 7억 원이 될 것이다.

그런데 소득세법은 이 7억 원의 양도차익을 다음과 같이 인가 전 양도차익(ⓐ=4억 원)과 인가 후 양도차익(ⓑ=3억 원)으로 구분한다.

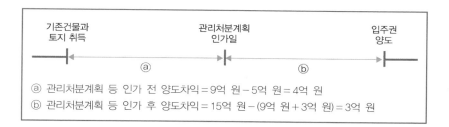

ⓐ 관리처분계획 등 인가 전 양도차익 = 9억 원 − 5억 원 = 4억 원
ⓑ 관리처분계획 등 인가 후 양도차익 = 15억 원 − (9억 원 + 3억 원) = 3억 원

27

원조합원이 조합원입주권 양도 시
양도소득세의 계산
(2) 장기보유특별공제

이제 다음의 사례를 통해 조합원입주권의 양도소득세를 계산해 보자.

종전주택의 취득가액	5억 원(2015년 1월 2일 취득)
종전주택의 평가액	9억 원(2023년 2월 5일 관리처분계획 등 인가)
납부한 청산금	3억 원(2024년 1월 2일 납부)
조합원입주권의 양도가액	15억 원(2025년 2월 3일 매매)

조합원입주권의 장기보유특별공제

양도소득세를 계산하기 위해서는 양도차익에서 장기보유특별공제를 차감하여 양도소득금액을 계산하여야 한다.

앞서 조합원입주권 양도차익 7억 원을 관리처분계획 등 인가 전 양도차익(ⓐ=4억 원)과 인가 후 양도차익(ⓑ=3억 원)으로 구분했다. 이는 양도소득금액을 계산함에 있어 관리처분계획 등 인가 전 양도차익에 대해서만 장기보유특별공제를 적용하기 위한 구분이라고 언급한 바 있다. 이 경우 장기보유특별공제의 보유기간은 종전주택의 취득일부터 관리처분계획 등 인가일까지의 기간으로 한다.

이 사례에서는 관리처분계획 등 인가 전 양도차익 4억 원에 대해 종전주택 취득일부터 관리처분계획 등 인가일까지 8년 보유기간을 적용하여 16%(연간 2%)인 6.4천만 원을 장기보유특별공제하면 될 것이다.

조합원입주권의 양도소득세 계산 사례

이후 양도소득세의 계산은 다음과 같이 일반적인 수순에 따라 하면 된다. 참고로 조정대상지역 내 소재하는 다주택자의 조합원입주권 양도라 하더라도 조합원입주권에 대해서는 중과세율을 적용하지 아니한다.

• **양도차익의 계산**
양도차익은 양도가액에서 취득가액을 차감하고 기타 필요경비를 차감하여 계산한다. 그 후 관리처분계획 등 인가 전과 후의 양도차익으로 구분한다.

- **양도소득금액의 계산**
  양도소득금액은 양도차익에서 관리처분계획 등 인가 전 양도차익에 한하여 종전 주택 취득일부터 관리처분계획 등 인가일까지를 보유기간으로 한 장기보유특별공제를 차감하여 계산한다.

- **양도소득과세표준 및 산출세액의 계산**
  양도소득과세표준은 양도소득금액에서 연간 2,500,000원의 양도소득기본공제액을 차감한 금액으로 하며, 과세표준 구간별 8단계 초과누진세율을 적용한다.

- **양도소득 총부담세액의 계산**
  양도소득 총부담세액은 세액공제 및 감면을 차감하고 가산세를 더하여 계산한다.

구분	관리처분계획 등 인가 전	관리처분계획 등 인가 후	계
양도가액	900,000,000	1,500,000,000	1,500,000,000
− 취득가액	500,000,000	1,200,000,000	800,000,000
− 기타필요경비	−	−	−
= 양도차익	400,000,000	300,000,000	700,000,000
− 장기보유특별공제	64,000,000[1]	−	64,000,000
= 양도소득금액	336,000,000	300,000,000	636,000,000
− 기본공제			2,500,000
= 과세표준			633,500,000
× 세율			42%
= 산출세액			230,130,000
− 공제 및 감면			0
+ 가산세			0
= 총부담세액			230,130,000
+ 지방소득세			23,013,000
= 계			253,143,000

1) 400,000,000 × 16%(8년 × 2%) = 64,000,000

1세대 1고가조합원입주권의 양도소득세 계산 사례

　　　　　　　그런데 만일 위 사례에 해당하는 조합원입주권이 1세대 1고가조합원입주권이라면 양도소득세 계산은 어떻게 달라질까?(장기보유특별공제 시 거주하지 않은 사례로 가정한다)

　아래 계산에서 보는 바와 같이 1세대 1고가조합원입주권의 양도차익 중 과세양도차익을 산출한 뒤, 관리처분계획 등 인가 전후의 양도차익 비례로 안분하여 관리처분계획 등 인가 전 양도차익에 한해 장기보유특별공제를 적용하는 방식으로 계산하면 된다.

구분	관리처분계획 등 인가 전	관리처분계획 등 인가 후	계
양도가액	900,000,000	1,500,000,000	1,500,000,000
－ 취득가액	500,000,000	1,200,000,000	800,000,000
－ 기타필요경비	－	－	－
＝ 양도차익	400,000,000	300,000,000	700,000,000
＝ 과세양도차익	80,000,000[1)]	60,000,000[2)]	140,000,000
－ 장기보유특별공제	12,800,000[3)]	－	12,800,000
＝ 양도소득금액	67,200,000	60,000,000	127,200,000
－ 양도소득기본공제			2,500,000
＝ 양도소득과세표준	67,200,000	60,000,000	124,700,000
× 세율			35%
＝ 양도소득산출세액	－	－	28,205,000
－ 공제 및 감면			0
＋ 가산세			0
＝ 총부담세액			28,205,000
＋ 지방소득세	－	－	2,820,500
＝ 계			31,025,500

1) $400,000,000 \times \dfrac{15억 - 12억}{15억} = 80,000,000$

2) $300,000,000 \times \dfrac{15억 - 12억}{15억} = 60,000,000$

3) $80,000,000 \times 16\%(8년 \times 2\%) = 12,800,000$

　1세대 1고가조합원입주권의 양도소득세 계산 사례는 기본적으로 1세대 1주택자가 관리처분계획 등 인가 후 1조합원입주권을 양도할 때 비과세 특례 요건에 해당할 경우를 전제로 하기 때문에 "13. 1세대 1주택자가 관리처분계획 등 인가 후 1조합원입주권을 양도할 때 비과세 특례"를 참조하기 바란다.

28

원조합원의 종전주택 취득가액을
알 수 없는 경우

　앞서 계산 사례와 같이 조합원입주권의 양도가액과 취득가액이 모두 확인되는 경우에는 일반적인 양도소득세의 계산방식에 따라 계산하면 된다. 그러나 조합원입주권의 양도가액은 있는데 종전주택의 취득가액이 불분명하다면, 다음과 같이 환산취득가액으로 적용하면 된다.

| 종전주택의 환산취득가액 | = | 종전주택의 평가액 | × | 취득일 현재 종전주택의 기준시가 / 관리처분계획 등 인가일 현재 종전주택의 기준시가 |

　이제 다음의 사례를 통해 조합원입주권의 양도차익을 계산해 보자.

- 종전주택의 취득가액: 불분명(2005년 1월 2일 취득)
- 종전주택 취득일 기준시가: 건물분 1억 원, 토지분 2억 원
- 종전주택의 평가액: 10억 원(2023년 2월 5일 관리처분계획 등 인가)
- 관리처분계획일 현재 종전주택의 기준시가: 건물분 3억 원, 토지분 5억 원
- 납부한 청산금: 4억 원(2024년 납부)
- 조합원입주권 양도가액: 15억 원(2025년 2월 3일 매매)

종전주택의 환산취득가액

　　　　　　일단 원리로 풀어낸 산식을 적용하기 위해서는 종전주택의 환산취득가액을 알아야 한다. 환산취득가액의 원리는 다음과 같다.

평가액(10억 원): 환산취득가액(x)＝인가 시 기준시가(8억 원): 취득 시 기준시가(3억 원)

　따라서 종전주택의 환산취득가액은 3.75억 원이며, 조합원입주권의 양도차익은 양도가액(15억 원)에서 환산취득가액(3.75억 원)과 청산금(4억 원)을 차감한 7.25억 원으로 산출된다.

　그리고 이 7.25억 원의 양도차익을 다음과 같이 인가 전 양도차익(ⓐ=6.25억 원)과 인가 후 양도차익(ⓑ=1억 원)으로 구분한다.

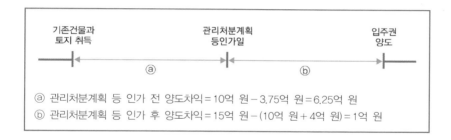

@ 관리처분계획 등 인가 전 양도차익 = 10억 원 − 3.75억 원 = 6.25억 원
ⓑ 관리처분계획 등 인가 후 양도차익 = 15억 원 − (10억 원 + 4억 원) = 1억 원

조합원입주권의 장기보유특별공제 및 세액계산

양도소득세를 계산하기 위해서는 양도차익에서 장기보유특별공제를 차감하여 양도소득금액을 계산하여야 한다.

앞서 조합원입주권 양도차익 7.25억 원을 관리처분계획 등 인가 전 양도차익(@=6.25억 원)과 인가 후 양도차익(ⓑ=1억 원)으로 구분했다. 이는 양도소득금액을 계산함에 있어 관리처분계획 등 인가 전 양도차익에 대해서만 장기보유특별공제를 적용하기 위함이고, 장기보유특별공제의 보유기간은 종전주택의 취득일부터 관리처분계획 등 인가일까지의 기간으로 한다.

따라서 이 사례에서는 관리처분계획 등 인가 전 양도차익 6.25억 원에 대해 18년 보유기간을 적용하여 30%(연간 2%, 최대 15년)인 187,500,000원을 장기보유특별공제하면 될 것이고, 이후 양도소득세의 계산은 다음과 같다.

구분	관리처분계획 등 인가 전	관리처분계획 등 인가 후	계
양도가액	1,000,000,000	1,500,000,000	1,500,000,000
− 취득가액	375,000,000	1,400,000,000	775,000,000
− 기타필요경비	−	−	−
= 양도차익	625,000,000	100,000,000	725,000,000
− 장기보유특별공제	187,500,000	−	187,500,000
= 양도소득금액	437,500,000	100,000,000	537,500,000
− 기본공제			2,500,000
= 과세표준			535,000,000
× 세율			42%
= 산출세액			188,760,000
− 공제 및 감면			0
+ 가산세			0
= 총부담세액			188,760,000
+ 지방소득세			18,876,000
= 계			207,636,000

한편, 관리처분계획 등 인가일 이후 철거하지 않은 기존주택에 거주하는 경우 1세대 1고가주택인 조합원입주권으로 양도할 때 보유기간과 거주기간 판단에 있어 비과세와 장기보유특별공제에 주의해야 할 것이 있다.

첫 번째, 관리처분계획 등 인가일 현재 2년 이상 보유 및 거주요건을 충족하지 못한 경우라고 하더라도 관리처분계획 등 인가일 후 기존주택에서 추가로 실제 거주하여 보유 및 거주기간을 충족하는 경우 비과세가 가능하다.

두 번째, 관리처분계획 등 인가일 이후 철거하지 않는 기존주택에 거주하는 경우 해당 거주기간은 장기보유특별공제 「표2」 적용 대상 (80%) 여부를 판정함에 있어서는 포함하여 판정하는 것이나, 「표2」의 거주기간별 공제율 산정 시에는 해당 거주기간을 제외한다. _{사전-2023-}

사전-2023-법규재산-0141, 2023. 11. 30.

이는 관리처분계획 등 인가는 되어 세법상 조합원입주권으로 전환되었지만 멸실되지 않고 주거용으로 사용되는 기존주택에서 실제로 거주하는 경우 해당 보유기간과 거주기간을 비과세 기간으로 포함하는 것과 마찬가지로 장기보유특별공제 「표2」를 적용 대상 여부를 판정할 때 멸실 전까지 실제 거주한 기간을 포함해 준다는 뜻이다.

다만, 조합원입주권 양도 시 소득세법 제95조에서 기존주택의 취득일부터 관리처분계획 등 인가일까지 보유기간에 대해서만 장기보유특별공제를 적용한다고 규정되어 있으므로 실질과세의 원칙과 상관없이 장기보유특별공제 「표2」 거주기간별 공제율 산정 시에는 관리처분계획 등 인가 후 거주기간은 제외되는 것이다.

세 번째, 상생임대주택에 대한 비과세 특례 요건을 충족한 주택이 관리처분계획 등 인가에 따라 조합원입주권으로 전환된 후 해당 조합원입주권을 양도하는 경우 조합원입주권 비과세 특례를 적용받을 수 있다. 사전-2024-법규재산-0795, 2024. 11. 20.

조합원입주권으로 전환되기 전 주택 상태에서 상생임대주택 비과세 특례 요건을 이미 충족한 경우 조합원입주권으로 전환되었더라도 주택 상태에서 이미 요건을 충족했으므로 환지개념이 적용되어 조합원 입주권 역시 주택의 연장선상이라고 볼 수 있기 때문에 이를 인정해 주는 것이라 사료된다.

네 번째, 주택 상태인 채로 관리처분계획 등 인가에 따라 조합원입 주권으로 전환되었음에도 불구하고 철거되기 전까지 상생임대주택에 대한 비과세 특례 요건을 충족한 경우 조합원입주권 비과세 특례를 적용받을 수 있다. 서면-2024-법규재산-0802, 2024. 12. 19.

이는 관리처분계획 등 인가일 이후 멸실되기 전까지 실제 주택으로 사용하는 경우 해당 기간 동안 주택으로 보아 비과세를 판단하는 해 석과 동일한 취지로 읽힌다.

참고로 기존주택 취득일부터 주택의 멸실일까지 기간이 3년 이상 이라고 하더라도 관리처분계획 등 인가일까지 보유한 기간이 3년이 되지 않으면 장기보유특별공제는 적용되지 않는다.

29

원조합원이 청산금을 지급받은 조합원입주권 양도 시 양도소득세의 계산 (1) 양도차익

앞서 원조합원이 청산금을 납부한 경우로서 양도하는 조합원입주권에 대해 양도소득세가 과세되는 경우 양도차익과 양도소득세 계산에 대해 살펴보았다.

그런데 원조합원이 당초 청산금을 지급받고 추후 조합원입주권을 양도한 경우에 양도차익은 어떻게 계산할까?

청산금을 지급받은 조합원입주권의 양도차익 계산

　　　　　　　원조합원이 재개발·재건축 사업으로 인하여 종전주택이 조합원입주권으로 전환되고, 이 조합원입주권을 양도함에 따라 양도소득세가 과세되는 경우에 양도차익을 계산함에 있어서도 사고판 금액을 기준으로 계산하면 된다고 하였다.

　그런데 사고판 금액으로 풀어내기 곤란한 부분은 종전부동산 중 일부가 이미 일부 청산으로 인하여 부분양도 되었다는 것이다. 그렇다면 부분양도한 부분의 취득가액을 종전부동산 취득가액에서 차감해내면 원리로 풀어낸 산식을 적용할 수 있다.

> 조합원입주권의 양도차익 =
> 양도가액 − (종전부동산의 취득가액 − 청산금에 상당하는 종전부동산의 취득가액)

　그런데 소득세법은 이 경우 조합원입주권의 양도차익을 다음과 같이 구분해서 규정하고 있다.

$$\left[\begin{array}{l} \text{양도가액} \\ (-)\text{기존건물과 부수토지평가액}-\text{지급받은 청산금} \\ (-)\text{필요경비} \end{array} \right] +$$

$$\left[\begin{array}{l} \text{기존건물과 부수토지평가액} \\ (-)\text{기존건물과 부수토지취득가액} \\ (-)\text{필요경비} \end{array} \right] \times \dfrac{\text{기존건물과 부수토지평가액}-\text{지급받은 청산금}}{\text{기존건물과 부수토지평가액}}$$

위의 산식은 원리로 풀어낸 산식과 세금계산상 일치하는 것이다. 그럼에도 불구하고 소득세법이 이렇게 규정한 것은 조합원입주권의 양도차익을 관리처분계획 등 인가 후 양도차익(산식 전단)과 인가 전 양도차익(산식 후단)으로 구분하고자 하기 때문이다.

이렇게 구분하는 이유는 바로 인가 전 양도차익에 대해서는 장기보유특별공제를 해 주고, 인가 후 양도차익에 대해서는 장기보유특별공제를 해 주지 않기 위해서이다.

청산금을 지급받은 조합원입주권의 양도차익 계산 사례

다음의 사례를 통해 조합원입주권의 양도차익을 계산해 보자.

종전주택의 취득가액	5억 원(2015년 1월 2일 취득)
종전주택의 평가액	8억 원(2023년 2월 5일 관리처분계획 등 인가)
지급받은(을) 청산금	2억 원
조합원입주권의 양도가액	10억 원(2025년 2월 3일 매매)

일부 청산으로 인하여 부분양도된 종전주택의 취득가액은 종전주택의 평가액(8억 원)에서 지급받은(을) 청산금(2억 원)이 차지하는 부분으로 계산할 수 있다.

종전주택 취득가액(5억 원): 공제될 취득가액(x) = 평가액(8억 원): 청산금(2억 원)

즉, 일부 청산으로 인하여 부분양도된 종전주택의 취득가액은 1.25억 원에 해당한다. 따라서 조합원입주권 양도차익 계산 시 양도가액에서 공제된 종전주택 취득가액은 3.75억 원(=5억 원-1.25억 원)이다.

원리로 풀어낸 산식에 따라 조합원입주권의 양도차익을 계산한다면 조합원입주권 양도가액 10억 원에서 종전주택의 취득가액 3.75억 원을 차감한 6.25억 원이 된다.

그런데 소득세법은 이 6.25억 원의 양도차익을 다음과 같이 인가 전 양도차익(ⓐ=2.25억 원)과 인가 후 양도차익(ⓑ=4억 원)으로 구분한다.

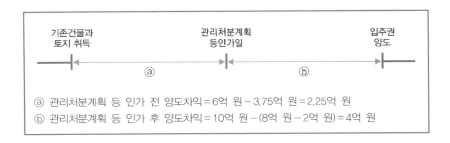

30

원조합원이 청산금을 지급받은
조합원입주권 양도 시 양도소득세의 계산
(2) 장기보유특별공제

다음의 사례를 통해 조합원입주권의 양도소득세를 계산해 보자.

종전주택의 취득가액	5억 원(2015년 1월 2일 취득)
종전주택의 평가액	8억 원(2023년 2월 5일 관리처분계획 등 인가)
지급받은(을) 청산금	2억 원
조합원입주권의 양도가액	10억 원(2025년 2월 3일 매매)

조합원입주권의 장기보유특별공제

양도소득세를 계산하기 위해서는 양도차익에서 장기보유특별공제를 차감하여 양도소득금액을 계산하여야 한다.

앞서 조합원입주권 양도차익 6.25억 원을 관리처분계획 등 인가 전 양도차익(ⓐ=2.25억 원)과 인가 후 양도차익(ⓑ=4억 원)으로 구분하였다.

이는 양도소득금액을 계산함에 있어 관리처분계획 등 인가 전 양도차익에 대해서만 장기보유특별공제를 적용하기 위한 구분이라고 언급한 바 있다. 이 경우 장기보유특별공제의 보유기간은 종전주택의 취득일부터 관리처분계획 등 인가일까지의 기간으로 한다.

이 사례에서는 관리처분계획 등 인가 전 양도차익 2.25억 원에 대해 8년 보유기간을 적용하여 16%(연간 2%)인 3.6천만 원을 장기보유특별공제하면 될 것이다.

조합원입주권의 양도소득세 계산 사례

이후 양도소득세의 계산은 다음과 같이 일반적인 수순에 따라 하면 된다. 참고로 조정대상지역 내 소재하는 다주택자의 조합원입주권 양도라 하더라도 조합원입주권에 대해서는 중과세율을 적용하지 아니한다.

• 양도차익의 계산

양도차익은 양도가액에서 취득가액을 차감하고 기타 필요경비를 차감하여 계산한다. 그 후 관리처분계획 등 인가 전과 후의 양도차익으로 구분한다.

• 양도소득금액의 계산

양도소득금액은 양도차익에서 관리처분계획 등 인가 전 양도차익에 한하여 종전주택 취득일부터 관리처분계획 등 인가일까지를 보유기간으로 하여 장기보유특별공제를 차감하여 계산한다.

• 양도소득과세표준 및 산출세액의 계산

양도소득과세표준은 양도소득금액에서 연간 2,500,000원의 양도소득기본공제액을 차감한 금액으로 하며, 과세표준 구간별 8단계 초과누진세율을 적용한다.

• 양도소득 총부담세액의 계산

양도소득 총부담세액은 세액공제 및 감면을 차감하고 가산세를 더하여 계산한다.

구분	관리처분계획 등 인가 전	관리처분계획 등 인가 후	계
양도가액	600,000,000	1,000,000,000	1,000,000,000
− 취득가액	375,000,000	600,000,000	375,000,000
− 기타필요경비	0	0	0
= 양도차익	225,000,000	400,000,000	625,000,000
− 장기보유특별공제	36,000,000	0	45,000,000
= 양도소득금액	189,000,000	400,000,000	589,000,000
− 기본공제			2,500,000
= 과세표준			586,500,000
× 세율			42%
= 산출세액			210,390,000
− 공제 및 감면			0
+ 가산세			0
= 총부담세액			210,390,000
+ 지방소득세			21,039,000
= 계			231,429,000

한편, 조합원입주권으로 양도하는 경우 청산금 환급액이 있는 경우 이를 매도하는 원조합원이 청산금을 환급받는 것으로 하고, 매수자는 순수한 조합원입주권만 구분하여 승계하는 사례보다는 조합원입주권과 환급받을 청산금(분담금 환급예정액)과 함께 양도하는 사례가 더 많을 것이다.

조합원입주권과 분담금 환급예정액을 함께 양도한 경우 원조합원의 양도소득세 계산방법

원조합원이 조합원입주권을 양도하면서 승계조합원(조합원입주권 양수인)으로부터 조합원입주권 대가와 함께 분담금 환급예정액(예정 청산금)을 수령한 경우 기존에는 조합원입주권 양도분은 조합원입주권 잔금일을 양도시기로 하고, 청산금 양도분은 소유권이전고시일의 다음날을 양도시기로 하여 각각 양도소득세를 신고·납부하였다.

조합원입주권과 분담금 환급예정액을 함께 양도한 경우 양도차익의 계산

최근 조세심판원 심판례조심-2023-서-3442, 2023. 5. 8.에 따르면, 분담금 환급예정액(예정 청산금)은 원조합원이 매수자에게 양도한 조합원입주권의 종전주택 부분에 대한 양도대가로 수령한 것이므로 매도자와 매수자 간의 잔금청산일을 양도시기로 하고, 조합원입주권의 양도가액과 분담금 환급예정액을 합산하여 총 조합원입주권의 양도대가로 보아 양도차익을 산정하는 것으로 본다.

이 경우 조합원입주권에 대한 양도차익과 분담금 예정액에 대한 양도차익으로 구분하여 양도차익을 계산한다.

먼저 조합원입주권에 대한 양도차익은 앞서 살펴본 청산금을 지급받은 경우 조합원입주권의 양도차익의 산식에 따라 관리처분계획 등 인가 전 양도차익과 관리처분계획 등 인가 후 양도차익으로 구분한다.

분담금 환급예정액에 대한 양도차익은 그 원천이 종전주택이므로 지급받은 청산금의 양도차익 계산 산식에 따라 계산하되, 이 금액 역시 조합원입주권의 양도대가에 해당되므로 관리처분계획 등 인가 전 양도차익으로 구분한다.

$$\left[\begin{array}{c}\text{기존건물과 부수토지평가액}\\ (-)\text{기존건물과 부수토지취득가액}\\ (-)\text{필요경비}\end{array}\right] \times \frac{\text{지급받은 청산금}}{\text{기존건물과 부수토지평가액}}$$

조합원입주권과 분담금 환급예정액을
함께 양도한 경우 장기보유특별공제

위 양도차익 중 관리처분계획인가 전 양도차익 (분담금 환급예정액에 대한 양도차익 전액 포함)에 대해서만 장기보 유특별공제를 적용하며, 공제율 적용을 위한 보유기간은 종전주택의 취득일부터 관리처분계획 등 인가일까지의 기간으로 계산한다.

조합원입주권을 승계 취득한 후 증가한
청산금을 지급받은 경우 소득구분과
납세의무자

원조합원은 조합원입주권 양도 시 환급금 상당 액을 포함하여 양도소득세를 신고·납부하는 것으로 납세의무가 종결 된다.

그런데 만약 해당 조합원입주권을 승계한 승계조합원이 청산금을 지급받고 청산금에 대한 양도차익이 발생하는 경우 이에 대한 소득은 어떻게 구분되고, 납세의무자는 누구일까?

현재 유권해석에 따르면 승계조합원이 이전고시가 있은 후 조합으 로부터 수령한 청산금 상당액은 양도소득세로 과세가 되는 것이며,

해당 청산금의 양도시기는 소유권 이전고시가 있은 날의 다음날이 되고, 납세의무자는 승계조합원이다._{사전-2023-법규재산-0450, 2024. 6. 27.} 이 유권해석은 비례율의 변동으로 당초 지급받을 청산금이 증가된 경우로서 승계조합원이 증가된 청산금만을 수령하기로 하였을 때의 소득구분과 납세의무자에 대한 내용이다. 다만, 이러한 경우 양도소득세 계산 시 취득가액 계산을 어떻게 해야 하는지와 세율 적용을 위한 보유기간 및 장기보유특별공제 적용 여부 등도 명확하지 않다. 또한 해당 증가된 청산금 수령액에 대해 양도소득이 아니라 기타소득, 채권매매익 등으로 보는 견해가 있어 연구가 필요한 부분이다.

31

원조합원이 청산금을 납부한
신축주택 양도 시 양도소득세의 계산
(1) 양도차익

원조합원이 양도하는 신축주택에 대해 양도소득세가 과세되는 경우
양도소득세 계산에 대해 살펴보자.

신축주택의 양도차익 계산

원조합원이 재개발·재건축 사업으로 취득한
신축주택을 양도하여 양도소득세가 과세되는 경우에 양도차익을 계산
함에 있어서도 사고판 금액을 기준으로 계산하면 된다. 그리고 앞서
얘기한 바대로 청산금을 납부한 경우라면, 청산금은 취득가액에 가산

하여야 한다. 따라서 신축주택의 양도차익은 원리상 다음과 같은 산식으로 표현할 수 있을 것이다.

> 신축주택의 양도차익
> = 양도가액 − (종전부동산의 취득가액 + 기타필요경비 + 청산금)

그런데 소득세법은 이 경우 신축주택의 양도차익을 다음과 같이 구분해서 규정하고 있다.

$$\left[\text{관리처분계획 등 인가 후 양도차익} \times \frac{\text{납부한 청산금}}{\text{기존건물과 그 부수토지의 평가액} + \text{납부한 청산금}}\right] +$$

$$\left[\text{관리처분계획 등 인가 후 양도차익} \times \frac{\text{기존건물과 그 부수토지의 평가액}}{\text{기존건물과 그 부수토지의 평가액} + \text{납부한 청산금}}\right] + \text{관리처분계획 등 인가 전 양도차익}$$

위의 산식은 원리로 풀어낸 산식과 세금계산상 일치하는 것이다. 그럼에도 불구하고 소득세법이 이렇게 규정한 것은 신축주택의 양도차익을 청산금납부분 양도차익(산식 전단)과 종전부동산분 양도차익(=관리처분계획 등 인가 전 양도차익+관리처분계획 등 인가 후 양도차익 중 종전부동산 평가분)으로 구분하고자 하기 때문이다.

이렇게 구분하는 이유는 바로 청산금납부분 양도차익과 종전부동산분 양도차익에 대해 각각의 보유기간별 장기보유특별공제가 다르기 때문이다.

신축주택의 양도차익 계산 사례

다음의 사례를 통해 신축주택의 양도차익을 계산해 보자.

종전주택의 취득가액	5억 원(2010년 1월 2일 취득)
종전주택의 평가액	10억 원(2020년 2월 5일 관리처분계획 등 인가)
납부한 청산금	4억 원(2021년 1월 2일 납부)
신축주택 양도가액	20억 원(2025년 2월 3일 매매)

원리로 풀어낸 산식에 따라 신축주택의 양도차익을 계산하면 양도가액 20억 원에서 종전주택의 취득가액 5억 원과 납부한 청산금 4억 원을 차감하면 11억 원이 될 것이다.

그런데 소득세법은 이 11억 원의 양도차익을 다음과 같이 관리처분계획 등 인가 전 양도차익(ⓐ=5억 원)과 관리처분계획 등 인가 후 양도차익(ⓑ=6억 원)으로 구분하고, 관리처분계획 등 인가 후 양도차익(ⓑ=6억 원) 중 청산금납부분 양도차익을 뽑아낸다.

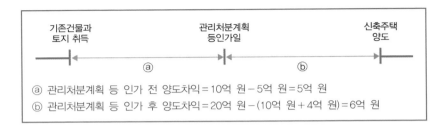

ⓐ 관리처분계획 등 인가 전 양도차익＝10억 원－5억 원＝5억 원
ⓑ 관리처분계획 등 인가 후 양도차익＝20억 원－(10억 원＋4억 원)＝6억 원

관리처분계획 등 인가 후 양도차익(ⓑ=6억 원) 중 청산금납부분 양도차익은 다음과 같은 산식으로 계산한다. 따라서 청산금납부분 양도차익은 $171,428,571(=600,000,000 \times \dfrac{4억}{10억+4억})$원이며 총 양도차익 11억 원 중 171,428,571원을 공제한 928,571,429원 (=500,000,000원 + 428,571,429원)은 종전주택분 양도차익에 해당한다.

$$청산금납부분\ 양도차익 = 관리처분계획\ 등\ 인가\ 후\ 양도차익 \times \frac{납부한\ 청산금}{납부한\ 청산금+종전주택\ 평가액}$$

32

원조합원이 청산금을 납부한
신축주택 양도 시 양도소득세의 계산
(2) 장기보유특별공제

다음의 사례를 통해 신축주택의 양도소득세를 계산해 보자.

종전주택의 취득가액	5억 원(2010년 1월 2일 취득)
종전주택의 평가액	10억 원(2020년 2월 5일 관리처분계획 등 인가)
납부한 청산금	4억 원(2021년 1월 2일 납부)
신축주택 양도가액	20억 원(2025년 2월 3일 매매)

신축주택의 장기보유특별공제

양도소득세를 계산하기 위해서는 양도차익에서 장기보유특별공제를 차감하여 양도소득금액을 계산하여야 한다.

앞서 신축주택 양도차익 11억 원을 관리처분계획 등 인가 전 양도차익(ⓐ=5억 원)과 인가 후 양도차익(ⓑ=6억 원)으로 구분하고, 인가 후 양도차익에서 청산금납부분 양도차익 171,428,571원이며 총 양도차익 11억 원 중 171,428,571원을 공제한 928,571,429원(= 500,000,000원 + 428,571,429원)은 종전주택분 양도차익에 해당한다.

이는 양도소득금액을 계산함에 있어 장기보유특별공제를 적용하여 보유기간이 종전주택분 양도차익과 청산금납부분 양도차익이 다르기 때문이라고 언급한 바 있다. 이 경우 장기보유특별공제의 보유기간은 다음과 같다.

- 청산금납부분 양도차익에서 장기보유특별공제액을 공제하는 경우의 보유기간
  관리처분계획 등 인가일부터 신축주택의 양도일까지의 기간
- 종전주택분 양도차익에서 장기보유특별공제액을 공제하는 경우의 보유기간
  종전주택의 취득일부터 신축주택의 양도일까지의 기간

이 사례에서는 청산금납부분 양도차익에 대해 4년 보유기간을 적용하여 8%(연간 2%)의 장기보유특별공제하면 될 것이다. 그리고 종전주택분 양도차익에 대해서는 15년 보유기간을 적용하여 30%(연간 2%, 최대 15년)의 장기보유특별공제하면 될 것이다.

신축주택의 양도소득세 계산 사례

        이후 양도소득세의 계산은 다음과 같이 일반적인 수순에 따라 하면 된다. 참고로 동 사례는 조정대상지역 내 소재하는 다주택자가 보유한 주택이 아니라고 가정한다.

- **양도차익의 계산**

  양도차익은 양도가액에서 취득가액을 차감하고 기타 필요경비를 차감하여 계산한다. 그 후 관리처분계획 등 인가 전과 후(종전주택분과 청산금 납부분으로 구분)의 양도차익으로 구분한다.

- **양도소득금액의 계산**

  양도소득금액은 양도차익에서 ① 관리처분계획 등 인가 전 양도차익과 관리처분계획 등 인가 후 양도차익 중 종전주택분은 종전주택 취득일부터 신축주택 양도일까지, ② 관리처분계획 등 인가 후 양도차익 중 청산금 납부분은 관리처분계획 등 인가일부터 신축주택 양도일까지를 보유기간으로 하여 각각 장기보유특별공제를 차감하여 계산한다.

- **양도소득과세표준 및 산출세액의 계산**

  양도소득과세표준은 양도소득금액에서 연간 2,500,000원의 양도소득기본공제액을 차감한 금액으로 하며, 과세표준 구간별 8단계 초과누진세율을 적용한다.

- **양도소득 총부담세액의 계산**

  양도소득 총부담세액은 세액공제 및 감면을 차감하고 가산세를 더하여 계산한다.

구분	관리처분계획 등 인가 전	관리처분계획 등 인가 후		계
	종전주택분	종전주택분	청산금납부분	
양도가액	1,000,000,000	2,000,000,000		2,000,000,000
− 취득가액	500,000,000	1,400,000,000		900,000,000
− 기타필요경비	−	−		−
= 양도차익	500,000,000	428,571,429[1]	171,428,571[2]	1,100,000,000
− 장기보유특별공제	150,000,000[3]	128,571,429[4]	13,714,286[5]	292,285,714
= 양도소득금액	350,000,000	300,000,000	157,714,286	807,714,286
− 기본공제				2,500,000
= 과세표준				805,214,286
× 세율				42%
= 산출세액				302,250,000
− 공제 및 감면				0
+ 가산세				0
= 총부담세액				302,250,000
+ 지방소득세				30,225,000
= 계				332,475,000

1) $600,000,000 \times \dfrac{10억}{10억 + 4억} = 428,571,429$

2) $600,000,000 \times \dfrac{4억}{10억 + 4억} = 171,428,571$

3) $500,000,000 \times 30\%(15년 \times 2\%) = 150,000,000$

4) $428,571,429 \times 30\%(15년 \times 2\%) = 128,571,429$

5) $171,428,571 \times 8\%(4년 \times 2\%) = 13,714,286$

1세대 1주택의 양도소득세 계산 사례

그런데 만일 위 사례에 해당하는 신축주택이 1세대 1주택이라면 양도소득세 계산은 어떻게 달라질까?(장기보유특

별공제 시 거주하지 않은 사례로 가정한다)

아래 계산에서 보는 바와 같이 1세대 1주택의 양도차익 중 과세양도차익을 산출한 뒤, 각 단계별 양도차익 비례로 안분하여 장기보유특별공제를 적용하는 방식으로 계산하면 된다.

구분	관리처분계획 등 인가 전	관리처분계획 등 인가 후		계
	종전주택분	종전주택분	청산금납부분	
양도가액	1,000,000,000		2,000,000,000	2,000,000,000
− 취득가액	500,000,000		1,400,000,000	900,000,000
− 기타필요경비	−		−	−
= 양도차익	500,000,000	428,571,429	171,428,571	1,100,000,000
= 과세양도차익	200,000,000[1]	171,428,572[2]	68,571,428[3]	440,000,000
− 장기보유특별공제	60,000,000[4]	51,428,571[5]	5,485,714[6]	116,914,286
= 양도소득금액	140,000,000	120,000,000	63,085,714	323,085,714
− 양도소득기본공제				2,500,000
= 양도소득과세표준				320,585,714
× 세율				40%
= 양도소득산출세액				102,294,286
− 공제 및 감면				0
+ 가산세				0
= 총부담세액				102,294,286
+ 지방소득세				10,229,428
= 계				112,523,714

1) $500,000,000 \times \dfrac{20억-12억}{20억} = 200,000,000$

2) $428,571,429 \times \dfrac{20억-12억}{20억} = 171,428,572$

3) $171,428,571 \times \dfrac{20억-12억}{20억} = 68,571,428$

4) $200,000,000 \times 30\%(15년 \times 2\%) = 60,000,000$

5) $171,428,572 \times 30\%(15년 \times 2\%) = 51,428,571$

6) $68,571,428 \times 8\%(4년 \times 2\%) = 5,485,714$

한편, 1세대 1고가주택에서 거주한 사례에 해당한다면 장기보유특별공제는 보유기간과 거주기간을 고려하여 최대 80%까지 가능한 것이나, 이때에도 종전주택분과 청산금납부분을 나누어 판단하여야 한다.

사전-2020-법령해석재산-0386, 2020. 11. 23.

재건축사업을 시행하는 정비사업조합의 조합원이 해당 조합에 기존주택과 그 부수토지를 제공 및 청산금을 납부하고 관리처분계획 등에 따라 취득한 1세대 1주택에 해당하는 신축주택 및 그 부수토지를 양도하는 경우로서 기존주택에서는 2년 이상 거주했으나 신축주택에서는 2년 이상 거주하지 않은 경우에는 청산금납부분 양도차익에 대해 「소득세법」 제95조 제2항 표 2.에 따른 보유기간별 공제율을 적용하지 아니하는 것임.

1세대 1주택 양도소득세 비과세 규정을 판단할 때의 거주기간은 종전주택과 청산금납부분을 구분하지 아니하고 전체 거주기간으로 판단하는 것이나, 청산금납부분에 대한 1세대 1주택 장기보유특별공제에 관해서는 관리처분계획 등 인가일 이후 2년을 거주한 사실이 없는 경우 관리처분계획 등 인가일부터 양도일까지 일반적인 장기보유특별공제(연 2%)를 적용한다.

한편, 1세대가 취득한 기존주택이 「도시 및 주거환경정비법」에 따른 재건축사업으로 청산금을 지급받고 신축된 주택의 「표2」의 거주기간별 공제율 산정 시 관리처분계획인가일 이후 철거되지 않은 기존주택에 거주하는 경우 해당 거주기간을 포함하여 산정한다.^{사전-2024-법규}

_{재산-0713, 2024. 10. 30.}

마찬가지로 청산금을 납부하고 관리처분계획 등에 따라 취득한 1세대 1주택에 해당하는 신축주택을 양도하는 경우 청산금 납부분 양도차익에 대한 「표2」에 따른 거주기간별 공제율은 관리처분계획 등 인가일부터 양도일까지의 기간 중 실제 거주한 기간에 따라 적용되므로 청산금을 납부한 경우 역시 관리처분계획인가일 이후 철거되지 않은 기존주택에 거주한 기간도 거주기간에 포함하여 장기보유특별공제 「표2」를 적용할 수 있다.

33

원조합원이 청산금을 지급받은
신축주택 양도 시 양도소득세의 계산
(1) 양도차익

앞서 원조합원이 청산금을 납부한 경우로서 양도하는 신축주택에 대해 양도소득세가 과세되는 경우 양도차익과 양도소득세 계산에 대해 살펴보았다.

그런데 원조합원이 당초 청산금을 지급받고, 추후 신축주택을 양도한 경우에 양도차익은 어떻게 계산할까?

청산금을 지급받은 신축주택의
양도차익 계산

원조합원이 재개발·재건축 사업으로 인하여 종전주택이 조합원입주권으로 전환되고 조합원입주권이 다시 신축주택으로 전환되어 이를 양도함에 따라 양도소득세가 과세되는 경우에 양도차익을 계산함에 있어서도 사고판 금액을 기준으로 계산하면 된다고 하였다.

그런데 사고판 금액으로 풀어내기 곤란한 부분은 종전부동산 중 일부가 이미 일부 청산으로 인하여 부분양도 되었다는 것이다. 그렇다면 부분양도한 부분의 취득가액을 종전부동산 취득가액에서 차감해내면 원리로 풀어낸 산식을 적용할 수 있다.

> 신축주택의 양도차익 =
> 양도가액 − (종전부동산의 취득가액 − 일부 청산 관련 종전부동산 취득가액 상당액)

그런데 소득세법은 이 경우 신축주택의 양도차익을 다음과 같이 구분해서 규정하고 있다.

$$\left[\begin{array}{c} \text{양도가액} \\ (-)\text{기존건물과 부수토지평가액(청산금 차감)} \\ (-)\text{필요경비} \end{array} \right] +$$

$$\left[\begin{array}{c} \text{기존건물과 부수토지평가액} \\ (-)\text{기존건물과 부수토지취득가액} \\ (-)\text{필요경비} \end{array} \right] \times \frac{\text{기존건물과 부수토지평가액(청산금 차감)}}{\text{기존건물과 부수토지평가액}}$$

위의 산식은 원리로 풀어낸 산식과 세금계산상 일치하는 것이다. 그런데 이 산식이 일부 청산한 경우 조합원입주권 양도차익 계산식과 같다는 것을 눈치챈 분이 있을 수도 있겠다. 다만, 산식이 필요한 이유는 서로 조금 다르다. 일부 청산한 경우 조합원입주권 양도차익을 구분계산한 이유는 관리처분계획 등 인가 전후로 양도차익을 구분하여 장기보유특별공제를 달리하기 위함이다.

그러나 일부 청산한 경우 신축주택 양도차익은 단지 일부 청산한 종전부동산의 취득가액을 수정반영하기 위한 산식으로 이해하면 된다. 왜냐하면 이 경우 신축주택의 양도차익에 대해서는 관리처분계획 등 인가 전후 모두 장기보유특별공제에 차등이 없기 때문이다.

일부 청산한 신축주택의 양도차익 계산 사례

다음의 사례를 통해 신축주택의 양도차익을 계산해 보자.

종전주택의 취득가액	5억 원(2015년 1월 2일 취득)
종전주택의 평가액	8억 원(2023년 2월 5일 관리처분계획 등 인가)
지급받은 청산금	2억 원
신축주택의 양도가액	15억 원(2025년 2월 3일 매매)

일부 청산으로 인하여 부분양도된 종전주택의 취득가액은 종전주택의 평가액(8억 원)에서 지급받은(을) 청산금(2억 원)이 차지하는 부분으로 계산할 수 있다.

> 종전주택 취득가액(5억 원): 공제될 취득가액(x) = 평가액(8억 원): 청산금(2억 원)

즉, 일부 청산으로 인하여 부분양도된 종전주택의 취득가액은 1.25억 원에 해당한다. 따라서 신축주택 양도차익 계산 시 양도가액에서 공제된 종전주택 취득가액은 3.75억 원(=5억 원-1.25억 원)이다.

원리로 풀어낸 산식에 따라 신축주택의 양도차익을 계산한다면, 신축주택 양도가액 15억 원에서 종전주택의 취득가액 3.75억 원을 차감한 11.25억 원이 된다.

그런데 소득세법은 이 11.25억 원의 양도차익을 다음과 같이 인가 전 양도차익(ⓐ=2.25억 원)과 인가 후 양도차익(ⓑ=9억 원)으로 구분한다.

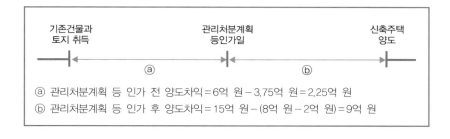

ⓐ 관리처분계획 등 인가 전 양도차익=6억 원－3.75억 원=2.25억 원
ⓑ 관리처분계획 등 인가 후 양도차익=15억 원－(8억 원－2억 원)=9억 원

34

원조합원이 청산금을 지급받은 신축주택 양도 시 양도소득세의 계산 (2) 장기보유특별공제

다음의 사례를 통해 신축주택의 양도소득세를 계산해 보자.

종전주택의 취득가액	5억 원(2015년 1월 2일 취득)
종전주택의 평가액	8억 원(2023년 2월 5일 관리처분계획 등 인가)
지급받은 청산금	2억 원
신축주택의 양도가액	15억 원(2025년 2월 3일 매매)

신축주택의 장기보유특별공제

양도소득세를 계산하기 위해서는 양도차익에서 장기보유특별공제를 차감하여 양도소득금액을 계산하여야 한다.

앞서 신축주택 양도차익 11.25억 원을 관리처분계획 등 인가 전 양도차익(ⓐ=2.25억 원)과 인가 후 양도차익(ⓑ=9억 원)으로 구분했다. 이는 양도소득금액을 계산함에 있어 관리처분계획 등 인가 전 양도차익에 대해서만 장기보유특별공제를 적용하기 위한 구분이라고 언급한 바 있다.

그런데 조합원입주권 상태가 아닌 신축주택 상태로 전환되어 양도된 경우에는 장기보유특별공제의 보유기간은 관리처분계획 등 인가 전후의 양도차익 구분없이 종전주택의 취득일부터 신축주택 양도일까지의 기간으로 한다.

이 사례에서는 신축주택 양도차익 11.25억 원에 대해 10년 보유기간을 적용하여 20%(연간 2%)인 225,000,000원을 장기보유특별공제하면 될 것이다.

신축주택의 양도소득세 계산 사례

이후 양도소득세의 계산은 다음과 같이 일반적인 수순에 따라 하면 된다.

참고로 동 사례는 조정대상지역 내 소재하는 다주택자가 보유한 주택이 아니라고 가정한다.

- **양도차익의 계산**
  양도차익은 양도가액에서 취득가액을 차감하고 기타 필요경비를 차감하여 계산한다. 그 후 관리처분계획 등 인가 전과 후의 양도차익으로 구분한다.

- **양도소득금액의 계산**
  양도소득금액은 양도차익에서 관리처분계획 등 인가 전과 후 양도차익에 종전주택 취득일부터 신축주택 양도일까지를 보유기간으로 하여 장기보유특별공제를 차감하여 계산한다.

- **양도소득과세표준 및 산출세액의 계산**
  양도소득과세표준은 양도소득금액에서 연간 2,500,000원의 양도소득기본공제액을 차감한 금액으로 하며, 과세표준 구간별 8단계 초과누진세율을 적용한다.

- **양도소득 총부담세액의 계산**
  양도소득 총부담세액은 세액공제 및 감면을 차감하고 가산세를 더하여 계산한다.

구분	관리처분계획 등 인가 전	관리처분계획 등 인가 후	계
양도가액	600,000,000	1,500,000,000	1,500,000,000
− 취득가액	375,000,000	600,000,000	375,000,000
− 기타필요경비	0	0	0
= 양도차익	225,000,000	900,000,000	1,125,000,000
− 장기보유특별공제	45,000,000[1]	180,000,000[2]	225,000,000
= 양도소득금액	180,000,000	720,000,000	900,000,000
− 기본공제			2,500,000
= 과세표준			897,500,000
× 세율			42%
= 산출세액			341,010,000
− 공제 및 감면			0
+ 가산세			0
= 총부담세액			341,010,000
+ 지방소득세			34,101,000
= 계			375,111,000

1) 225,000,000 × 20%(10년 × 2%) = 45,000,000
2) 900,000,000 × 20%(10년 × 2%) = 180,000,000

35

승계조합원이 조합원입주권 또는
신축주택 양도 시 양도소득세의 계산

승계조합원이란 재개발·재건축 사업의 원조합원으로부터 조합원입주권을 취득한 조합원을 말한다. 승계조합원은 매입한 조합원입주권을 조합원입주권 상태에서 매각할 수도 있고, 추후 신축주택으로 사용승인된 후 매각할 수도 있다.

승계조합원의 조합원입주권 양도

승계조합원은 조합원입주권이라는 권리상태로 취득한 경우에 해당하기 때문에 다시 조합원입주권 상태로 매매하는 경우에 단순히 부동산을 취득할 수 있는 권리의 매매로 보아 장기보유특별공제를 계산할 필요 없이 조합원입주권 양도차익에 대해 1년 미만 보유 시 70%, 2년 미만 보유 시 60%, 2년 이상 보유 시 누진 세율로 양도소득세를 계산하면 그뿐이다.

승계조합원의 신축주택 양도

조합원입주권 상태가 아닌 신축주택으로 사용 승인된 이후에 매매하는 경우는 마치 분양받은 아파트를 매각하는 것과 같이 양도소득세를 계산하는 것이지, 앞서 서술한 원조합원의 신축주택 양도소득세의 계산과 전혀 다르다는 점에 유의하여야 한다.

승계조합원의 신축주택 양도차익은 신축주택 양도가액에서 조합원 입주권 매입가액 및 기타필요경비를 차감하여 계산하고, 장기보유특별공제를 적용함에 있어서는 신축주택의 사용승인일부터 기산한다.

왜냐하면 승계조합원의 신축주택의 취득시기는 조합원입주권을 매입한 때가 아닌, 사용승인일이기 때문이다. 따라서 원조합원처럼 종전주택 부분과 청산금 부분으로 나누어 장기보유특별공제를 복잡하게 계산할 일이 없다.

취득유형		신축주택의 취득시기
재개발·재건축	원조합원	종전주택을 취득한 날
	승계조합원	신축주택의 취득시기(사용승인일)

주의할 것은 승계조합원의 신축주택의 취득시기가 사용승인일이기 때문에, 이때부터 2년이 경과되어야 1세대 1주택 양도소득세 비과세를 적용받을 수 있다는 것이다.

다음의 사례를 통해 승계조합원의 신축주택의 양도소득세를 계산해 보자.

조합원입주권 매입가액	5억 원(2020년 1월 2일 취득)
각종 부담금	2억 원
신축주택의 양도가액	15억 원(2025년 2월 3일 매매)
신축주택 양도일 현재 1세대 1주택자이며, 사용승인일은 2024년 2월 5일임	

위 사례의 경우 비록 조합원입주권을 2020. 1. 2.에 승계취득하고 신축주택을 2025. 2. 3.에 매매하여 사실상 5년 이상 조합원입주권을 보유하였다고 하더라도, 양도한 자산이 신축주택에 해당하고 승계조합원의 신축주택 취득시기는 사용승인일인 2024. 2. 5.이므로 1세대 1주택 양도소득세 비과세가 적용될 수 없을 뿐만 아니라, 신축주택 취득 시부터 1년 이내에 단기양도한 경우에 해당하여 70%의 중과세가 적용된다.

구분	가액	비고
양도가액	1,500,000,000	
− 취득가액	500,000,000	
− 기타필요경비	200,000,000	
= 양도차익	800,000,000	
− 장기보유특별공제	−	
= 양도소득금액	800,000,000	
− 양도소득기본공제	2,500,000	
= 과세표준	797,500,000	
× 세율	70%	1년 미만 70%, 2년 미만 60%
= 산출세액	558,250,000	
− 공제 및 감면	0	
+ 가산세	0	
= 총부담세액	558,250,000	
+ 지방소득세	55,825,000	
= 계	614,075,000	

36

재개발·재건축 권리 &
세금과 관련한 절세방안

재개발·재건축 사업이 예정되어 있거나 진행 중인 경우, 언제 무엇을 취득할 것인지 또는 양도할 것인지는 매우 중요하다. 상황별 취득시기 또는 양도시기에 따라 세금의 유불리를 분석해 보자.

12억 원 이하의 1세대 1주택
비과세 대상 주택을 소유한 경우

12억 원 이하의 1세대 1주택 비과세 요건을 충족한 1주택을 보유한 경우로써 비과세 특례가 적용되는 주택이 있는지 여부에 따라 양도시기를 잘 조절하여야 한다. 비과세 요건을 충족한 주택을 양도하는 경우에는 2주택 이상 비과세 특례가 적용되는 주택을 보유하는 경우 비과세를 받는데 제한이 없다.

　그러나 일시적 2주택과 다른 특례주택을 보유하고 있는 경우에는 중첩 적용으로 비과세가 가능하지만, 조합원입주권 비과세 특례에서는 양도일 현재 다른 주택이 없어야 하는 것이 원칙이기 때문에 비과세의 걸림돌이 될 수 있다. 예를 들어 일시적 2주택과 장기임대주택을 보유한 상황이라면 주택으로 양도할 경우 2년 이상 거주한 거주주택은 비과세를 받을 수 있지만, 관리처분계획 등 인가 이후 조합원입주권 상태로 양도할 경우에는 양도일 현재 다른 주택(장기임대주택)을 보유하고 있어서 비과세를 받지 못한다는 것에 유의하여야 한다.

12억 원 초과의 1세대 1주택
비과세 대상 주택을 소유한 경우

　　　　　　12억 원을 초과하는 1세대 1주택 비과세 요건을 충족한 1주택을 보유한 경우에는 관리처분계획 등 인가 전에 주택인 상태에서 양도해야 유리하다. 왜냐하면 주택으로 양도하거나 조합원입주권 상태로 양도하거나 양도가액이 동일할 경우 전체 양도차익에는 변함이 없지만, 장기보유특별공제 계산 시 주택은 전체 양도차익에 대해서 적용되지만 조합원입주권은 관리처분계획 등 인가 후 양도차익에 대해서는 장기보유특별공제를 받지 못하므로 세부담이 늘어난다.

관리처분계획 등 인가일까지 보유기간이
비과세 요건을 충족하지 못한 경우

　　　　　　　　취득일로부터 양도일까지 보유기간이 1세대
1주택 양도소득세 비과세 요건을 충족하지 못한 경우라면 일반세율
이 적용되는지 다주택자 중과세율이 적용되는지에 따라 양도시기를
조절할 필요가 있다.

　일반세율이 적용되는 경우 관리처분계획 등 인가일 전에 양도하여
야 장기보유특별공제의 혜택을 온전히 받을 수 있어 유리하고, 다주
택자 중과세율이 적용되는 경우 관리처분계획 등 인가일 이후에 양도
하여야 조합원입주권의 양도로서 중과세율 적용에서 회피할 수 있으
므로 유리하다.

일반적인 양도소득세가 과세되는 경우

　　　　　　　　일반적인 양도소득세가 과세되는 경우에 해당
하면 관리처분계획 등 인가 이후에 발생한 양도차익에 대해서는 장기
보유특별공제를 받을 수 없으므로, 관리처분계획 등 인가 전에 양도
를 하는 것이 일반적으로 유리하다.

　특히 권리가액이 낮게 산정된 경우에는 종전부동산에서 발생한 양
도차익이 적게 계산되므로, 장기보유특별공제액에서 차이가 많이 날

수 있다. 이러한 경우에는 관리처분계획 등 인가 전에 양도하는 것이 유리하다.

다주택자로서 중과세 대상인 경우

　　　　　　다주택자로서 중과세 대상 주택인 경우에는 관리처분계획 등 인가 전이라도 장기보유특별공제를 받을 수 없고 세율도 중과세율이 적용되므로, 이 경우에는 조합원입주권 상태에서 양도하는 것이 유리하다. 조합원입주권은 다주택자 중과세 적용 시 중과세 대상 주택 수에는 포함되지만, 조합원입주권을 양도할 때 중과세는 적용되지 않는다. 더욱이 종전부동산에서 발생한 양도차익에 대해서는 장기보유특별공제를 받을 수 있다.

조합원입주권과 신축아파트의 유불리

　　　　　　조합원입주권 상태에서 양도하거나 신축아파트를 양도하거나 양도가액이 동일한 경우에는, 일반적으로 신축아파트로 사용승인이 난 이후에 양도하는 것이 유리하다. 조합원입주권 상태에서 조합원입주권에 대한 양도차익은 장기보유특별공제를 받을 수 없지만, 신축아파트 상태에서 양도를 할 경우 보유기간 중에 발생한 양도차익 전체에 대하여 장기보유특별공제를 받을 수 있어서 조합원입주권보다는 신축아파트로 양도하는 것이 유리하다. 다만, 다주택자 중과세 대상인 주택인 경우에는 그러하지 아니하다.

어느 시기에 취득하는 것이 유리할까?

　　　　　1세대 1주택 양도소득세 비과세 규정을 적용함에 있어 보유기간의 계산과 신축주택을 양도함에 있어서 장기보유특별공제를 적용함에 있어 보유기간 계산은 부동산을 취득하였을 경우에는 취득일로부터 양도일까지 계산되지만, 조합원입주권을 취득하였을 경우에는 사용승인일이 취득일이 되어 일반적으로 조합원입주권으로 취득하는 것이 불리하다.

그러나 기존 1주택자가 재개발·재건축 사업 후 본인이 거주할 목적으로 취득할 경우에는 조합원입주권을 취득하는 것이 유리하다. 주택으로 취득하면 일시적 2주택 비과세만 적용되지만, 조합원입주권으로 취득하면 일시적 1주택+1조합원입주권 비과세와 종전주택 비과세(준공일로부터 3년 이내 이사해서 1년 이상 거주하고 준공일로부터 3년 이내 종전주택 양도 시 비과세)를 적용받을 수 있기 때문이다.

37

재개발·재건축 조합원으로 참여하지 않아 현금청산 대상일 경우

소유부동산의 양도시기

　　　　　재개발 사업에 있어서 조합원으로 참여하지 않을 경우에는 토지보상법을 적용받아 협의, 재결, 수용의 단계를 거쳐 소유부동산이 조합에 이전된다. 부동산 소유자는 보상가격에 동의하지 않을 경우 재결과 행정소송을 통해 다툴 수 있다. 한편, 재건축 사업은 토지보상법의 적용대상은 아니지만 현금청산 대상이라면 조합에 소유부동산을 처분하여야 한다. 재건축 사업의 현금청산자도 청산금에 동의하지 않으면 행정소송을 통해 다툴 수 있다. 재개발 사업은 토지보상법이 적용되므로 양도시기는 잔금청산일, 소유권이전 등기일, 수용개시일 중 빠른 날이 되고, 재건축 사업은 수용절차가 없으므로 잔금청산일과 등기접수일 중 빠른 날이 양도시기가 된다.

공익사업용 토지 등에 대한 양도소득세 감면

　　　　　재개발·재건축 사업에 있어서 현금청산 대상자에 대하여는 공익사업용 토지 등에 대한 양도소득세 감면규정을 적용받아 양도소득세 산출세액의 10%를 감면세액으로 공제받을 수 있다. 이 경우 재건축 사업은 조합 또는 조합원이 감면신청을 하여야 하고, 재개발 사업은 납세자가 감면신청을 할 수 있다.

재개발 사업의 지연손해금

　　　　　재개발 사업은 민간이 조합을 설립하여 사업을 진행하므로 공익사업에 해당되지는 않지만 현금청산을 받은 현금청산자에게는 공익사업적 성격을 가지게 되므로 강제로 수용을 할 수 있도록 법률에서 규정을 하고 있으며, 토지보상법 절차에 따라 손실보상액에 해당하는 현금청산을 해 주어야 한다. 현금청산자는 재개발 관련 보상금 협의통보를 받은 후 부당한 사항이 있을 경우에는 조속재결신청청구를 할 수 있으며, 조합이 통보한 보상금이 위법하다거나 부당할 경우 불복절차를 거쳐 보상금을 증액받을 수 있는 기회가 주어진다.

　　조속재결신청청구를 하고도 사업시행자가 재결신청을 지연했을 경우에 토지소유자는 보상금과는 별개로 연 12%의 지연손해금을 받을 수 있다.

이러한 지연손해금은 현금청산 대상 부동산의 양도가액에 포함되지 않는다. 또한 공익사업으로 사업시행자의 불법에 대한 지연손해금이 발생한 것이므로, 기타소득세 과세대상에도 해당되지 않아 여타의 세금이 부과되지 않는다.

38

기타 재개발·재건축과 관련한
여러 가지 세금 이슈

1조합원이 2주택을 분양받은 경우
(=1+1 재건축)

재건축 사업 등에서 조합원이 본인 거주용과 전용 60㎡ 이하 임대용 소형주택을 합쳐 조합원입주권 2가구를 배정받을 경우, 관리처분계획 등 인가일 이후부터는 1세대 2주택으로 간주된다. 조합원입주권은 전매 제한이 있을 뿐 아니라, 소형인 60㎡ 이하는 이전고시일로부터 3년 이내에 양도가 제한되어 있다. 따라서 준공 후 2주택 중 먼저 양도하는 주택은 조정대상지역에 소재할 경우 중과세대상이 된다.

1조합원이 1+1의 조합원입주권을 분양받은 경우 1주택자가 재건축 사업 등으로 사업시행인가일 이후 대체주택을 취득하여 1년 이상 거주하고 준공일로부터 3년 이내 양도한 경우 비과세되는 특례도 적용받을 수 없다. 따라서 1+1조합원입주권을 신청할 때는 반드시 양도소득세와 종합부동산세 등 부담세금에 관하여 사전 검토가 필요하다.

주택임대사업자의 경우

　　　　　　　절세를 목적으로 종전주택에 대해 관리처분계획 등 인가일 이후에도 임대등록이 가능한가? 정부는 민간임대주택에 관한 특별법(이하 "민간임대주택법"이라 한다)을 개정하여 해당 주택이 도시 및 주거환경정비법에 따른 정비사업 등으로 인하여 의무임대기간 내 멸실 우려가 있다고 판단되는 경우 시장·군수·구청장은 임대등록 신청을 거부할 수 있도록 관련 규정을 2020. 8. 18.에 신설하였다.

　　그리고 주택이 철거되어 임대사업이 불가능한 경우에도 계속 임대사업자로 인정되는지에 대해서는 민간임대주택법에 별도 규정을 두고 있지 아니하나, 재개발 사업 등으로 임대사업을 계속할 수 없을 경우에는 폐업을 해야 한다. 그러나 재개발 사업 등으로 주택이 멸실되어 의무임대기간을 지키지 못했을 경우에는 과태료 부과대상이 되지 않는다.

또한 의무임대기간을 요하는 사후관리 규정에 재개발 사업 등으로 주택이 멸실되어 의무임대기간을 지키지 못한 경우는 정당한 사유로 본다.

분양권과 조합원입주권의 차이

분양권과 조합원입주권은 부동산을 취득할 수 있는 권리라는 측면에서는 동일한 과세대상 자산으로 볼 수 있다. 그러나 조합원입주권은 재개발·재건축 사업에서 조합원이 기존에 가지고 있던 부동산을 제공하고 이후 신축 아파트를 분양받을 권리인데 반해, 분양권은 청약을 신청해서 분양에 당첨되어 아파트를 분양받을 수 있는 권리이다.

분양권도 법적으로 전매가 금지되지 않은 경우에는 잔금을 납부하기 전까지 자유롭게 매매를 할 수 있다. 이 경우 분양권의 양도로 양도소득이 발생하였다면 당연히 양도소득세가 과세된다. 이 경우 2021. 6. 1. 이후 양도분부터는 지역에 불문하고 1년 미만 보유 시 70%, 1년 이상 보유 시 60%로 중과세한다.

한편, 2021. 1. 1. 이후 취득하는 분양권에 대해서는 조합원입주권과 마찬가지로 1세대 1주택 비과세와 다주택 중과세 규정을 적용할 때 주택 수에 가산한다.

주택과 조합원입주권, 분양권의 세무상 차이

앞서 주택과 조합원입주권 그리고 분양권에 대한 세법상 취급을 여러 편을 통해 다루었다. 이하 비교표를 통해 각각의 차이점에 대해 알아보기로 하자.

구분		주택	조합원입주권	분양권
양도세 과세대상		과세대상	과세대상	과세대상
장기보유특별공제 대상		전체 양도차익	관리처분계획 등 인가 전 양도차익	공제대상 아님
적용세율		• 보유기간별 세율이 원칙 • 중과세 있음	• 보유기간별 세율 • 중과세 없음	•1년 미만 70% •1년 이상 60%
다주택자 중과세 적용 시	주택 수 포함	주택 수 포함	주택 수 포함	2021년 이후 취득분부터 주택 수 포함
	양도 시 중과세	중과세	중과세 배제	분양권 중과세
비과세 여부		비과세 요건	비과세 요건	비과세 불가
취득세		과세대상 (주택 특례세율 적용)	• 멸실 전 주택 • 멸실 후 토지	과세대상 아님
종부세 및 재산세 과세대상 여부		종부세 및 재산세 과세대상	종부세 과세제외 재산세 분리과세	종부세 및 재산세 과세대상 아님

39

1+1 조합원입주권으로 취득한
2채의 재건축주택의 취득가액 계산은
어떻게 할까?

1+1 조합원입주권으로 취득한 2채의
재건축주택의 취득가액 계산

앞선 여러 사례에서 설명했던 바와 같이 원조
합원입주권이 신축주택으로 완공되어 양도하는 경우 취득가액은 종전
주택 취득가액에 납부한 청산금이 있는 경우 이를 가산한 것이 전체
취득가액이 된다.

그렇다면 하나의 조합원입주권이 아니라 1+1 조합원입주권 즉, 2
개의 조합원입주권이 된 경우 해당 조합원입주권들이 각각의 신축주
택이 되는데 이 때 각각의 취득가액 계산은 어떻게 해야할까?

1세대가 보유한 하나의 종전주택이 2개의 조합원입주권으로 전환되었고 청산금을 납부한 경우로서 사업시행완료 후 취득한 2개의 신축주택의 양도차익을 계산할 때, 종전주택의 취득가액은 조합원 분양계약서에 기재된 종전주택의 평가액(권리가액)에 따라 안분하여 계산한다. 기획재정부 재산세제과–627, 2023. 5. 2.

　　이해를 돕기 위해 예시를 들어 설명하기로 한다.

- 종전주택 취득가액: 200,000,000원
- 종전주택 권리가액: 570,000,000원
  ※ 분양계약서상 1주택에 대한 분양가액: 550,000,000원, +1주택에 대한 분양가액: 500,000,000원
- 납부한 청산금: 480,000,000원으로 +1주택에 대한 분담금임

구분	분양가액	종전주택 권리가액	납부한 청산금
1주택	550,000,000원	550,000,000원	–
+1주택	500,000,000원	20,000,000원	480,000,000원
합계	1,050,000,000원	570,000,000원	480,000,000원

　　이 경우 신축주택(1주택)의 취득가액은 종전주택 취득가액 2억 원을 1주택과 +1주택의 권리가액으로 안분한 192,982,456원이 된다.

$$\text{신축주택(1주택)의 취득가액} = 200,000,000 \times \frac{550,000,000}{570,000,000} = 192,982,456원$$

한편, 신축주택(+1주택)의 취득가액은 종전주택 취득가액 2억 원을 1주택과 +1주택의 권리가액으로 안분한 7,017,544원에 +1주택을 취득하고자 납부한 청산금 480,000,000원을 더한 487,017,544원이 된다.

$$\text{신축주택(+1주택)의 취득가액} = 200,000,000 \times \frac{20,000,000}{570,000,000} = 480,000,000$$
$$= 487,017,544원$$

이처럼 1+1 조합원입주권에 기하여 신축된 주택의 취득가액 계산에 대해 관리처분내역서와 분양계약서상 각각의 권리가액 비율로 종전주택 취득가액을 안분한다.

통상적으로는 재건축 등의 사업에서 1+1 조합원입주권의 관리처분내역서 등을 보면, 1주택에 종전주택의 권리가액을 우선 분배하고, 분배 후 남은 권리가액을 +1주택(60㎡ 이하 주택)에 분배하는 경우가 일반적이다.

그런데 권리가액의 분배가 +1주택에 먼저 되어 있는 경우나 1주택과 +1주택의 비율로 각각 안분되어 분배된 사례들을 간혹 접할 수 있다. 이에 필자가 조합 측에 권리가액 분배의 순서가 달라진 이유를 알아본 바 일부 조합에서는 대출의 문제로 조합 정관을 수정하여 분배의 순서를 달리 정하는 경우가 있다고 한다.

그렇다면 권리가액이 어떻게 배분되느냐에 따라 취득가액의 변동이 생기는데 이에 대해 세법상 문제는 없을까?

필자의 의견으로는 권리가액의 분배 순서로 1주택과 +1주택의 취득가액의 왜곡이 발생될 수 있지만, 납세자가 세금을 탈루할 목적 없이 조합원으로서 조합과 적격계약을 했고, 이와 관련된 내용이 조합의 정관에 있고 관련 법령을 위반한 것이 아니라면 관리처분내역서와 조합원분양계약서에 따른 권리가액으로 취득가액을 안분하는 경우라면 차후 과세관청과 문제가 있더라도 충분히 소명할 수 있을 것이라고 사료된다.

1+1 조합원입주권으로 취득한 2채의 재건축주택의 장기보유특별공제 _{기획재정부 재산세제과-627, 2023. 5. 2.}

먼저 종전주택 평가액만으로 취득한 신축주택(1주택)의 장기보유특별공제는 다음과 같다.

관리처분계획 등 인가 전 취득한 종전주택이 재개발 또는 재건축사업으로 신축주택이 된 경우 해당 신축주택은 새롭게 취득한 것이 아니라 종전주택의 연속으로 보는 환지 개념이 적용되므로 이런 경우 장기보유특별공제를 산정하기 위한 보유기간 및 거주기간 계산은 다음과 같다.

① 보유기간: 종전주택의 취득일부터 신축주택의 양도일까지
② 거주기간: 종전주택의 취득일부터 신축주택의 양도일까지의 기간 중 종전주택
　　과 신축주택에서 거주한 기간을 통산(관리처분계획인가일 후 멸실 전까지 거주
　　한 기간 포함)

　종전주택의 평가액과 납부한 청산금으로 취득한 신축주택(+1주택)의 장기보유특별공제는 다음과 같다.

　관리처분계획 등 인가 전 취득한 종전주택이 재개발 또는 재건축사업으로 신축된 경우로서 청산금을 납부한 경우 종전주택분 양도차익과 청산금 납부분 양도차익으로 나누어지므로 장기보유특별공제의 보유기간 및 거주기간은 각각 다음과 같다.

① 종전주택분 양도차익
　㉠ 보유기간: 종전주택의 취득일부터 신축주택의 양도일까지
　㉡ 거주기간: 종전주택의 취득일부터 신축주택의 양도일까지의 기간 중 종전
　　주택과 신축주택에서 거주한 기간을 통산(관리처분계획인가일 후 멸실 전까
　　지 거주한 기간 포함)
② 청산금 납부분 양도차익
　㉠ 보유기간: 관리처분계획 등 인가일부터 신축주택의 양도일까지
　㉡ 거주기간: 준공일(사용승인일) 이후 거주한 기간

40

재개발·재건축 조합원의 취득세 이슈

　재개발·재건축 사업에 따른 신축 아파트의 사용승인이 있게 되면 조합원 지분에 대하여는 조합원이 바로 아파트의 보존등기를 한다.

원조합원의 취득세

　　　　　이때 조합원의 토지의 경우 신탁의 해지로 자기지분만큼 취득한 것에 한하여는 취득세가 비과세되는 것이나, 건물 신축에 대해서는 재개발과 재건축 모두 공사도급금액을 면적별로 안분한 가액을 과세표준으로 하여 원시취득에 따른 2.8%의 취득세율이 적용된다. 다만, 2022년 이전 관리처분받은 재개발의 경우에는 추가 분담금을 과세표준으로 하여 원시취득에 따른 2.8%의 취득세율이 적용된다.

한편, 2020. 8. 12. 이후 취득하는 다주택 세대의 주택 취득세 중과세는 유상취득과 무상취득에 국한하여 취득세율 최대 12%(사치성 재산에 중복적용되는 경우 20%)를 적용하는 규정으로 조합원입주권에 의한 신축 아파트의 취득은 원시취득에 해당하여 주택 수와 관계없이 2.8%의 취득세율이 적용되는 것이다.

그리고 재개발 원조합원에 한하여 다음과 같이 취득세 감면이 적용된다.

구분		2019년 12월 31일 이전 사업시행인가	2020년 1월 1일 이후 사업시행인가
감면 요건		정비구역지정고시일 이전 취득	정비구역지정고시일 이전 취득 & 1가구 1주택
감면율	전용 60㎡ 이하	면제	75%
	전용 85㎡ 이하	면제	50%

일반분양자의 취득세

그러나 일반분양자는 조합으로부터 신축 아파트를 승계취득하므로 신축 아파트에 대해 유상승계취득에 따른 취득세 납세의무가 있다. 유상승계취득의 경우 계약서상의 잔금지급일에 취득하는 것으로 보아 잔금지급일로부터 60일 이내에 취득세를 납부하여야 하는데, 이때 유상승계취득하는 일반분양자가 다주택 세대의 주택 취득세 중과세에 해당되지 아니한다면 분양가액에 따라 다음의 취득세율을 적용한 취득세를 부담한다.

구분			취득세	지방교육세	농어촌특별세	합계세율
유상 거래	6억 원 이하	85㎡ 이하	1%	0.1%	–	1.1%
		85㎡ 초과		0.1%	0.2%	1.3%
	6억 원 초과 9억 원 이하	85㎡ 이하	1~3%	0.1~0.3%	–	1.1~3.3%
		85㎡ 초과		0.1~0.3%	0.2%	1.3~3.5%
	9억 원 초과	85㎡ 이하	3%	0.3%	–	3.3%
		85㎡ 초과		0.3%	0.2%	3.5%

한편, 2020. 8. 12. 이후 취득하는 다주택 세대의 주택 취득세 중과세에 해당할 경우에는 다음의 취득세율에 따라 취득세를 부담한다.

구분		취득세	지방교육세	농어촌특별세	합계세율
다주택 중과세	1세대 2주택 조정지역 내, 1세대 3주택 조정지역 외	8%	0.4%	0.6%	9.0%
	1세대 3주택 조정지역 내, 1세대 4주택 조정지역 외	12%	0.4%	1%	13.4%
	조정지역 내 무상취득	12%	0.4%	1%	13.4%
	1세대 2주택 조정지역 내, 1세대 3주택 조정지역 외 + 사치성 재산	16%	0.4%	1.4%	17.8%
	1세대 3주택 조정지역 내, 1세대 4주택 조정지역 외 + 사치성 재산	20%	0.4%	1.8%	22.2%
	조정지역 내 무상취득 + 사치성 재산	20%	0.4%	1.8%	22.2%

승계조합원의 취득세

　　　　　이와 비교하여 조합원으로부터 조합원입주권을 취득한 사람(승계조합원)은 전 조합원으로 하여금 신탁등기를 해지하게 한 후 이전등기하고(이때 대지지분에 대한 취득세를 납부하여야 한다), 그 후 다시 재건축조합 앞으로 신탁을 원인으로 하여 소유권이전등기를 하여야 하며, 신축 아파트의 사용승인이 되는 경우 원조합원의 취득세에 서술한 바와 같이 건물 보존등기에 따른 원시취득으로 취득세를 부담한다.

다주택 세대 판단 시 주택 수의 산정

　　　　　이렇듯 조합원의 신축 아파트는 원시취득에 해당하여 다주택 세대의 취득세 중과세 대상에서 제외되는 것이나, 2020. 8. 12. 이후 취득하는 조합원입주권, 주택분양권 및 오피스텔은 다주택 세대의 판정 시 주택 수에 가산한다. 다만, 2020. 8. 11. 이전에 매매계약을 체결한 경우는 적용하지 아니한다. 더 자세한 취득세의 취급에 대해서는 공저자 장보원과 천명철, 권수가 공동집필한 「취득세 실무와 중과세 해설」(삼일인포마인)을 참조하기 바란다.

변호사 김 예 림

[현재]
- 법무법인 심목 대표 변호사(재개발/재건축/부동산 전문 변호사)
- 한국외국어대학교 겸임교수
- 한국토지주택공사 공공정비사업 자문위원
- 한국토지주택공사 투자심사위원
- 강서구청, 양천구청 등 지자체 법률고문
- 유튜브 채널: 도시와경제 @urban-economy

[저서]
- 「재개발 현금청산 레벨업 가이드」, 좋은땅(2019)
- 「사례로 보는 종중소송 이야기」, 쏠트라인(2018)
- 「자치입법관련판례집」

[언론]
- SBS 좋은아침 "김예림 변호사의 헬프미 하우스" 진행
- 직방TV 법률의 신 진행
- 채널A 김현욱의 굿모닝 "잘사는 법" 종중편 출연
- SBS CNBC, MBN 뉴스, KBS 시사프로그램 등 전문가 인터뷰 출연
- 조선일보, 중앙일보, 동아일보, 이데일리, 파이낸셜뉴스, 머니S, 머니투데이, 한국경제, 뉴스핌, 조세일보 등 다수 신문 전문가 인터뷰 발제

세무사 안 수 남

[학력]
- 남서울대학교 세무학과 졸업(2007. 2.)
- 연세대학교 법무대학원(조세법 전공, 2009. 8.)
- 남서울대학교 박사과정 재학 중(2012. 3.~)

[현재]
- 다솔세무법인 대표세무사(2010. 10.~)
- 한국세무사회 연수원 교수(양도소득세 분야, 2003.~)
- 서울지방세무사회 연수교육위원회 위원(2012. 6.~)
- 건국대학교 부동산학과 최고위과정 세법강사
- 웅지세무대학 최고위과정 세법강사
- 단국대학교 최고위과정 세법강사
- KBS 제1라디오 경제투데이 세무상담 출연(2005. 10.~)
- 역삼지역 세무사회 운영위원(2011. 8.~현재)

[경력]
- 국세청 산하 일선세무서 근무(1977. 3.~1990. 12.)
- 제27회 세무사 시험 합격(1990년)
- 세무사 안수남 사무소 개업(1991년)
- 우리세무법인 광명대표세무사(2002. 7.~2010. 9.)
- 전국부동산 중개인협회 세법 연수 강사(7년간)
- 제11회 공인중개사 시험 출제위원
- 부동산 TV 세무상담위원(2년간)
- YTN 장철의 생생경제 세무상담 위원(2008. 11.~2009. 5.)
- 한국세무사 고시회 회장(18대)
- 한국세무사회 전문상담위원회 위원장(2006.~2011. 6.)
- 법무부 법률콘서트 초빙강사
- 중앙일보 조인스 무료법률교실 강사

[포상]
- 기획재정부장관 표창(2010. 12.)
- 경영혁신상 수상(한국국제회계학회장 2011. 4.)

[저서]
- 「세무사 연수용 양도소득세 해설」, 한국세무사회
- 「세무조사 대책과 실무」, 한국세무사회
- 「양도소득세 해설」, 광교출판사(2006.~현재)
- 「다주택자 중과세에서 살아남기」, 라의눈(2018)

세무사 **최 왕 규**

[학력]
- 고려대학교 경영학과 졸업
- 연세대학교 법무대학원 조세법 전공 석사 졸업

[현재]
- 참세무법인 마포지점 대표세무사
- 한국세무사 고시회 지방·청년부회장
- 사단법인 외식업중앙회 세법강사
- 인사이트러닝 삼성전자 DS 재산세제 분야 강사
- 서울외국어대학원대학교 「채권과 부동산 개발(경매, 공매)」 최고 경영자 과정 10기 강사
- 네이버 블로그 운영: cwk0104/blog.naver.com

[경력]
- 제44회 세무사 시험 합격
- 참세무법인 본점 근무
- 경복대학교 세무회계과 겸임교수
- 사단법인 외식업중앙회 경기도지회 세법강사
- (주)맥시머스, LHHDBM, 제이엠커리어 재산세제 분야 강사
- 세무TV 세무컨설팅최고전문가 과정 9기 양도소득세 분야 강의

[저서]
- 「공인중개사의 세금, 피할 수 없으면 줄이자!」, 부동산세금절세연구소(2012)
- 「부동산 절세의 기술」, 도서출판 지혜로(2022)

세무사 장 보 원

[현재]
- 장보원세무회계사무소 대표
- 한국세무사고시회 회장
- 한국지방세협회 부회장
- 법원행정처 전문위원
- 한국지방세연구원 쟁송사무지원센터 자문위원
- 중소기업중앙회 본부 세무자문위원
- 서울시 마을세무사
- 행정안전부 및 한국지방세연구원 직무교육강사

[경력]
- 서울시 지방세심의위원(2024. 12.)
- 한국세무사회 지방세제도연구위원장(2024. 11.)
- 우리경영아카데미 세법강사 및 온라인직무강사

[포상]
- 한국세무사회장 공로상 수상
- 조세학술상 수상
- 행정안전부장관상 수상
- 국회 사회공헌대상 수상

[저서·논문]
- 취득세 실무와 중과세 해설(삼일인포마인)
- 주요 부담금의 쟁점과 해설(삼일인포마인)
- 재개발, 재건축 권리와 세금 보개기(삼일인포마인)
- 양도·상속·증여·금융 절세의 기초와 노하우(삼일인포마인)
- 창업·법인·개인사업자 절세의 기초와 노하우(삼일인포마인)
- 가지급금 죽이기(삼일인포마인)
- 부동산개발관련 부담금의 문제점과 개선방안(박사학위논문)